해커스 주택관리사

출제예상문제집

1차 회계원리

 해커스 주택관리사

강양구 교수

약력

현 | 해커스 주택관리사학원 회계원리 대표강사
해커스 주택관리사 회계원리 동영상강의 대표강사

전 | 한국법학원 회계원리 강사 역임
수원행정고시학원 공무원 회계학 강사 역임
에듀윌 회계원리 강사 역임
해커스 공무원 회계학 강사 역임
미래보험교육원 보험계리사 회계학 강사 역임

저서

주택단기 주택관리사 1차 기본서 회계원리, ST&BOOKS, 2016~2017
워밍업 기초회계, 신지원, 2017~2018
주택관리사 회계원리(기본서), 해커스패스, 2025
주택관리사 회계원리(문제집), 해커스패스, 2025
주택관리사 기초입문서(회계원리) 1차, 해커스패스, 2025
주택관리사 핵심요약집(회계원리) 1차, 해커스패스, 2025
주택관리사 기출문제집(회계원리) 1차, 해커스패스, 2025

2025 해커스 주택관리사 출제예상문제집
1차 회계원리

초판 1쇄 발행	2025년 2월 11일
지은이	강양구, 해커스 주택관리사시험 연구소
펴낸곳	해커스패스
펴낸이	해커스 주택관리사 출판팀
주소	서울시 강남구 강남대로 428 해커스 주택관리사
고객센터	1588-2332
교재 관련 문의	house@pass.com
	해커스 주택관리사 사이트(house.Hackers.com) 1:1 수강생상담
학원강의	house.Hackers.com/gangnam
동영상강의	house.Hackers.com
ISBN	979-11-7244-793-9(13320)
Serial Number	01-01-01

주택관리사 시험 전문,
해커스 주택관리사(house.Hackers.com)

해커스 주택관리사

· 해커스 주택관리사학원 및 인터넷강의
· 해커스 주택관리사 무료 온라인 전국 실전모의고사
· 해커스 주택관리사 무료 학습자료 및 필수 합격정보 제공
· 해커스 주택관리사 문제풀이 단과강의 30% 할인쿠폰 수록

합격을 좌우하는 최종 마무리,

핵심문제 풀이를 한 번에!

주택관리사(보) 시험에서 회계원리는 총 40문제 중 재무회계가 32문제, 원가관리회계가 8문제 출제되고 있으며 계산형이 30문제, 비계산형이 10문제가 출제되고 있습니다. 그리고 시험문제의 난도는 계속해서 높아지고 있는 추세이므로 문제를 정확하게 분석해서 선택과 집중을 하는 것이 회계원리에서 목표점수를 획득할 수 있는 최선의 방법입니다.

회계원리를 효과적으로 접근하는 방법은 기출문제를 정확하게 분석해서 출제유형을 먼저 파악하는 것입니다. 이것이 선행된 후 예상문제를 보면 문제가 무엇을 요구하는가를 정확하게 파악할 수 있습니다. 이러한 학습이 없는 상태에서 문제를 접하게 되면 매번 새로운 문제로 느껴지고 여러 유형의 문제를 계속 학습하려는 실수를 하게 됩니다.

회계원리는 숫자의 구성이나 주어지는 자료에는 변화가 있을 뿐 기존 문제의 틀에서 많이 벗어나지 않으므로 다양한 유형의 문제를 풀어보는 것이 중요한 것이 아니라 대표적인 문제를 통해서 출제유형을 파악하는 것이 무엇보다 중요한 과목입니다.

주택관리사(보) 자격시험에서 꾸준히 출제되고 있는 부분은 재무회계의 회계순환과정, 금융자산, 재고자산, 유형자산, 부채, 자본, 수익과 비용, 재무제표 표시, 재무제표 분석, 재무보고를 위한 개념체계, 원가 · 관리회계의 원가흐름과 집계, 원가배분, 종합원가계산, 원가추정과 CVP, 표준원가 차이분석, 단기적 특수의사결정 등이 있으며, 이 부분을 중점적으로 학습할 것을 추천합니다.

본서는 다음과 같은 사항에 중점을 두고 집필하였습니다.

1 문제풀이를 시작할 때 출제유형을 파악하는 데 도움이 될 수 있도록 각 주제의 대표적인 문제를 대표예제로 설정하였습니다.

2 해당 단원에서 핵심적인 내용을 대표예제로 제시하여, 풍부한 해설과 보충설명으로 문제풀이에 대한 이해도를 높였습니다.

3 실전에 대비할 수 있도록 주택관리사(보) 기출문제와 다른 국가고시 문제의 출제경향을 반영한 객관식 문제를 수록하였습니다.

회계원리는 단기간에 실력을 올리기 어려운 과목이므로 수험생 여러분의 성실함이 뒷받침되어야 하는 과목입니다. 마지막 정답이 도출될 때까지 펜으로 풀어보는 습관을 반드시 유지해야 합니다. 이러한 학습방법이 합격에 한 걸음 더 가까워질 수 있습니다.

더불어 주택관리사(보) 시험전문 **해커스 주택관리사**(house.Hackers.com)에서 학원강의나 인터넷 동영상강의를 함께 이용하여 꾸준히 수강한다면 학습효과를 극대화할 수 있습니다.

주택관리사(보) 합격의 길라잡이가 될 수 있는 수험서를 만들겠다는 의욕만을 가지고 시작하였으나 아쉬움이 남습니다. 부족한 부분은 강의와 온라인상의 홈페이지를 통해서 보완해 나갈 것을 약속드립니다.

이 교재가 수험생 여러분들의 학습에 도움이 되어 합격의 영광을 함께 하시길 기원합니다.

2025년 1월
강양구, 해커스 주택관리사시험 연구소

이 책의 차례

01 전략적인 문제풀이를 통하여 합격으로 가는 실전 문제집

2025년 주택관리사(보) 시험 합격을 위한 실전 문제집으로 꼭 필요한 문제만을 엄선하여 수록하였습니다. 매 단원마다 출제 가능성이 높은 예상문제를 풀어볼 수 있도록 구성함으로써 주요 문제를 전략적으로 학습하여 단기간에 합격에 이를 수 있도록 하였습니다.

02 실전 완벽 대비를 위한 다양한 문제와 상세한 해설 수록

최근 10개년 기출문제를 분석하여 출제포인트를 선정하고, 각 포인트별 자주 출제되는 핵심 유형을 대표예제로 엄선하였습니다. 그리고 출제가 예상되는 다양한 문제를 상세한 해설과 함께 수록하여 개념을 다시 한번 정리하고 실력을 향상시킬 수 있도록 하였습니다.

03 최신 개정법령 및 출제경향 반영

최신 개정법령 및 시험 출제경향을 철저하게 분석하여 문제에 모두 반영하였습니다. 또한 기출문제의 경향과 난이도가 충실히 반영된 고난도 · 종합 문제를 수록하여 다양한 문제 유형에 충분히 대비할 수 있도록 하였습니다. 추후 개정되는 내용들은 해커스 주택관리사(house.Hackers.com) '개정자료 게시판'에서 쉽고 빠르게 확인할 수 있습니다.

04 교재 강의 · 무료 학습자료 · 필수 합격정보 제공(house.Hackers.com)

해커스 주택관리사(house.Hackers.com)에서는 주택관리사 전문 교수진의 쉽고 명쾌한 온 · 오프라인 강의를 제공하고 있습니다. 또한 각종 무료 강의 및 무료 온라인 전국 실전모의고사 등 다양한 학습자료와 시험 안내자료, 합격가이드 등 필수 합격정보를 확인할 수 있도록 하였습니다.

이 책의 구성

출제비중분석 그래프

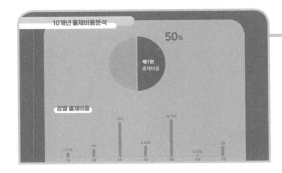

최근 10개년 주택관리사(보) 시험을 심층적으로 분석한 편별·장별 출제비중을 각 편 시작 부분에 시각적으로 제시함으로써 단원별 출제경향을 한눈에 파악하고 학습전략을 수립할 수 있도록 하였습니다.

대표예제

대표예제 75 **질권 ★**

질권에 관한 설명으로 옳지 않은 것은? (다툼이 있으면 판례에 따름)
① 타인의 채무를 담보하기 위하여 질권을 설정한 자는 채무자에 대한 사전구상권을 갖는다.
② 선의취득에 관한 민법 제249조는 동산질권에 준용한다.
③ 질권에 있어서 피담보채권의 범위는 저당권의 그것에 비하여 넓게 규정되어 있다.
④ 채권자는 피담보채권의 변제를 받을 때까지 질물을 유치할 수 있다.
⑤ 질권자는 채권의 변제를 받기 위하여 질물을 경매할 수 있고, 우선변제권을 가지므로 물상대위도 인정된다.

해설 | 원칙적으로 수탁보증인의 사전구상권에 관한 민법 제442조는 물상보증인에게 적용되지 아니하고 물상보증인은 사전구상권을 행사할 수 없다(대판 2009.7.23, 2009다19802 · 19819).

기본서 p. 664~673   정답 ①

주요 출제포인트에 해당하는 대표예제를 수록하여 출제유형을 파악할 수 있도록 하였습니다. 또한 정확하고 꼼꼼한 해설 및 기본서 페이지를 수록하여 부족한 부분에 대하여 충분한 이론 학습을 할 수 있도록 하였습니다.

다양한 유형의 문제

고난도
05 20×1년 말 (주)한국과 관련된 자료는 다음과 같다. 20×1년 말 (주)한국의 재무상태표에 표시해야 하는 현금및현금성자산은?

1. (주)한국의 실사 및 조회자료
   - 소액현금: ₩100,000
   - 지급기일이 도래한 공채이자표: ₩200,000
   - 수입인지: ₩100,000
   - 타인발행 당좌수표: ₩100,000
   - 은행이 발급한 당좌예금잔액증명서 금액: ₩700,000
2. (주)한국과 은행간 당좌예금 잔액차이 원인
   - 은행이 (주)한국에 통보하지 않은 매출채권 추심액: ₩50,000
   - (주)한국이 당해 연도 발행했지만 은행에서 미인출된 수표: ₩200,000

① ₩850,000   ② ₩900,000
③ ₩950,000   ④ ₩1,000,000

최신 출제경향을 반영하여 다양한 유형의 문제를 단원별로 수록하였습니다. 또한 고난도 · 종합 문제를 수록하여 더욱 깊이 있는 학습을 할 수 있도록 하였습니다.

주택관리사(보) 안내

주택관리사(보)의 정의

주택관리사(보)는 공동주택을 안전하고 효율적으로 관리하고 공동주택 입주자의 권익을 보호하기 위하여 운영·관리·유지·보수 등을 실시하고 이에 필요한 경비를 관리하며, 공동주택의 공용부분과 공동소유인 부대시설 및 복리시설의 유지·관리 및 안전관리 업무를 수행하기 위하여 주택관리사(보) 자격시험에 합격한 자를 말합니다.

주택관리사의 정의

주택관리사는 주택관리사(보) 자격시험에 합격한 자로서 다음의 어느 하나에 해당하는 경력을 갖춘 자로 합니다.

① 사업계획승인을 받아 건설한 50세대 이상 500세대 미만의 공동주택(「건축법」 제11조에 따른 건축허가를 받아 주택과 주택 외의 시설을 동일 건축물로 건축한 건축물 중 주택이 50세대 이상 300세대 미만인 건축물을 포함)의 관리사무소장으로 근무한 경력이 3년 이상인 자
② 사업계획승인을 받아 건설한 50세대 이상의 공동주택(「건축법」 제11조에 따른 건축허가를 받아 주택과 주택 외의 시설을 동일 건축물로 건축한 건축물 중 주택이 50세대 이상 300세대 미만인 건축물을 포함)의 관리사무소 직원(경비원, 청소원, 소독원은 제외) 또는 주택관리업자의 직원으로 주택관리 업무에 종사한 경력이 5년 이상인 자
③ 한국토지주택공사 또는 지방공사의 직원으로 주택관리 업무에 종사한 경력이 5년 이상인 자
④ 공무원으로 주택 관련 지도·감독 및 인·허가 업무 등에 종사한 경력이 5년 이상인 자
⑤ 공동주택관리와 관련된 단체의 임직원으로 주택 관련 업무에 종사한 경력이 5년 이상인 자
⑥ ①~⑤의 경력을 합산한 기간이 5년 이상인 자

주택관리사 전망과 진로

주택관리사는 공동주택의 관리·운영·행정을 담당하는 부동산 경영관리분야의 최고 책임자로서 계획적인 주택관리의 필요성이 높아지고, 주택의 형태 또한 공동주택이 증가하고 있는 추세로 볼 때 업무의 전문성이 높은 주택관리사 자격의 중요성이 높아지고 있습니다.
300세대 이상이거나 승강기 설치 또는 중앙난방방식의 150세대 이상 공동주택은 반드시 주택관리사 또는 주택관리사(보)를 채용하도록 의무화하는 제도가 생기면서 주택관리사(보)의 자격을 획득시 안정적으로 취업이 가능하며, 주택관리시장이 확대됨에 따라 공동주택관리업체 등을 설립·운영할 수도 있고, 주택관리법인에 참여하는 등 다양한 분야로의 진출이 가능합니다.
공무원이나 한국토지주택공사, SH공사 등에 근무하는 직원 및 각 주택건설업체에서 근무하는 직원의 경우 주택관리사(보) 자격증을 획득하게 되면 이에 상응하는 자격수당을 지급받게 되며, 승진에 있어서도 높은 고과점수를 받을 수 있습니다.
정부의 신주택정책으로 주택의 관리측면이 중요한 부분으로 부각되고 있는 실정이므로, 앞으로 주택관리사의 역할은 더욱 중요해질 것입니다.

① 공동주택, 아파트 관리소장으로 진출
② 아파트 단지 관리사무소의 행정관리자로 취업
③ 주택관리업 등록업체에 진출
④ 주택관리법인 참여
⑤ 주택건설업체의 관리부 또는 행정관리자로 참여
⑥ 한국토지주택공사, 지방공사의 중견 간부사원으로 취업
⑦ 주택관리 전문 공무원으로 진출

주택관리사의 업무

구분	분야	주요업무
행정관리업무	회계관리	예산편성 및 집행결산, 금전출납, 관리비 산정 및 징수, 공과금 납부, 회계상의 기록유지, 물품 구입, 세무에 관한 업무
	사무관리	문서의 작성과 보관에 관한 업무
	인사관리	행정인력 및 기술인력의 채용·훈련·보상·통솔·감독에 관한 업무
	입주자관리	입주자들의 요구·희망사항의 파악 및 해결, 입주자의 실태파악, 입주자 간의 친목 및 유대 강화에 관한 업무
	홍보관리	회보발간 등에 관한 업무
	복지시설관리	노인정·놀이터 관리 및 청소·경비 등에 관한 업무
	대외업무	관리·감독관청 및 관련 기관과의 업무협조 관련 업무
기술관리업무	환경관리	조경사업, 청소관리, 위생관리, 방역사업, 수질관리에 관한 업무
	건물관리	건물의 유지·보수·개선관리로 주택의 가치를 유지하여 입주자의 재산을 보호하는 업무
	안전관리	건축물설비 또는 작업에서의 재해방지조치 및 응급조치, 안전장치 및 보호구설비, 소화설비, 유해방지시설의 정기점검, 안전교육, 피난훈련, 소방·보안경비 등에 관한 업무
	설비관리	전기설비, 난방설비, 급·배수설비, 위생설비, 가스설비, 승강기설비 등의 관리에 관한 업무

주택관리사(보) 시험안내

응시자격

1. **응시자격**: 연령, 학력, 경력, 성별, 지역 등에 제한이 없습니다.
2. **결격사유**: 시험시행일 현재 다음 중 어느 하나에 해당하는 사람과 부정행위를 한 사람으로서 당해 시험시행으로부터 5년이 경과되지 아니한 사람은 응시 불가합니다.
   - 피성년후견인 또는 피한정후견인
   - 파산선고를 받은 사람으로서 복권되지 아니한 사람
   - 금고 이상의 실형을 선고받고 그 집행이 종료되거나(집행이 끝난 것으로 보는 경우 포함) 집행을 받지 아니하기로 확정된 후 2년이 지나지 아니한 사람
   - 금고 이상의 형의 집행유예를 선고받고 그 집행유예기간 중에 있는 사람
   - 주택관리사 등의 자격이 취소된 후 3년이 지나지 아니한 사람
3. 주택관리사(보) 자격시험에 있어서 부정한 행위를 한 응시자는 그 시험을 무효로 하고, 당해 시험시행일로부터 5년간 시험 응시자격을 정지합니다.

시험과목

구분	시험과목	시험범위
1차 (3과목)	회계원리	세부과목 구분 없이 출제
	공동주택시설개론	• 목구조 · 특수구조를 제외한 일반 건축구조와 철골구조, 장기수선계획 수립 등을 위한 건축적산 • 홈네트워크를 포함한 건축설비개론
	민법	• 총칙 • 물권, 채권 중 총칙 · 계약총칙 · 매매 · 임대차 · 도급 · 위임 · 부당이득 · 불법행위
2차 (2과목)	주택관리관계법규	다음의 법률 중 주택관리에 관련되는 규정 「주택법」, 「공동주택관리법」, 「민간임대주택에 관한 특별법」, 「공공주택 특별법」, 「건축법」, 「소방기본법」, 「소방시설 설치 및 관리에 관한 법률」, 「화재의 예방 및 안전관리에 관한 법률」, 「승강기 안전관리법」, 「전기사업법」, 「시설물의 안전 및 유지관리에 관한 특별법」, 「도시 및 주거환경정비법」, 「도시재정비 촉진을 위한 특별법」, 「집합건물의 소유 및 관리에 관한 법률」
	공동주택관리실무	시설관리, 환경관리, 공동주택 회계관리, 입주자관리, 공동주거관리이론, 대외업무, 사무 · 인사관리, 안전 · 방재관리 및 리모델링, 공동주택 하자관리(보수공사 포함) 등

* 시험과 관련하여 법률 · 회계처리기준 등을 적용하여 정답을 구하여야 하는 문제는 시험시행일 현재 시행 중인 법령 등을 적용하여 그 정답을 구하여야 함

* 회계처리 등과 관련된 시험문제는 한국채택국제회계기준(K-IFRS)을 적용하여 출제됨

10   해커스 주택관리사(보) house.Hackers.com

시험시간 및 시험방법

구분	시험과목 수		입실시간	시험시간	문제형식
1차 시험	1교시	2과목(과목당 40문제)	09:00까지	09:30~11:10(100분)	객관식 5지 택일형
	2교시	1과목(과목당 40문제)		11:40~12:30(50분)	
2차 시험	2과목(과목당 40문제)		09:00까지	09:30~11:10(100분)	객관식 5지 택일형 (과목당 24문제) 및 주관식 단답형 (과목당 16문제)

＊주관식 문제 괄호당 부분점수제 도입
  1문제당 2.5점 배점으로 괄호당 아래와 같이 부분점수로 산정함
  • 3괄호: 3개 정답(2.5점), 2개 정답(1.5점), 1개 정답(0.5점)
  • 2괄호: 2개 정답(2.5점), 1개 정답(1점)
  • 1괄호: 1개 정답(2.5점)

원서접수방법

1. 한국산업인력공단 큐넷 주택관리사(보) 홈페이지(www.Q-Net.or.kr/site/housing)에 접속하여 소정의 절차를 거쳐 원서를 접수합니다.
2. 원서접수시 최근 6개월 이내에 촬영한 탈모 상반신 사진을 파일(JPG 파일, 150픽셀×200픽셀)로 첨부합니다.
3. 응시수수료는 1차 21,000원, 2차 14,000원(제27회 시험 기준)이며, 전자결제(신용카드, 계좌이체, 가상계좌) 방법을 이용하여 납부합니다.

합격자 결정방법

1. **제1차 시험**: 과목당 100점을 만점으로 하여 모든 과목 40점 이상이고, 전 과목 평균 60점 이상의 득점을 한 사람을 합격자로 합니다.
2. **제2차 시험**
   • 1차 시험과 동일하나, 모든 과목 40점 이상이고 전 과목 평균 60점 이상의 득점을 한 사람의 수가 선발예정인 원에 미달하는 경우 모든 과목 40점 이상을 득점한 사람을 합격자로 합니다.
   • 제2차 시험 합격자 결정시 동점자로 인하여 선발예정인원을 초과하는 경우 그 동점자 모두를 합격자로 결정하고, 동점자의 점수는 소수점 둘째 자리까지만 계산하며 반올림은 하지 않습니다.

최종 정답 및 합격자 발표

시험시행일로부터 1차 약 1달 후, 2차 약 2달 후 한국산업인력공단 큐넷 주택관리사(보) 홈페이지(www.Q-Net. or.kr/site/housing)에서 확인 가능합니다.

학습플랜

전 과목 8주 완성 학습플랜

일주일 동안 3과목을 번갈아 학습하여, 8주에 걸쳐 1차 전 과목을 1회독할 수 있는 학습플랜입니다.

구분	월 회계원리	화 공동주택 시설개론	수 민법	목 회계원리	금 공동주택 시설개론	토 민법	일 복습
1주차	1편 1장~ 2장 문제 11	1편 1장~ 2장 문제 11	1편 1장~ 3장 문제 09	1편 1장 문제 12~ 3장 문제 08	1편 2장 대표예제 07~ 3장	1편 3장 대표예제 10~ 문제 34	
2주차	1편 3장 문제 09~ 4장 문제 13	1편 4장~ 문제 40	1편 3장 대표예제 19~ 문제 63	1편 4장 대표예제 14~ 문제 36	1편 4장 대표예제 21~ 5장	1편 3장 대표예제 24~ 5장 문제 10	
3주차	1편 5장~ 문제 26	1편 6장~7장	1편 5장 대표예제 33~ 문제 38	1편 5장 대표예제 21 ~6장	1편 8장~ 9장 문제 15	1편 5장 대표예제 41~ 문제 69	
4주차	1편 7장~ 8장 문제 09	1편 9장 대표예제 36~ 11장	1편 5장 대표예제 47~ 문제 97	1편 8장 대표예제 32~ 9장	1편 12장~ 2편 1장 16번	1편 5장 대표예제 53~ 7장 문제 13	
5주차	1편 10장~ 12장 문제 08	2편 1장 대표예제 46~ 2장 문제 10	1편 7장 문제 14~ 2편 2장 문제 14	1편 12장 문제 09 ~13장	2편 2장 대표예제 52~ 3장	2편 2장 문제 15~ 3장	
6주차	1편 14장~ 15장 문제 12	2편 4장~ 6장 문제 12	2편 4장~ 5장 문제 12	1편 15장 대표예제 48~ 2편 2장	2편 6장 문제 13~ 2편 7장	2편 5장 대표예제 76~ 3편 1장	
7주차	2편 3장~4장	2편 8장~ 문제 39	3편 2장~4장	2편 5장	2편 8장 대표예제 73~ 9장 문제 19	3편 5장~ 4편 1장 문제 12	
8주차	2편 6장~7장	2편 9장 대표예제 78~ 문제 52	4편 1장 대표예제 95~ 2장 문제 22	2편 8장~9장	2편 10장	4편 2장 대표예제 99~ 4장	

* 이하 편/장 이외의 숫자는 본문 내의 문제번호입니다.

회계원리 3주 완성 학습플랜

한 과목씩 집중적으로 공부하고 싶은 수험생을 위한 학습플랜입니다.

구분	월	화	수	목	금	토	일
1주차	1편 1장~ 2장 문제 05	1편 2장 대표예제 05~ 문제 34	1편 3장	1편 4장~ 문제 19	1편 4장 문제 20~ 5장 문제 07	1편 5장 문제 08~ 문제 33	1주차 복습
2주차	1편 5장 대표예제 23~ 7장 문제 10	1편 7장 대표예제 28~ 8장	1편 9장~ 10장 문제 08	1편 10장 대표예제 38~ 12장 문제 12	1편 12장 대표예제 41~ 13장	1편 14장~ 15장 문제 08	2주차 복습
3주차	1편 15장 대표예제 47~ 2편 1장	2편 2장~3장	2편 4장~ 5장 문제 05	2편 5장 문제 06 ~ 6장 문제 06	2편 6장 문제 07~ 2편 8장	2편 9장	3주차 복습

학습플랜 이용 Tip

• 본인의 학습 진도와 상황에 적합한 학습플랜을 선택한 후, 매일·매주 단위의 학습량을 확인합니다.
• 목표한 분량을 완료한 후에는 ☑과 같이 체크하며 학습 진도를 스스로 점검합니다.

[문제집 학습방법]
• '출제비중분석'을 통해 단원별 출제비중과 해당 단원의 출제경향을 파악하고, 포인트별로 문제를 풀어나가며 다양한 출제 유형을 익힙니다.
• 틀린 문제는 해설을 꼼꼼히 읽어보고 해당 포인트의 이론을 확인하여 확실히 이해하고 넘어가도록 합니다.
• 복습일에 문제집을 다시 풀어볼 때에는 전체 내용을 정리하고, 틀린 문제는 다시 한번 확인하여 완벽히 익히도록 합니다.

[기본서 연계형 학습방법]
• 하루 동안 학습한 내용 중 어려움을 느낀 부분은 기본서에서 관련 이론을 찾아서 확인하고, '핵심 콕! 콕!' 위주로 중요 내용을 확실히 정리하도록 합니다. 기본서 복습을 완료한 후에는 학습플랜에 학습 완료 여부를 체크합니다.
• 복습일에는 한 주 동안 학습한 기본서 이론 중 추가적으로 학습이 필요한 사항을 문제집에 정리하고, 틀린 문제에 관련된 이론을 위주로 학습합니다.

출제경향분석 및 수험대책

제27회(2024년) 시험 총평

제27회 시험은 그동안 출제되었던 기본형 문제가 많이 출제되어 평소에 교재와 강의에 충실했다면 목표하는 점수를 무난하게 획득했을 것입니다. 원가 · 관리회계의 경우 최근 경향과 유사하게 제품원가계산보다 관리적 의사결정 부분이 좀 더 비중이 높았고, 난이도는 대부분 이전보다 다소 낮아져서 계산문제의 복잡성이 최근 출제경향보다 덜한 기본형 문제가 출제되었습니다.

전반적으로 최근 출제경향과 동일하게 각각 32문항(80%), 8문항(20%)이 전 영역에서 출제되었고, 계산형 문제는 25문항(62.5%)으로 비계산형 문제 15문항(37.5%)보다 여전히 높은 비율로 출제되었습니다.

기본개념에 대한 철저한 이해와 부단한 연습을 통해 기본형 문제 및 심화문제에 대한 응용력을 갖추는 것이 매우 중요한 시험이었다고 볼 수 있습니다.

제27회(2024년) 출제경향분석

	구분	제18회	제19회	제20회	제21회	제22회	제23회	제24회	제25회	제26회	제27회	계	비율(%)
재무회계	회계와 회계정보	1		1	1	2	2	2	2	2	2	15	3.75
	회계의 순환과정	3	3	2	3	3	2	2	3	2		23	5.75
	금융자산 I : 현금과 수취채권	2	2	2	4	5	4	4	3	2	3	31	7.75
	재고자산	4	4	2	4	4	4	5	5	4	4	40	10
	유형자산	4	4	5	5	6	4	4	3	4	3	42	10.5
	무형자산	1	1	1		1	1	1			1	7	1.75
	금융자산 II, 관계기업투자, 투자부동산	2	3	3	2	4	1	1	3	3	3	25	6.25
	부채	3	3	3	2	2	2	3	1	3	3	25	6.25
	자본	1	3	2	1	2	1	2	4	2	2	20	5
	수익과 비용	2	2	1	1		2	1	2	2	2	15	3.75
	회계변경과 오류수정				2	1		1				4	1
	재무제표의 표시	4	2	4			3	3	1		2	3	23	5.75
	현금흐름표	1	1	3	3		1	2	2	1	2	16	4
	재무제표 분석	2	2	2	2	1	2		1		2	16	4
	재무보고를 위한 개념체계	2	2	1	1	1	2	2	2	3	2	18	4.5
원가 · 관리회계	원가회계의 기초				1	1						2	0.5
	원가흐름과 집계	1		1	1		1	1	1	1	1	8	2
	원가배분	1	2	2		1	1		1	1	1	10	2.5
	개별원가계산 및 활동기준원가계산		1			1			1			3	0.75
	종합원가계산 및 결합원가계산	1			1		1	1	1	1	1	8	2
	CVP 분석 및 원가추정	1	1	1	2	3	2	2	2	1	1	16	4
	변동원가계산 및 전부원가계산	1	1		1			1	1	1	1	7	1.75
	표준원가 차이분석	1	1	1	1	1	1	1	1	1	1	10	2.5
	기타 관리회계	2	1	1	2	2	2	1	1	2	2	16	4
	총계	40	40	40	40	40	40	40	40	40	40	400	100

❶ 재무회계의 경우 재고자산, 유형자산, 금융자산, 부채 그리고 재무제표의 표시 등에서 3문항 이상씩 빈도 높게 출제되었고, 최근까지 꾸준히 출제되었던 회계순환과정에서 결산 관련 문제가 출제되지 않았습니다.

❷ 원가 · 관리회계의 경우 최근 경향과 유사하게 제품원가계산에서 3문항이 출제되고, 관리적 의사결정에서 5문항 이 출제되어 관리회계의 비중이 지속적으로 높아지는 추세이지만, 최근 기출유형과 비교해 보면 기본에 충실한 평이한 문제유형이 출제되고 있습니다.

제28회(2025년) 수험대책

최근 출제경향을 종합적으로 살펴보면 재무회계와 원가 · 관리회계의 출제비중과 계산형 문제와 비계산형 문제의 비중이 일관성 있게 출제되고 있습니다. 연도별 출제 난이도는 어느 정도 차이가 존재하지만 회계과목의 특성상 지속적인 연습을 통한 문제풀이가 훈련되지 않으면 쉬운 문제라 할지라도 제한된 시간에 실력을 발휘하기가 어렵습니다. 따라서 회계는 기초입문 과정부터 회계원리 전 과정까지 기본개념을 이해하고 신속한 풀이를 위해 반복연습에 대한 훈련이 필요합니다.

❶ 재무회계

2024년 제27회 기출문제에서 확인한 바와 같이 최근 출제경향은 연도별로 난이도의 차이는 존재하지만, 그동안 반복적으로 출제되는 문제유형이 있다는 점에 집중하고, 반복연습을 통해 자주 출제되는 기출패턴을 익히도록 노력해야 합니다. 응용문제학습은 그 다음입니다.

연도별로 차이는 존재하지만 꾸준히 높은 출제비중을 나타내고 있는 회계의 기초와 회계순환과정, 자산, 부채, 재무제표 표시 · 분석 및 개념체계 등과 관련된 단원은 충분히 학습하고, 나머지 단원들은 기존의 기출유형을 중심으로 정리합니다. 난이도는 연도별로 차이가 있고, 응용문제로 심화된 문제가 다소 출제되기도 하지만 대부분의 문제는 자주 접한 기본형이므로 이를 제한된 시간에 정확하게 풀 수 있도록 해야 합니다. 따라서 기본이론의 이해가 선행되고 이를 바탕으로 유형별 기출문제와 다양한 유형의 문제를 반복학습하여 제한된 시간에 정확하게 풀 수 있도록 계산능력을 갖추어야 합니다.

❷ 원가 · 관리회계

제21회 시험 이후부터 출제경향을 살펴보면, 제품원가계산보다 관리적 의사결정 부분인 6장 이후의 출제비중이 1문항 정도 더 출제되고 있습니다. 6장 이후는 공헌이익적 사고에 대한 완전한 이해와 이와 관련된 문제유형들에 대한 충분한 풀이연습을 통해 계산능력을 높이도록 합니다. 최근까지 안정적인 출제경향을 보이고 있는 원가흐름과 집계, 원가배분, 종합원가계산, 원가추정과 CVP분석, 표준원가 차이분석, 단기적 특수의사결정 및 예산 등은 철저한 학습이 요구됩니다.

회계는 무엇보다 수험생 여러분의 성실함이 요구되는 과목입니다. 눈으로만 하는 학습이 아닌 눈과 손이 함께 이해하고 연습해야 합니다.

10개년 출제비중분석

80%

제1편
출제비중

장별 출제비중

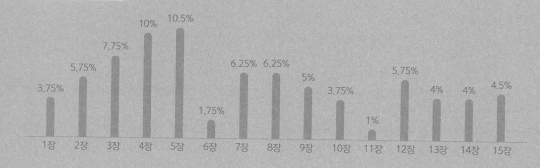

1장	2장	3장	4장	5장	6장	7장	8장	9장	10장	11장	12장	13장	14장	15장
3.75%	5.75%	7.75%	10%	10.5%	1.75%	6.25%	6.25%	5%	3.75%	1%	5.75%	4%	4%	4.5%

제1편

재무회계

제1장 회계와 회계정보

재무회계와 관리회계에 대한 설명으로 옳지 않은 것은?

① 재무회계는 기업 외부의 불특정 다수인에게 정보를 제공하고, 관리회계는 기업 내부의 경영자에게 정보를 제공한다.

② 재무회계는 보고서를 정기적으로 보고하나, 관리회계는 보고서를 수시로 보고한다.

③ 재무회계는 재무제표가 재무보고의 핵심수단이고, 관리회계는 특수목적의 다양한 보고서를 보고한다.

④ 재무회계는 회계원칙의 지배를 받지 않으나, 관리회계는 회계원칙의 지배를 받는다.

⑤ 재무회계는 주로 재무적 정보를 보고하나, 관리회계는 재무적 정보뿐만 아니라 비재무적 정보도 보고한다.

해설 | 재무회계는 회계원칙의 지배를 받으며, 관리회계는 회계원칙의 지배를 받지 않는다.

보충 | 재무회계와 관리회계의 비교

구분	재무회계	관리회계
정보이용자	외부정보이용자(주주, 채권자 등)	내부정보이용자(경영자)
보고 수단	재무제표	의사결정에 목적적합한 방법 (일정한 형식 없음)
보고 주기	일반적으로 1년 단위(분기 등)	필요할 때마다 수시 보고
제공정보	과거정보의 집계와 보고	미래와 관련된 정보 위주
회계기준	일반적으로 인정된 회계원칙(GAAP)	객관적이고 공통된 기준이 없음

기본서 p.23   정답 ④

01 회계에 관한 설명으로 옳지 않은 것은?

① 회계란 기업의 경제활동에 관한 정보를 정보이용자에게 전달해 주는 정보시스템이다.

② 회계의 목적은 정보이용자의 기업에 대한 경제적 의사결정에 유용한 정보를 제공하는 것이다.

③ 재무제표는 재무상태표, 포괄손익계산서, 자본변동표, 현금흐름표 및 주석을 포함한다.

④ 재무제표의 작성책임은 기업 외부의 회계감사인에게 있다.

⑤ 회계원칙은 회계행위를 할 때 준수하여야 할 지침이지만, 회계환경이 바뀌면 수시로 개정되어야 한다.

02 회계에 관한 설명으로 옳지 않은 것은?

① 회계는 정보이용자를 기준으로 재무회계와 관리회계로 분류한다.

② 회계는 경영자의 수탁책임을 보고하는 기능을 수행한다.

③ 회계는 한정된 경제적 자원이 효율적으로 배분되도록 도와주는 기능을 담당한다.

④ 외부 회계감사를 통해 회계정보의 신뢰성이 제고된다.

⑤ 모든 기업은 한국채택국제회계기준을 적용하여야 한다.

정답 및 해설

01 ④ 재무제표의 작성책임은 <u>기업의 경영진</u>에게 있다.

02 ⑤ 모든 기업이 한국채택국제회계기준을 의무적으로 적용하여야 하는 것은 아니다.

◉ 한국채택국제회계기준 적용
- 상장법인: 의무적 적용
- 비상장법인: 선택적 적용

감사인과 경영자간의 의견불일치로 인한 영향이 재무제표에 매우 중요하고 전반적이어서 한정의견의 표명만으로는 재무제표의 오도나 불완전성을 적절히 공시할 수 없다고 판단되는 경우에 표명하는 감사의견은?

① 특기사항기재 적정의견   ② 의견거절

③ 한정의견   ④ 부적정의견

⑤ 불일치의견

해설 | 감사인과 경영자간의 의견불일치로 인한 영향이 재무제표에 매우 중요하고 전반적인 경우에는 '부적정의견'을 표명한다.

보충 | 감사의견

정의와 목적		기업이 작성한 재무제표의 신뢰성을 제고하기 위하여 외부감사인이 그 적정성을 검토하여 의견표명을 하는 것
감사의견 종류	적정의견	감사범위의 제한이 없고 회계기준의 위배성이 없는 경우
	한정의견	감사범위의 제한이 중요하고 회계기준의 위배성이 중요한 경우
	부적정의견	감사범위의 제한이 없고 회계기준의 위배성이 매우 중요한 경우
	의견거절	감사범위의 제한이 매우 중요하고 회계기준의 위배성이 없는 경우

기본서 p.26   정답 ④

03 기업의 재무제표에 대한 신뢰성을 제고하기 위하여 외부 회계감사를 실시한다. 감사인이 표명하는 감사의견이 아닌 것은?

① 적정의견   ② 의견거절

③ 한정의견   ④ 부적정의견

⑤ 불일치의견

04 독립된 외부감사인이 충분하고 적합한 감사증거를 입수하였고 왜곡표시가 재무제표에 개별적 또는 집합적으로 중요하지만 전반적이지는 않다는 결론을 내리는 경우 표명하는 감사의견은?

① 의견거절
② 한정의견
③ 부적정의견
④ 적정의견
⑤ 재검토의견

정답 및 해설

03 ⑤ 감사의견은 <u>적정의견, 한정의견, 부적정의견, 의견거절</u> 등으로 분류할 수 있다.

04 ② 독립된 외부감사인이 충분하고 적합한 감사증거를 입수하였고 왜곡표시가 재무제표에 개별적 또는 집합적으로 중요하지만 전반적이지는 않은 경우는 '<u>한정의견</u>'을 표명한다.

다음 자료를 이용하여 계산한 총포괄이익은?

• 기초자산	₩70,000	• 기초부채	₩40,000
• 기말자산	₩120,000	• 기말부채	₩50,000
• 유상증자	₩20,000	• 무상증자	₩10,000
• 현금배당	₩10,000	• 주식배당	₩10,000
• 당기순이익	₩20,000		

① ₩10,000   ② ₩20,000
③ ₩30,000   ④ ₩40,000
⑤ ₩50,000

해설| 총포괄이익 = 기말자본 ₩70,000[1] − 기초자본 ₩30,000[2] + 현금배당 ₩10,000 − 유상증자
            ₩20,000
          = ₩30,000
   [1] 기말자본 = 기말자산 ₩120,000 − 기말부채 ₩50,000 = ₩70,000
   [2] 기초자본 = 기초자산 ₩70,000 − 기초부채 ₩40,000 = ₩30,000

보충

자본

유상감자(인출)	기초자본 = 기초자산 − 기초부채
현금배당	유상증자 · 추가출자
기말자본 = 기말자산 − 기말부채	당기순이익 = 수익 − 비용
	기타포괄이익

총포괄이익

무상증자나 주식배당은 자본의 불변항목이므로 고려하지 않는다.

기본서 p.33~34   정답 ③

05 (주)한국의 20×1년 자료가 다음과 같을 때, 20×1년 기말자본은?

• 기초자산	₩300,000	• 현금배당	₩5,000
• 기초부채	₩200,000	• 총수익	₩600,000
• 유상증자	₩10,000	• 총비용	₩400,000

① ₩100,000 ② ₩205,000
③ ₩305,000 ④ ₩405,000
⑤ ₩505,000

06 다음 자료를 이용하여 산출된 기말 부채총액은?

• 기말 자산총액	₩500,000
• 기초 자본총액	₩150,000
• 당기 총수익	₩400,000
• 당기 총비용	₩350,000
• 기중 배당금의 지급	₩20,000

① ₩150,000 ② ₩190,000
③ ₩280,000 ④ ₩320,000
⑤ ₩350,000

정답 및 해설

05 ③ 기말자본 = 기초자본 ₩100,000* + 유상증자 ₩10,000 + 총수익 ₩600,000 − 현금배당 ₩5,000
　　　　 − 총비용 ₩400,000
　　　　　 = ₩305,000
　　 * 기초자본 = 기초자산 ₩300,000 − 기초부채 ₩200,000 = ₩100,000

06 ④ 기말부채 = 기말자산 ₩500,000 − 기말자본 ₩180,000* = ₩320,000
　　 * 기말자본 = 기초자본 ₩150,000 + 총수익 ₩400,000 − 총비용 ₩350,000 − 현금배당 ₩20,000
　　　　　 = ₩180,000

07 다음 자료를 이용하여 계산한 당기총포괄이익은?

• 기초자산	₩5,500,000	• 기말자산	₩7,500,000
• 기초부채	₩3,000,000	• 기말부채	₩3,000,000
• 유상증자	₩500,000	• 현금배당	₩100,000

① ₩500,000
② ₩1,000,000
③ ₩1,600,000
④ ₩2,000,000
⑤ ₩2,500,000

08 다음 자료를 이용하여 계산한 기초자산은?

• 기초부채	₩100,000	• 기말자산	₩200,000
• 기말부채	₩120,000	• 유상증자	₩10,000
• 현금배당	₩5,000	• 총포괄이익	₩20,000

① ₩155,000
② ₩165,000
③ ₩170,000
④ ₩175,000
⑤ ₩185,000

09 (주)한국의 20×1년 기초 자산총액은 ₩100,000이고, 기말 자산총액과 기말 부채총액은 각각 ₩200,000과 ₩90,000이다. 20×1년 중 현금배당 ₩5,000을 결의하고 지급하였으며, ₩20,000을 유상증자하였다. 20×1년도 당기순이익이 ₩50,000일 때, 기초 부채총액은? (단, 기타포괄손익은 없다고 가정한다)

① ₩55,000
② ₩65,000
③ ₩70,000
④ ₩75,000
⑤ ₩80,000

10 (주)한국의 20×1년 말 자산총계와 부채총계는 기초보다 각각 ₩30,000과 ₩20,000씩 증가하였다. 한편 (주)한국은 20×1년 중에 ₩5,000의 유상증자와 ₩1,000의 현금배당을 실시하였으며, 20×1년도의 재평가잉여금 증가는 ₩3,000이다. (주)한국이 20×1년도 포괄손익계산서에 인식할 당기순이익은?

① ₩1,000
② ₩2,000
③ ₩3,000
④ ₩4,000
⑤ ₩5,000

정답 및 해설

07 ③ 총포괄이익 = 기말자본 ₩4,500,000*1 − 기초자본 ₩2,500,000*2 + 현금배당 ₩100,000 − 유상증자 ₩500,000
= ₩1,600,000
*1 기말자본 = 기말자산 ₩7,500,000 − 기말부채 ₩3,000,000 = ₩4,500,000
*2 기초자본 = 기초자산 ₩5,500,000 − 기초부채 ₩3,000,000 = ₩2,500,000

08 ① 기초자산 = 기초부채 ₩100,000 + 기초자본 ₩55,000*1 = ₩155,000
*1 기초자본 = 기말자본 ₩80,000*2 + 현금배당 ₩5,000 − 유상증자 ₩10,000 − 총포괄이익 ₩20,000
= ₩55,000
*2 기말자본 = 기말자산 ₩200,000 − 기말부채 ₩120,000 = ₩80,000

09 ① 기초부채 = 기초자산 ₩100,000 − 기초자본 ₩45,000*1 = ₩55,000
*1 기초자본 = 기말자본 ₩110,000*2 + 현금배당 ₩5,000 − 유상증자 ₩20,000 − 당기순이익 ₩50,000
= ₩45,000
*2 기말자본 = 기말자산 ₩200,000 − 기말부채 ₩90,000 = ₩110,000

10 ③ 당기순이익 = 자본증가 ₩10,000 + 현금배당 ₩1,000 − 유상증자 ₩5,000 − 재평가잉여금 증가 ₩3,000
= ₩3,000

11 다음 자료를 이용하여 계산한 총수익은?

• 기초자산	₩70,000	• 기초부채	₩40,000
• 기말자산	₩120,000	• 기말부채	₩50,000
• 유상증자	₩20,000	• 무상증자	₩10,000
• 현금배당	₩10,000	• 주식배당	₩10,000
• 총비용	₩250,000	• 총수익	?

① ₩230,000 ② ₩280,000 ③ ₩300,000
④ ₩320,000 ⑤ ₩350,000

12 다음 자료를 이용하여 계산한 기타포괄이익은?

• 기초자산	₩70,000	• 기초부채	₩40,000
• 기말자산	₩120,000	• 기말부채	₩50,000
• 유상증자	₩20,000	• 무상증자	₩10,000
• 현금배당	₩10,000	• 주식배당	₩10,000
• 당기순이익	₩20,000	• 기타포괄이익	?

① ₩10,000 ② ₩20,000 ③ ₩30,000
④ ₩40,000 ⑤ ₩50,000

13 다음 자료를 이용하여 계산한 당기순이익은?

• 기초자산	₩70,000	• 기초부채	₩40,000
• 기말자산	₩120,000	• 기말부채	₩50,000
• 유상증자	₩20,000	• 무상증자	₩10,000
• 현금배당	₩10,000	• 주식배당	₩10,000
• 기타포괄이익	₩10,000	• 당기순이익	?

① ₩10,000 ② ₩20,000 ③ ₩30,000
④ ₩40,000 ⑤ ₩50,000

14 (주)한국의 기말자산과 기말부채가 다음과 같을 때 기말순자산은?

• 상품	₩50,000	• 대여금	₩10,000
• 매입채무	₩12,000	• 비품	₩20,000
• 미지급금	₩5,000	• 선수수익	₩5,000

① ₩58,000   ② ₩63,000   ③ ₩73,000

④ ₩77,000   ⑤ ₩93,000

정답 및 해설

11 ②   총수익 = 기말자본 ₩70,000*¹ − 기초자본 ₩30,000*² + 현금배당 ₩10,000 + 총비용 ₩250,000
          − 유상증자 ₩20,000
        = ₩280,000
    *¹ 기말자본 = 기말자산 ₩120,000 − 기말부채 ₩50,000 = ₩70,000
    *² 기초자본 = 기초자산 ₩70,000 − 기초부채 ₩40,000 = ₩30,000

12 ①   기타포괄이익 = 기말자본 ₩70,000*¹ − 기초자본 ₩30,000*² + 현금배당 ₩10,000 − 유상증자 ₩20,000
          − 당기순이익 ₩20,000
        = ₩10,000
    *¹ 기말자본 = 기말자산 ₩120,000 − 기말부채 ₩50,000 = ₩70,000
    *² 기초자본 = 기초자산 ₩70,000 − 기초부채 ₩40,000 = ₩30,000

13 ②   당기순이익 = 기말자본 ₩70,000*¹ − 기초자본 ₩30,000*² + 현금배당 ₩10,000 − 유상증자 ₩20,000
          − 기타포괄이익 ₩10,000
        = ₩20,000
    *¹ 기말자본 = 기말자산 ₩120,000 − 기말부채 ₩50,000 = ₩70,000
    *² 기초자본 = 기초자산 ₩70,000 − 기초부채 ₩40,000 = ₩30,000

14 ①   기말순자산 = 기말자산 ₩80,000*¹ − 기말부채 ₩22,000*² = ₩58,000
    *¹ 기말자산 = 상품 ₩50,000 + 대여금 ₩10,000 + 비품 ₩20,000 = ₩80,000
    *² 기말부채 = 매입채무 ₩12,000 + 미지급금 ₩5,000 + 선수수익 ₩5,000 = ₩22,000

제2장 회계의 순환과정

회계상의 거래에 해당하지 않는 것으로만 묶인 것은? (단, 해당 사건으로 인해 발생한 영향은 화폐액으로 측정 가능하다)

> ㉠ 건물이 화재로 소실됨
> ㉡ 창고에 보관 중이던 상품을 도난당함
> ㉢ 건물을 임차계약하고 계약금을 지급함
> ㉣ 발행된 주식을 액면분할함
> ㉤ 상품을 주문함
> ㉥ 주주에게 주식을 배당함

① ㉠, ㉡
② ㉢, ㉣
③ ㉢, ㉤
④ ㉣, ㉤
⑤ ㉣, ㉥

해설 | **사건별 회계상의 거래 여부**
    ㉠ 건물이 화재로 소실됨: ○
    ㉡ 창고에 보관 중이던 상품을 도난당함: ○
    ㉢ 건물을 임차계약하고 계약금을 지급함: ○
    ㉣ 발행된 주식을 액면분할함: ✕
    ㉤ 상품을 주문함: ✕
    ㉥ 주주에게 주식을 배당함: ○

보충 | 거래의 분류

회계상 거래		
• 건물 등의 화재 • 도난 및 파손 • 건물이나 기계장치 등 가치 하락 • 파산으로 인한 채권 회수불능	• 상품매매 거래 • 기계장치 구입	• 상품주문 • 매입계약 • 종업원 채용
		일반적 거래

기본서 p.49   정답 ④

01 회계상의 거래에 해당하지 않는 것은?

① 상품을 판매하고 대금을 받지 않았다.
② 건물이 장마에 침수되어 일부 파손되었다.
③ 월 ₩300,000의 임차료로 건물을 임차하기로 계약하였다.
④ 내년에 상품을 판매하기로 계약을 체결하고 계약금 ₩1,000,000을 현금으로 수령하였다.
⑤ 차입금의 이자지급기일이 도래하였으나 아직 이자를 지급하지 않았다.

02 회계상 거래가 아닌 것은?

① 거래처의 부도로 인하여 매출채권 회수가 불가능하게 되었다.
② 임대수익이 발생하였으나 현금으로 수취하지는 못하였다.
③ 기초에 매입한 단기금융자산의 공정가치가 기말에 상승하였다.
④ 재고자산 실사결과 기말재고 수량이 장부상 수량보다 부족한 것을 확인하였다.
⑤ 기존 차입금에 대하여 금융기관의 요구로 담보로 제공하였다.

정답 및 해설

01 ③ 건물을 임차하기로 계약하는 것은 자산과 부채 및 자본에 증감변화가 없으므로 회계상의 거래가 아니다.
02 ⑤ 담보의 제공은 자산과 부채 및 자본에 증감변화가 없으므로 회계상의 거래가 아니다.

03 다음 중 자산을 감소시키면서 동시에 자본을 감소시키는 거래는?

① 주주로부터 현금 ₩300,000을 출자받고 주식을 발행하다.
② 은행으로부터 현금 ₩200,000을 차입하다.
③ 상품 ₩200,000을 현금으로 구입하다.
④ 원가 ₩100,000의 토지를 ₩150,000에 현금으로 판매하다.
⑤ 주주에게 현금 ₩10,000을 배당하다.

04 자본에 영향을 미치는 거래를 모두 고른 것은?

> ㉠ 주주로부터 현금 ₩300을 출자받고 주식을 발행하다.
> ㉡ 은행으로부터 현금 ₩200을 차입하다.
> ㉢ 상품 ₩200을 현금으로 구입하다.
> ㉣ 원가 ₩100의 상품을 ₩150에 현금으로 판매하다.
> ㉤ 주주에게 현금 ₩10을 배당하다.

① ㉠, ㉡   ② ㉠, ㉣
③ ㉡, ㉢   ④ ㉠, ㉣, ㉤
⑤ ㉠, ㉢, ㉣, ㉤

정답 및 해설

03 ⑤ (1) 거래결합관계와 분개

	거래결합관계		분개			
	차변	대변	차변		대변	
①	자산의 증가	자본의 증가	현금	300,000	자본금	300,000
②	자산의 증가	부채의 증가	현금	200,000	차입금	200,000
③	자산의 증가	자산의 감소	상품	200,000	현금	200,000
④	자산의 증가	자산의 감소 수익의 발생	현금	150,000	토지 토지처분이익	100,000 150,000
⑤	자본의 감소	자산의 감소	이익잉여금	10,000	현금	10,000

(2) 재무제표 영향

	자산	부채	자본	수익	비용	이익
①	증가₩300,000	불변	증가₩300,000	불변	불변	불변
②	증가₩200,000	증가₩200	불변	불변	불변	불변
③	불변	불변	불변	불변	불변	불변
④	증가₩50,000	불변	증가₩50,000	증가₩50,000	불변	증가₩50,000
⑤	감소₩10,000	불변	감소₩10,000	불변	불변	불변

04 ④ (1) 거래결합관계와 분개

	거래결합관계		분개			
	차변	대변	차변		대변	
㉠	자산의 증가	자본의 증가	현금	300	자본금	300
㉡	자산의 증가	부채의 증가	현금	200	차입금	200
㉢	자산의 증가	자산의 감소	상품	200	현금	200
㉣	자산의 증가 비용의 발생	수익의 발생 자산의 감소	현금 매출원가	150 100	매출수익 상품	150 100
㉤	자본의 감소	자산의 감소	이익잉여금	10	현금	10

(2) 재무제표 영향

	자산	부채	자본	수익	비용	이익
㉠	증가 ₩300	불변	증가 ₩300	불변	불변	불변
㉡	증가 ₩200	증가 ₩200	불변	불변	불변	불변
㉢	불변	불변	불변	불변	불변	불변
㉣	증가 ₩50	불변	증가 ₩50	증가 ₩150	증가 ₩100	증가 ₩50
㉤	감소 ₩10	불변	감소 ₩10	불변	불변	불변

05 자본총액에 영향을 미치지 않는 거래는?

① 주식을 액면발행하고 현금 ₩200,000과 토지 ₩100,000을 출자받다.

② 주주에게 현금 ₩10,000을 배당하다.

③ 토지 ₩200,000을 구입하고 현금 ₩100,000을 지급하고 나머지는 외상으로 하다.

④ 당기 발생한 이자 ₩20,000과 함께 대여금 ₩200,000을 회수하다.

⑤ 당기 발생한 이자 ₩10,000을 지급하지 않았다.

대표예제 05 **계정과목의 분류 ★**

수정후시산표의 각 계정잔액이 존재한다고 가정할 경우, 장부 마감 후 다음 회계연도 차변으로 이월되는 계정과목은?

① 유형자산처분이익 ② 자본금 ③ 광고선전비

④ 선수금 ⑤ 받을어음

해설 | ① 유형자산처분이익(수익계정): 차기로 이월되지 않는 계정과목
② 자본금(자본계정): 차기 자본금 계정의 대변으로 이월되는 계정과목
③ 광고선전비(비용계정): 차기로 이월되지 않는 계정과목
④ 선수금(부채계정): 차기 매입채무 계정의 대변으로 이월되는 계정과목
⑤ 받을어음(자산계정): 차기 투자부동산 계정의 차변으로 이월되는 계정과목

보충

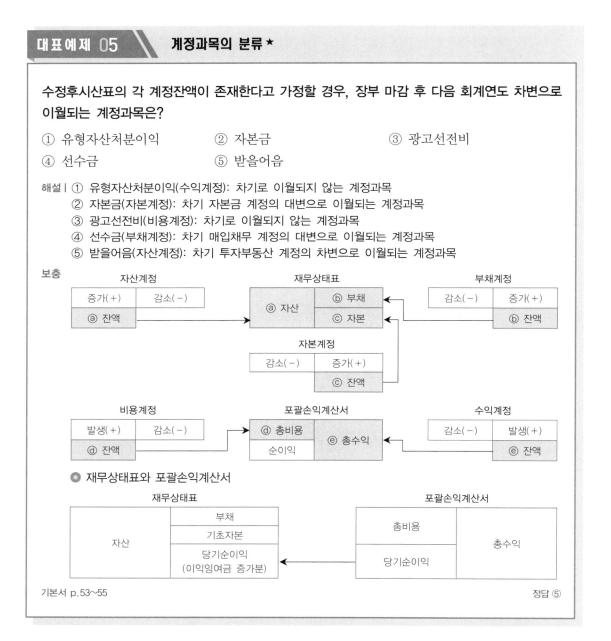

● 재무상태표와 포괄손익계산서

기본서 p.53~55

정답 ⑤

06 포괄손익계산서에 표시되는 계정과목이 아닌 것은?

① 선급보험료　　　　　② 사채상환손실　　　　③ 수수료수익
④ 법인세비용　　　　　⑤ 유형자산재평가이익

07 다음 중 임시계정이 아닌 것은?

① 채무면제이익계정　　② 감가상각비　　　　　③ 매출
④ 개발비　　　　　　　⑤ 매출원가

08 잔액을 다음 회계연도로 이월할 수 없는 계정은?

① 자기주식처분이익　　② 감자차익　　　　　　③ 자본금
④ 이자비용　　　　　　⑤ 이익잉여금

정답 및 해설

05 ③ (1) 회계처리

① (차) 현금	200,000	(대) 자본금	300,000	
토지	100,000			
② (차) 이익잉여금	10,000	(대) 현금	10,000	
③ (차) 토지	200,000	(대) 현금	100,000	
		미지급금	100,000	
④ (차) 현금	220,000	(대) 대여금	200,000	
		이자수익	20,000	
⑤ (차) 이자비용	10,000	(대) 미지급이자	10,000	

(2) 재무제표 영향

	자산	부채	자본	수익	비용	이익
①	증가 ₩300,000	불변	증가 ₩300,000	불변	불변	불변
②	감소 ₩10,000	불변	감소 ₩10,000	불변	불변	불변
③	증가 ₩100,000	증가 ₩100,000	불변	불변	불변	불변
④	증가 ₩20,000	불변	증가 ₩20,000	증가 ₩20,000	불변	증가 ₩20,000
⑤	불변	증가 ₩10,000	감소 ₩10,000	불변	증가 ₩10,000	감소 ₩10,000

06 ① 선급보험료는 자산계정으로서 재무상태표에 표시되는 계정과목이다.

07 ④ 개발비는 자산(무형자산)계정으로서 임시계정이 아니라 영구계정이다.

08 ④ 이자비용은 포괄손익계산서 계정으로서 차기로 이월할 수 없다.

09 명목계정으로서 잔액이 대변에 발생되는 계정은?

① 매출채권
② 매입채무
③ 자본금
④ 임대료
⑤ 급여

대표예제 06 　회계순환과정 및 시산표산 오류 ★

다음 오류 중 시산표상 발견할 수 있는 오류는?

① 상품을 현금매입하고 회계처리를 누락하였다.
② 상품을 외상매입하고 이중으로 회계처리를 하였다.
③ 매출채권 ₩10,000을 회수시 현금계정 대변에 ₩10,000을 기입하고, 매출채권계정 차변에 ₩10,000을 기입하였다.
④ 급여계정의 잔액을 잔액시산표의 특허권계정에 기입하였다.
⑤ 미지급이자계정의 잔액을 잔액시산표의 이자비용계정에 기입하였다.

해설 | 대변항목인 미지급이자계정(부채)의 잔액을 차변항목인 이자비용계정(비용)에 기입한 오류로서 대차가 불일치(차변합계액 > 대변합계액)하므로 시산표상 발견할 수 있다.

	대차 일치 여부	시산표상 오류 발견 여부
①	차변합계액 = 대변합계액	불가능
②	차변합계액 = 대변합계액	불가능
③	차변합계액 = 대변합계액	불가능
④	차변합계액 = 대변합계액	불가능
⑤	차변합계액 > 대변합계액	가능

보충 | 시산표에서 발견할 수 없는 오류
- 어떤 거래를 이중으로 분개하거나 대차 양변에 이중으로 전기한 경우
- 거래 전체의 분개가 누락되거나 전기가 되지 않은 경우
- 차변과 대변에 모두 잘못된 금액으로 분개하거나 전기한 경우
- 다른 계정과목의 같은 변에 분개하거나 전기한 경우
- 둘 이상의 오류가 우연히 서로 상계(상쇄)된 경우
- 회계거래가 아님에도 불구하고 회계거래로 판단하여 분개 및 전기를 수행한 경우

기본서 p.59~63

정답 ⑤

10 다음의 회계절차를 순서대로 맞게 배열한 것은?

㉠ 전기	㉡ 수정분개 및 전기
㉢ 분개	㉣ 수정전시산표
㉤ 수정후시산표	㉥ 재무제표 작성

① ㉠ – ㉢ – ㉣ – ㉡ – ㉤ – ㉥
② ㉢ – ㉠ – ㉡ – ㉣ – ㉤ – ㉥
③ ㉢ – ㉠ – ㉣ – ㉡ – ㉤ – ㉥
④ ㉢ – ㉠ – ㉣ – ㉡ – ㉥ – ㉤
⑤ ㉢ – ㉠ – ㉣ – ㉤ – ㉡ – ㉥

11 다음에 제시된 회계순환과정 중 선택적인 절차에 해당하는 것으로만 묶인 것은?

㉠ 분개	㉡ 결산수정분개
㉢ 전기	㉣ 이월시산표
㉤ 재무제표 작성	㉥ 역분개

① ㉠, ㉡
② ㉠, ㉤
③ ㉡, ㉣
④ ㉢, ㉤
⑤ ㉣, ㉥

정답 및 해설

09 ④ 임대료는 명목계정으로서 잔액이 대변에 발생한다.

구분	명목계정 또는 실재계정	잔액 발생
① 매출채권(자산)	실재계정	차변
② 매입채무(부채)	실재계정	대변
③ 자본금(자본)	실재계정	대변
④ 임대료(수익)	명목계정	대변
⑤ 급여(비용)	명목계정	차변

10 ③ 회계절차의 순서
분개 ⇨ 전기 ⇨ 수정전시산표 ⇨ 수정분개 및 전기 ⇨ 수정후시산표 ⇨ 포괄손익계산서계정 마감(마감분개)
⇨ 재무상태표계정 마감 ⇨ 이월시산표 ⇨ F/S 작성

11 ⑤ 선택적 회계절차
1. 시산표(수정전시산표, 수정후시산표, 이월시산표)
2. 정산표
3. 역분개

12 시산표를 통해서 발견할 수 있는 오류는?

① 거래의 이중분개가 행해진 경우
② 특정 계정의 차변에 전기할 것을 대변에 전기한 경우
③ 실제 거래금액과는 다르지만 대차 동일한 금액으로 전기한 경우
④ 거래의 분개가 행해지지 않은 경우
⑤ 거래의 분개시 차변과 대변의 금액은 일치하나 계정과목을 잘못 선택한 경우

13 시산표에 대한 설명으로 옳지 않은 것은?

① 시산표의 작성은 재무상태표와 포괄손익계산서를 작성하기 위한 선택적 절차이다.
② 대차평균의 원리에 의하여 장부기록의 정확성을 검증하는 기능을 한다.
③ 특정 계정의 차변에 전기할 것을 대변에 전기한 오류는 시산표에서 발견할 수 있다.
④ 시산표상 차변합계액과 대변합계액이 일치하더라도 분개와 전기에 오류가 있을 수 있다.
⑤ 수정후시산표에는 수익과 비용이 나타나지 않는다.

14 시산표의 차변금액이 대변금액보다 크게 나타나는 오류에 해당하는 것은?

① 건물 취득에 대한 회계처리가 누락되었다.
② 차입금 상환에 대해 분개를 한 후, 차입금계정에는 전기를 하였으나 현금계정에는 전기를 누락하였다.
③ 현금을 대여하고 차변에는 현금으로, 대변에는 대여금으로 동일한 금액을 기록하였다.
④ 미수금 회수에 대해 분개를 한 후, 미수금계정에는 전기를 하였으나 현금계정에는 전기를 누락하였다.
⑤ 토지 처분에 대한 회계처리를 중복해서 기록하였다.

대표예제 07 기말수정분개 ★★

(주)한국은 20×1년 8월 1일 화재보험에 가입하고, 향후 1년간 보험료 ₩12,000을 전액 현금 지급하면서 선급보험료로 회계처리하였다. 동 거래와 관련하여 (주)한국이 20×1년 말에 수정분개를 한 경우, 20×1년 말 재무상태표에 미치는 영향은? (단, 보험료는 월할계산한다)

	자산	부채	자본
①	₩5,000(감소)	영향 없음	₩5,000(감소)
②	₩5,000(감소)	₩5,000(감소)	영향 없음
③	₩7,000(감소)	영향 없음	₩7,000(감소)
④	₩7,000(증가)	₩7,000(증가)	영향 없음
⑤	영향 없음	₩7,000(증가)	₩7,000(감소)

해설 | (1) 수정분개

(차) 보험료   5,000*   (대) 선급보험료   5,000

* 당기임차료 = ₩12,000 × 5/12 = ₩5,000

(2) 수정분개시 영향

자산	부채	자본	수익	비용	당기순이익
감소 ₩5,000	불변	감소 ₩5,000	불변	증가 ₩5,000	감소 ₩5,000

기본서 p.64~75   정답 ①

정답 및 해설

12 ② 특정 계정의 차변에 전기할 것을 대변에 전기한 오류는 시산표의 차변합계와 대변합계가 불일치하므로 오류를 발견할 수 있다.

13 ⑤ 수정후시산표에는 수익과 비용이 나타난다.
- 시산표 종류별 표시항목
  - 수정전시산표: 자산, 부채, 자본, 수익, 비용
  - 수정후시산표: 자산, 부채, 자본, 수익, 비용
  - 이월시산표: 자산, 부채, 자본

14 ② ① 차변합계액 = 대변합계액
② 차변합계액 > 대변합계액
③ 차변합계액 = 대변합계액
④ 차변합계액 < 대변합계액
⑤ 차변합계액 = 대변합계액

15 (주)한국은 20×1년 9월 1일에 건물에 대한 12개월분 임차료 ₩90,000을 지급하고 차변에 선급임차료로 회계처리하였다. 20×1년 12월 31일에 필요한 수정분개는?

	차변		대변	
①	선급임차료	30,000	임차료	30,000
②	임차료	30,000	선급임차료	30,000
③	선급임차료	60,000	임차료	60,000
④	임차료	60,000	선급임차료	60,000
⑤	선급임차료	90,000	임차료	90,000

16 (주)한국은 20×1년 11월 1일에 향후 6개월분의 임차료 ₩90,000을 현금으로 지급하면서 선급임차료로 회계처리하였다. 기말에 필요한 수정분개는?

①	(차) 임차료	30,000	(대) 선급임차료	30,000
②	(차) 임차료	15,000	(대) 선급임차료	15,000
③	(차) 현금	30,000	(대) 선급임차료	30,000
④	(차) 현금	15,000	(대) 임차료	15,000
⑤	(차) 임차료	30,000	(대) 현금	30,000

17 20×1년 10월 1일 거래처에 현금 ₩200,000을 차입하면서 1년 후에 원금과 이자(연 9%)를 상환하기로 약정하였다. 기말에 필요한 수정분개는?

①	(차) 이자비용	3,000	(대) 미지급이자	3,000
②	(차) 이자비용	4,500	(대) 미지급이자	4,500
③	(차) 미지급이자	3,000	(대) 이자비용	3,000
④	(차) 미지급이자	4,500	(대) 이자비용	4,500
⑤	(차) 이자비용	9,000	(대) 미지급이자	9,000

18 20×1년 8월 1일 거래처에 현금 ₩200,000을 대여하면서 1년 후에 원금과 이자(연 9%)를 회수하기로 약정하였다. 기말에 필요한 수정분개는?

① (차) 미수이자	7,500	(대) 이자수익	7,500
② (차) 미수이자	9,000	(대) 이자수익	9,000
③ (차) 이자수익	7,500	(대) 미수이자	7,500
④ (차) 이자수익	9,000	(대) 미수이자	9,000
⑤ (차) 미수이자	12,000	(대) 이자수익	12,000

정답 및 해설

15 ② 20×1년 9월 1일 (차) 선급임차료   90,000   (대) 현금   90,000
기말수정분개   임차료   30,000*   선급임차료   30,000
* 당기임차료 = ₩90,000 × 4/12 = ₩30,000

16 ① 20×1년 11월 1일 (차) 선급임차료   90,000   (대) 현금   90,000
기말수정분개   임차료   30,000*   선급임차료   30,000
* 당기임차료 = ₩90,000 × 2/6 = ₩30,000

17 ② 기말수정분개
(차) 이자비용   4,500*   (대) 미지급이자   4,500
* 당기이자비용 = ₩200,000 × 9% × 3/12 = ₩4,500

18 ① 기말수정분개
(차) 미수이자   7,500*   (대) 이자수익   7,500
* 당기이자비용 = ₩200,000 × 9% × 5/12 = ₩7,500

19 (주)한국의 기초 소모품잔액은 ₩70,000이다. 기중에 소모품 ₩130,000을 현금으로 구입하고 전액 소모품으로 회계처리하였다. 기말 실사 결과 미사용 소모품은 ₩90,000 이다. 기말에 하여야 할 수정분개는?

① (차) 소모품   20,000   (대) 소모품비   20,000
② (차) 소모품   90,000   (대) 소모품비   90,000
③ (차) 소모품비   20,000   (대) 소모품   20,000
④ (차) 소모품비   90,000   (대) 소모품   90,000
⑤ (차) 소모품비   110,000   (대) 소모품   110,000

20 (주)한국의 기초 소모품잔액은 ₩70,000이다. 기중에 소모품 ₩130,000을 현금으로 구입하고 전액 소모품비로 회계처리하였다. 기말 실사 결과 미사용 소모품은 ₩90,000 이다. 기초에 역분개를 하지 않은 경우 기말수정분개는?

① (차) 소모품   20,000   (대) 소모품비   20,000
② (차) 소모품   90,000   (대) 소모품비   90,000
③ (차) 소모품비   20,000   (대) 소모품   20,000
④ (차) 소모품비   90,000   (대) 소모품   90,000
⑤ (차) 소모품   110,000   (대) 소모품비   110,000

21 (주)한국의 기초 소모품잔액은 ₩70,000이다. 기중에 소모품 ₩130,000을 현금으로 구입하고 전액 소모품비로 회계처리하였다. 기말 실사 결과 미사용 소모품은 ₩90,000 이다. 기초에 역분개를 한 경우 기말수정분개는?

① (차) 소모품   20,000   (대) 소모품비   20,000
② (차) 소모품   90,000   (대) 소모품비   90,000
③ (차) 소모품비   20,000   (대) 소모품   20,000
④ (차) 소모품비   90,000   (대) 소모품   90,000
⑤ (차) 소모품   110,000   (대) 소모품비   110,000

22 다음 수정전시산표와 수정후시산표의 비교를 통한 수정분개 추정으로 옳은 것은?

계정과목	수정전시산표	수정후시산표
선급보험료	₩12,000	₩5,000
보험료	₩10,000	₩17,000

	차변			대변	
①	선급보험료	5,000	보험료	5,000
②	보험료	5,000	선급보험료	5,000
③	선급보험료	7,000	보험료	7,000
④	보험료	7,000	선급보험료	7,000
⑤	선급보험료	12,000	보험료	12,000

정답 및 해설

19 ⑤

기초 소모품		70,000		
구입	(차) 소모품	130,000	(대) 현금	130,000
기말수정분개	소모품비	110,000*¹	소모품	110,000

*¹ 소모품비 = 수정 직전 소모품 ₩200,000*² − 기말 미사용 소모품 ₩90,000 = ₩110,000

*² 수정 직전 소모품 = 기초 소모품 ₩70,000 + 구입액 ₩130,000 = ₩200,000

20 ①

기초 소모품		70,000		
구입	(차) 소모품비	130,000	(대) 현금	130,000
기말수정분개	소모품	20,000*	소모품비	20,000

* 소모품 = 기말 미사용 소모품 ₩90,000 − 수정 직전 소모품 ₩70,000 = ₩20,000

21 ②

기초 소모품		70,000		
역분개	(차) 소모품비	70,000	(대) 소모품	70,000
구입	소모품비	130,000	현금	130,000
기말수정분개	소모품	90,000*	소모품비	90,000

* 소모품 = 기말 미사용 소모품 ₩90,000 − 수정 직전 소모품 ₩0 = ₩90,000

22 ④

계정과목	수정전시산표	수정분개	수정후시산표
선급보험료	₩12,000	− ₩7,000	₩5,000
보험료	₩10,000	+ ₩7,000	₩17,000

23 (주)한국은 20×1년 10월 1일부터 1년간 건물을 임대하면서 동 일자에 향후 1년분 임대료 ₩15,000을 현금 수령하고 전액 선수임대료로 회계처리하였다. 수정분개를 한 경우, (주)한국의 20×1년 재무제표에 미치는 영향은? (단, 임대료는 월할계산한다)

① 기말자산은 ₩11,250 증가한다.

② 기말부채는 ₩3,750 증가한다.

③ 기말자본은 ₩3,750 증가한다.

④ 당기수익은 영향이 없다.

⑤ 당기비용은 ₩11,250 증가한다.

24 (주)한국은 20×1년 8월 1일 화재보험에 가입하고, 향후 1년간 보험료 ₩12,000을 전액 현금 지급하면서 보험료로 회계처리하였다. 동 거래와 관련하여 (주)한국이 20×1년 말에 수정분개를 하지 않았을 경우, 20×1년 말 재무상태표에 미치는 영향은? (단, 보험료는 월할계산한다)

	자산	부채	자본
①	₩7,000(과대)	영향 없음	₩7,000(과대)
②	₩5,000(과대)	₩5,000(과대)	영향 없음
③	₩7,000(과소)	영향 없음	₩7,000(과소)
④	₩5,000(과소)	₩5,000(과소)	영향 없음
⑤	영향 없음	₩7,000(과소)	₩7,000(과대)

25 (주)한국은 20×1년 10월 1일부터 1년간 상가를 임대하면서 동 일자에 향후 1년분 임대료 ₩6,000을 현금 수령하고 전액 선수임대료로 회계처리하였다. 수정분개를 하지 않았을 경우, (주)한국의 20×1년 재무제표에 미치는 영향은? (단, 임대료는 월할계산한다)

① 기말부채 ₩1,500 과대계상

② 기말부채 ₩4,500 과대계상

③ 당기순이익 ₩1,500 과대계상

④ 당기순이익 ₩4,500 과대계상

⑤ 당기순이익 ₩6,000 과대계상

26 20×1년 4월 1일 거래처에 현금 ₩200,000을 차입하면서 1년 후에 원금과 이자(연 10%)를 상환하기로 약정하였다. 기말에 수정분개를 누락한 경우 재무제표에 미치는 영향으로 옳은 것은?

① 비용, 부채, 자본이 과대표시된다.
② 비용, 부채, 자본이 과소표시된다.
③ 비용, 자본이 과대표시되고 부채는 과소표시된다.
④ 비용, 자본이 과소표시되고 부채는 과대표시된다.
⑤ 비용, 부채가 과소표시되고 자본은 과대표시된다.

정답 및 해설

23 ③ (1) 수정분개

| | | (차) 선수임대료 | 3,750 | (대) 임대료 | 3,750* |

* 당기임대료 = ₩15,000 × 3/12 = ₩3,750

(2) 수정분개시 영향

자산	부채	자본	수익	비용	당기순이익
불변	감소 ₩3,750	증가 ₩3,750	증가 ₩3,750	불변	증가 ₩3,750

24 ③ (1) 누락한 수정분개

(차) 선급보험료 7,000*　　(대) 보험료 7,000

* 당기보험료 = ₩12,000 × 7/12 = ₩7,000

(2) 수정분개 누락시 영향

자산	부채	자본	수익	비용	당기순이익
과소 ₩7,000	불변	과소 ₩7,000	불변	과대 ₩7,000	과소 ₩7,000

25 ① (1) 20×1년 말 누락한 수정분개

(차) 선수임대료 1,500　　(대) 임대료 1,500*

* 당기임대료 = ₩6,000 × 3/12 = ₩1,500

(2) 수정분개 누락시 영향

자산	부채	자본	수익	비용	당기순이익
불변	과대 ₩1,500	과소 ₩1,500	과소 ₩1,500	불변	과소 ₩1,500

26 ⑤ (1) 누락한 수정분개

(차) 이자비용 15,000*　　(대) 미지급이자 15,000

* 당기이자비용 = ₩200,000 × 10% × 9/12 = ₩15,000

(2) 수정분개 누락시 영향

자산	부채	자본	수익	비용	당기순이익
불변	과소 ₩1,000	과대 ₩1,000	불변	과소 ₩1,000	과대 ₩1,000

27 다음 수정분개의 누락이 재무제표에 미치는 영향으로 옳은 것은?

(차) 미수이자	2,000	(대) 이자수익	2,000

① 수익, 자산, 자본이 과대표시된다.
② 수익, 자산, 자본이 과소표시된다.
③ 수익, 자본이 과대표시되고 자산은 과소표시된다.
④ 수익, 자본이 과소표시되고 자산은 과대표시된다.
⑤ 수익, 자산이 과소표시되고 자본은 과대표시된다.

28 다음의 결산수정사항 중 당기순이익을 감소시키지 않는 것은?
① 미지급이자의 계상
② 선수임대료의 계상
③ 선급보험료의 계상
④ 손상차손의 계상
⑤ 감가상각비의 계상

29 (주)한국은 보험료와 급여에 대하여 현금 유출시에 전액 비용으로 회계처리하고 있으며, 이자수익과 임대료에 대하여 현금 유입시에 전액 수익으로 회계처리하고 있다. 다음의 기말 결산수정사항을 반영하기 전 당기순이익이 ₩200,000이라고 할 때, 결산수정사항을 반영한 후의 정확한 당기순이익은?

• 선급보험료	₩30,000	• 미지급급여	₩15,000
• 선수이자	₩20,000	• 미수임대료	₩25,000

① ₩190,000
② ₩200,000
③ ₩210,000
④ ₩220,000
⑤ ₩230,000

30 (주)한국의 수정분개 전 당기순이익은 ₩300,000이다. 결산수정사항으로 선급보험료 ₩5,000, 미지급급여 ₩10,000, 선수임대료 ₩6,000, 미수수수료 ₩4,000, 감가상각비 ₩3,000이 있다. 수정분개 후 정확한 당기순이익은?

① ₩283,000 ② ₩286,000

③ ₩290,000 ④ ₩293,000

⑤ ₩300,000

정답 및 해설

27 ② 수정분개 누락시 영향

자산	부채	자본	수익	비용	당기순이익
과소 ₩2,000	불변	과소 ₩2,000	과소 ₩2,000	불변	과소 ₩2,000

28 ③

	수정분개				당기순이익
①	(차) 이자비용	×××	(대) 미지급이자	×××	감소
②	(차) 임대료	×××	(대) 선수임대료	×××	감소
③	(차) 선급보험료	×××	(대) 보험료	×××	증가
④	(차) 손상차손	×××	(대) 손실충당금	×××	감소
⑤	(차) 감가상각비	×××	(대) 감가상각누계액	×××	감소

29 ④

수정 후 당기순이익	220,000	수정 전 당기순이익	200,000
미지급급여 증가	15,000	선급보험료 증가	30,000
선수이자 증가	20,000	미수임대료 증가	25,000

30 ③

수정 후 당기순이익	(290,000)	수정 전 당기순이익	300,000
미지급급여 증가	10,000	선급보험료 증가	5,000
선수임대료 증가	6,000	미수수수료 증가	4,000
감가상각비 증가	3,000		

31 다음의 오류를 수정하기 전 당기순이익은 ₩500,000이다. 수정 후의 정확한 당기순이익은?

• 선급비용 과대계상	₩110,000	• 미지급비용 과소계상	₩70,000
• 미수수익 과소계상	₩80,000	• 선수수익 과대계상	₩65,000

① ₩455,000

② ₩465,000

③ ₩475,000

④ ₩515,000

⑤ ₩525,000

32 20×1년 말 다음의 기말결산수정사항을 반영하기 전의 당기순이익이 ₩100,000이었다. 결산수정사항을 반영한 후의 정확한 당기순이익은?

(가) 10월 1일 1년간 임차료 ₩12,000을 현금으로 지급하면서 선급임차료로 기록하였다.
(나) 12월에 급여 ₩30,000이 발생되었으나, 기말 현재 미지급상태이다.
(다) 기중 소모품 ₩50,000을 구입하여 자산으로 기록하였고, 기말 현재 미사용소모품은 ₩30,000이다.

① ₩45,000

② ₩46,000

③ ₩47,000

④ ₩51,000

⑤ ₩52,000

33 다음 사항을 수정분개하였을 때 잔액시산표의 합계액을 변동시키지 않는 항목은?

① 보험료 중 기간 미경과분을 선급보험료로 인식

② 차입금에 대한 미지급이자의 인식

③ 건물 손상차손의 인식

④ 유형자산 감가상각비의 인식

⑤ 대여금에 대한 미수이자의 인식

34 (주)한국의 수정 전 잔액시산표 합계액은 ₩100,000이었다. 다음의 사항을 수정한 후의 잔액시산표 합계액은?

• 소모품미사용액	₩2,000	• 보험료미경과액	₩5,000
• 감가상각비	₩10,000	• 이자수익미수액	₩2,000

① ₩98,000 　　　　　　　　　② ₩102,000

③ ₩112,000 　　　　　　　　③ ₩114,000

⑤ ₩119,000

정답 및 해설

31 ②

수정 후 당기순이익	(465,000)	수정 전 당기순이익	500,000
선급비용 감소	110,000	미수수익 증가	80,000
미지급비용 증가	70,000	선수수익 감소	65,000

32 ③

수정 후 당기순이익	(47,000)	수정 전 당기순이익	100,000
(가) 선급임차료 감소	3,000*¹		
(나) 미지급급여 증가	30,000		
(다) 소모품비 증가	20,000*²		

*¹ ₩12,000 × 3/12 = ₩3,000
*² ₩50,000 − ₩30,000 = ₩20,000

33 ① 보험료 중 기간 미경과분을 선급보험료로 인식한 경우 동일 요소간의 결합(자산과 비용의 결합)으로서 잔액시산표 합계액에 영향을 미치지 않는다.

34 ② 소모품미사용액과 보험료미경과액의 수정은 차변요소간의 결합(자산과 비용의 결합)으로 잔액시산표의 합계액에 영향이 없다.

수정 전 잔액시산표 합계액	100,000
+ 감가상각비	10,000
+ 이자수익미수액	2,000
= 수정 후 잔액시산표 합계액	112,000

제3장 금융자산 Ⅰ(현금과 수취채권)

현금및현금성자산으로 재무상태표에 표시될 수 없는 것을 모두 고른 것은? (단, 지분상품은 현금으로 전환이 용이하다)

> ㉠ 부채 상환을 위해 12개월 이상 사용이 제한된 요구불예금
> ㉡ 사용을 위해 구입한 수입인지와 우표
> ㉢ 상환일이 정해져 있고 취득일로부터 상환일까지 기간이 2년인 회사채
> ㉣ 취득일로부터 1개월 내에 처분할 예정인 상장기업의 보통주
> ㉤ 재취득한 자기지분상품

① ㉠, ㉡, ㉣
② ㉠, ㉢, ㉣
③ ㉡, ㉢, ㉤
④ ㉡, ㉢, ㉣, ㉤
⑤ ㉠, ㉡, ㉢, ㉣, ㉤

해설 | ㉠ 장기금융자산
　　　㉡ 비용 또는 선급비용
　　　㉢ 상각후원가측정 금융자산
　　　　　기타포괄손익-공정가치측정 금융자산
　　　　　당기손익-공정가치측정 금융자산
　　　㉣ 당기손익-공정가치측정 금융자산
　　　㉤ 자기주식

보충

현금 ─┬─ 통화 ── 지폐, 주화
　　　└─ 통화대용증권 ──
- 자기앞수표(은행 발행) ⇨ 선일자수표(×)
- 당좌수표(타인 발행) ⇨ 당좌차월(부채)(×)
- 우편환증서
- 배당금 지급통지표 ⇨ 각종 보증금(×)
- 지급일이 도래한 공사채 이자표
- 만기도래한 타인발행 약속어음
- 외국환

요구불예금	⇨	• 보통예금, 당좌예금 ⇨ 정기예금, 저축예금(×)

현금성자산	⇨	• 취득일로부터 만기가 3개월 이내 • 취득일로부터 만기 3개월 이내에 도래하는 채권 • 양도성예금증서(CD), 기업어음(CP) • 어음관리계좌(CMA), 환매조건부채권(RP)

기본서 p.95~97   정답 ⑤

01 (주)한국의 20×1년 말 재무상태표의 현금및현금성자산은 ₩115,000이다. 다음 자료를 이용할 때 20×1년 말 (주)한국의 외국환통화($)는? (단, 20×1년 말 기준환율은 $1 = ₩1,500)

• 지폐와 주화	₩12,000
• 외국환통화($)	?
• 선일자수표	₩4,000
• 만기가 도래한 국채이자표	₩6,000
• 우표	₩4,000
• 보통예금	₩6,000
• 송금환	₩12,000
• 양도성예금증서(취득: 20×1년 12월 1일, 만기: 20×2년 1월 31일)	₩2,000

① $20   ② $25
③ $33   ④ $45
⑤ $50

정답 및 해설

01 ⑤ 현금및현금성자산
　　= 통화 · 통화대용증권 + 요구불예금(보통예금 · 당좌예금) + 현금성자산
　　= 지폐와 주화 + 외국환통화($) + 배당금지급통지표 + 만기가 도래한 국채이자표 + 송금환 + 보통예금
　　　+ 양도성예금증서
　　= ₩12,000 + x + ₩2,000 + ₩6,000 + ₩6,000 + ₩12,000 + ₩2,000 = ₩115,000
　　⇨ x = ₩75,000 = 외국환통화($) × ₩1,500
　　∴ 외국환통화($) = $50

02 (주)한국은 당기 결산을 위하여 금고를 실사하여 다음의 자산을 파악하였다. 기말 재무상태표에 현금및현금성자산으로 표시할 금액은?

• 통화	₩10,000	• 우표	₩1,000
• 타인발행수표	₩30,000	• 선일자수표	₩20,000
• 타인발행약속어음	₩10,000	• 배당금지급통지표	₩25,000
• 환매채(120일 환매조건)	₩10,000	• 양도성예금증서(90일 만기)	₩10,000

① ₩65,000   ② ₩75,000

③ ₩85,000   ④ ₩95,000

⑤ ₩105,000

03 (주)한국의 20×1년 말 재무상태표에 표시된 현금및현금성자산은 ₩40,000이다. 다음 자료를 이용할 경우 당좌예금은?

• 통화	₩2,000
• 보통예금	₩3,000
• 당좌예금	?
• 수입인지	₩4,000
• 우편환증서	₩5,000

① ₩26,000   ② ₩28,000

③ ₩30,000   ④ ₩31,000

⑤ ₩35,000

04 (주)한국의 20×1년 말 재무상태표의 현금및현금성자산은 ₩30,000이다. 다음 자료를 이용할 때 20×1년 말 (주)한국의 외국환통화($)는? (단, 20×1년 말 기준환율은 $1 = ₩1,100이다)

• 지점전도금	₩500	• 우편환	₩3,000
• 당좌예금	₩400	• 선일자수표	₩1,000
• 만기가 도래한 국채이자표	₩500	• 외국환통화	?
• 배당금지급통지표	₩7,500	• 차용증서	₩1,000
• 양도성예금증서(취득: 20×1년 12월 1일, 만기: 20×2년 1월 31일)			₩500

① $10   ② $16
③ $20   ④ $26
⑤ $30

정답 및 해설

02 ②

통화		10,000
타인발행수표	+	30,000
배당금지급통지표	+	25,000
양도성예금증서	+	10,000
현금및현금성자산	=	75,000

03 ③

통화		2,000
보통예금	+	3,000
당좌예금	+	?
우편환증서	+	5,000
현금및현금성자산	=	40,000

∴ 당좌예금 = ₩30,000

04 ② 외국환통화($) = 외국환통화(₩) ₩17,600* ÷ 환율 ₩1,100 = $16
* 외국환통화(₩)

지점전도금		500
당좌예금	+	400
만기가 도래한 국채이자표	+	500
배당금지급통지표	+	7,500
양도성예금증서	+	500
우편환	+	3,000
외국환통화(₩)	+	(17,600)
현금및현금성자산	=	30,000

05 20×1년 말 (주)한국과 관련된 자료는 다음과 같다. 20×1년 말 (주)한국의 재무상태표에 표시해야 하는 현금및현금성자산은?

> 1. (주)한국의 실사 및 조회자료
>   - 소액현금: ₩100,000
>   - 지급기일이 도래한 공채이자표: ₩200,000
>   - 수입인지: ₩100,000
>   - 타인발행 당좌수표: ₩100,000
>   - 은행이 발급한 당좌예금잔액증명서 금액: ₩700,000
> 2. (주)한국과 은행간 당좌예금 잔액차이 원인
>   - 은행이 (주)한국에 통보하지 않은 매출채권 추심액: ₩50,000
>   - (주)한국이 당해 연도 발행했지만 은행에서 미인출된 수표: ₩200,000

① ₩850,000 ② ₩900,000

③ ₩950,000 ④ ₩1,000,000

⑤ ₩1,050,000

대표예제 09 \ **은행계정조정표 ★★**

20×1년 12월 31일 은행계정조정 전 (주)한국의 장부상 당좌예금계정의 잔액은 ₩300,000이다. 이 금액은 거래은행이 보내온 20×1년 12월 31일 은행계정명세서의 잔액과 차이가 있는데, 차이가 나는 원인은 다음과 같다.

- 은행측 잔액증명서에는 반영되어 있으나 (주)한국의 장부에 반영되지 않은 부도수표가 ₩5,000 있다.
- (주)한국의 기발행미인출수표는 ₩20,000이다.
- 거래은행이 미처 기입하지 못한 (주)한국의 당좌예금 입금액이 ₩10,000이다.
- (주)대한이 발행한 수표 ₩4,000을 거래은행이 실수로 (주)한국의 계정에서 차감하였다.

거래은행이 보내온 20×1년 12월 31일 은행계정명세서의 잔액은?

① ₩300,000 ② ₩301,000

③ ₩302,000 ④ ₩303,000

⑤ ₩304,000

해설

은행계정조정표

은행측 잔액	(301,000)	회사측 잔액		300,000
기발행미인출수표	− 20,000	부도수표	−	5,000
미기입예금	+ 10,000			
은행 오기	+ 4,000			
정확한 잔액	= 295,000	정확한 잔액	=	295,000

보충

은행측 조정 전 잔액	회사측 조정 전 잔액
+ • 미기입 예고 − • 기발행미인출수표 ± • 기타 은행측 불일치원인	+ • 거래처 은행 입금 + • 어음의 추심 + • 이자수익 − • 부도수표, 부도어음 − • 이자비용(당좌차월이자) − • 수수료 ± • 기타 회사측 불일치원인
정확한 잔액	정확한 잔액

기본서 p.101~102　　　　　　　　　　　　　　　　　　　　　　　　　　　　정답 ②

정답 및 해설

05 ②

소액현금	100,000
지급기일이 도래한 공채이자표	+ 200,000
타인발행 당좌수표	+ 100,000
조정 후 정확한 당좌예금*	+ 500,000
현금및현금성자산	= 900,000

* 조정 후 정확한 당좌예금

은행계정조정표

은행측 잔액	700,000	회사측 잔액	450,000
회사발행미인출수표	− 200,000	매출채권 추심액	+ 50,000
조정 후 정확한 잔액	500,000	조정 후 정확한 잔액	500,000

06 (주)한국이 총계정원장상 당좌예금 잔액과 은행측 당좌예금잔액증명서의 불일치원인을 조사한 결과 다음과 같은 사항을 발견하였다. 이 때 (주)한국이 장부에 반영해야 할 항목을 모두 고른 것은?

> ㉠ 매출대금으로 받아 예입한 수표가 부도 처리되었으나, (주)한국의 장부에 기록되지 않았다.
> ㉡ 대금지급을 위해 발행한 수표 중 일부가 미인출수표로 남아 있다.
> ㉢ 매입채무를 지급하기 위해 발행한 수표 금액이 장부에 잘못 기록되었다.
> ㉣ 받을어음이 추심되어 (주)한국의 당좌예금 계좌로 입금되었으나, (주)한국에 아직 통보되지 않았다.

① ㉡

② ㉠, ㉡

③ ㉡, ㉢

④ ㉠, ㉢, ㉣

⑤ ㉡, ㉢, ㉣

07 다음의 자료를 이용한 20×1년 6월 30일 정확한 당좌예금 잔액은?

> (1) 20×1년 6월 30일 조정 전 회사측 당좌예금 잔액 ₩200,000
> (2) 은행측 잔액증명서상의 금액과 회사측 잔액과의 차이를 나타내는 원인
>
> | | |
> |---|---|
> | • 은행예금 이자 | ₩15,000 |
> | • 회사발행미지급수표 | ₩100,000 |
> | • 어음추심수수료 | ₩1,000 |
> | • 회사에 미통지된 입금 | ₩120,000 |

① ₩234,000

② ₩334,000

③ ₩384,000

④ ₩434,000

⑤ ₩465,000

08 20×1년 말 (주)한국의 장부상 당좌예금계정의 잔액은 ₩18,000으로 은행측 당좌예금 거래명세서 잔액과 불일치하였다. 다음의 불일치 원인을 조정하기 전 20×1년 말 은행측 당좌예금 거래명세서 잔액은?

> • 기중 발행되었으나 미인출된 수표 ₩2,000이 있다.
> • 기중 당좌거래 관련 은행수수료 ₩800이 차감되었으나 (주)한국의 장부에는 반영되지 않았다.
> • 기중 거래처에 대한 어음상 매출채권 ₩6,000이 추심·입금되었으나 (주)한국은 통지받지 못하였다.
> • 기중 당좌예입한 수표 ₩1,500이 부도 처리되었으나 (주)한국은 통지받지 못하였다.

① ₩18,700
② ₩21,700
③ ₩22,500
④ ₩23,700
⑤ ₩24,500

정답 및 해설

06 ④ ㉠㉢㉣ (주)한국측 불일치 원인
㉡ 은행측 불일치 원인

07 ②

은행계정조정표			
은행측 잔액	(434,000)	회사측 잔액	200,000
회사발행미지급수표	− 100,000	은행예금 이자	+ 15,000
		어음추심수수료	− 1,000
		미통지입금	+ 120,000
정확한 잔액	= 334,000	정확한 잔액	= 334,000

08 ④

은행계정조정표			
은행측 잔액	(23,700)	회사측 잔액	18,000
기발행미인출수표	− 2,000	은행수수료	− 800
		매출채권 추심	+ 6,000
		부도수표	− 1,500
정확한 잔액	= 21,700	정확한 잔액	= 21,700

09 (주)한국은 20×1년 12월 31일 현재 회사장부상 당좌예금 잔액이 ₩60,000이었으며, 거래은행으로부터 확인한 당좌예금 잔액은 ₩63,500이다. 회사측 잔액과 은행측 잔액이 차이가 나는 이유가 다음과 같을 때, 은행 미기입예금은?

- 은행 미기입예금   ?
- 기발행 미인출수표   ₩5,000
- 회사에 미통지된 입금액   ₩3,000
- 은행으로부터 통보받지 못한 수수료   ₩1,500
- 발행한 수표 ₩2,500을 회사장부에 ₩2,000으로 기록하였음을 확인함

① ₩1,000   ② ₩1,500   ③ ₩2,000
④ ₩2,500   ⑤ ₩3,000

10 (주)한국은 당좌예금 장부잔액 ₩320,000에 대하여 주거래은행에 확인을 요청한 결과, 은행측 잔액과 일치하지 않은 것을 발견하였다. 불일치 내용은 다음과 같으며, 이러한 차이를 조정한 후 (주)한국과 주거래은행의 당좌예금 잔액은 일치하였다. 이에 관한 설명으로 옳지 않은 것은?

- (주)한국이 거래처 A에게 발행한 수표 ₩30,000이 주거래은행의 당좌예금계좌에서 아직 인출되지 않았다.
- (주)한국이 기중에 주거래은행에 예입한 수표 ₩73,000이 전산장애로 아직 입금 처리되지 않았다.
- 거래처 B가 (주)한국의 주거래은행측 당좌예금 계좌로 수표 ₩50,000을 입금하였으나 (주)한국은 통지되지 않았다.
- 거래처 C에게 상품매입 대가 ₩23,000을 수표발행 결제하였으나, (주)한국의 직원이 이를 ₩32,000으로 잘못 기록하였다.
- 주거래은행은 당좌거래 수수료 ₩1,000을 부과하고 당좌예금 계좌에서 차감하였으나, (주)한국에는 통보하지 않았다.

① 거래처 A에게 발행한 수표에 대하여 (주)한국이 조정할 내용은 없다.
② 거래처 B가 입금한 수표에 대하여 주거래은행이 조정할 내용은 없다.
③ 거래처 C에게 발행한 수표에 대하여 (주)한국은 당좌예금 계정에 ₩9,000을 가산해야 하지만, 주거래은행이 조정할 내용은 없다.
④ 주거래은행이 부과한 당좌거래 수수료에 대하여 (주)한국은 당좌예금 계정에서 차감하는 조정을 해야 한다.
⑤ 당좌예금 조정 전 잔액은 (주)한국이 주거래은행보다 ₩15,000이 더 많다.

대표예제 10 　 어음할인 ★

(주)한국은 20×1년 4월 1일 상품을 판매하고 약속어음(액면금액 ₩100,000, 이자율 연 8%, 만기 6개월)을 수취하였다. (주)한국이 어음을 3개월간 보유한 후 거래은행에 연 10%의 이자율로 할인하였을 경우, 할인액은? (단, 어음의 할인은 월할계산한다)

① ₩1,000

② ₩1,600

③ ₩2,000

④ ₩2,600

⑤ ₩4,000

해설 | 할인액 = 만기금액 ₩104,000* × 10% × 3/12 = ₩2,600
　　　 * 만기금액 = ₩100,000 + (₩100,000 × 8% × 6/12) = ₩104,000

보충 | 받을어음의 할인이란 기업이 만기일 이전에 자금 조달을 목적으로 금융기관에 배서양도하고 만기일까지의 이자를 차감한 잔액을 미리 받는 것을 말한다. 즉, 어음할인은 만기에 수령할 액면금액과 표시이자에 대한 권리를 조기에 금융기관에 양도하고 현금을 조달하는 거래이다.

기본서 p.107~108　　　　　　　　　　　　　　　　　　　　　　　　　　　　　정답 ④

정답 및 해설

09 ④

은행계정조정표

은행측 잔액	63,500	회사측 잔액	60,000
미기입예금	+?	미통지입금	+ 3,000
기발행 미인출수표	5,000	은행수수료	− 1,500
		기장오류	− 500
정확한 잔액	= 61,000	정확한 잔액	= 61,000

∴ 미기입예금 = ₩2,500

10 ⑤ 당좌예금 조정 전 잔액은 (주)한국이 주거래은행보다 ₩15,000이 더 적다.

은행계정조정표

은행측 잔액	(335,000)	회사측 잔액	320,000
기발행미인출수표	− 30,000	미통보입금	+ 50,000
미기입예금	+ 73,000	오기	+ 9,000
		은행수수료	− 1,000
정확한 잔액	= 378,000	정확한 잔액	= 378,000

11 (주)한국은 20×1년 1월 1일 거래처로부터 액면금액 ₩120,000인 6개월 만기 약속어음(이자율 연 6%)을 수취하였다. (주)한국이 20×1년 5월 1일 동 어음을 은행에 양도(할인율 연 9%)할 경우 수령할 현금은? (단, 동 어음양도는 금융자산 제거조건을 충족하며, 이자는 월할계산한다)

① ₩104,701
② ₩118,146
③ ₩119,892
④ ₩121,746
⑤ ₩122,400

12 (주)한국은 액면금액 ₩150,000, 표시이자율 연 10%, 만기 6개월인 어음을 수취하여 3개월간 보유한 후 연 12%의 할인율로 은행에서 할인받았다. 이 어음의 할인은 매각거래에 해당한다. 매출채권처분손실은?

① ₩975
② ₩1,025
③ ₩1,055
④ ₩1,125
⑤ ₩1,175

□고난도

13 (주)한국은 20×1년 4월 1일에 만기가 20×1년 7월 31일인 액면금액 ₩1,200,000의 어음을 거래처로부터 수취하였다. (주)한국은 동 어음을 20×1년 6월 30일 은행에서 할인하였으며, 할인율은 연 12%이다. 동 어음이 무이자부 어음일 경우(A)와 연 9%의 이자부 어음일 경우(B) 각각에 대해 어음 할인시 (주)한국이 금융상품(받을어음)처분손실로 인식할 금액은? (단, 어음할인은 금융상품의 제거조건을 충족시킨다고 가정하며, 이자는 월할계산한다)

	(A)	(B)
①	₩0	₩3,360
②	₩0	₩12,000
③	₩12,000	₩3,360
④	₩12,000	₩9,000
⑤	₩12,000	₩12,000

고난도

14 (주)한국은 거래처로부터 20×1년 1월 1일에 만기 6개월, 액면가액 ₩100,000(이자율 연 6%, 만기지급)의 약속어음을 받았다. 3개월 후 은행에서 이 약속어음을 할인(이자율 연 12%)하였다. 20×1년 당기순이익에 미치는 영향은? (단, 동 어음의 할인은 제거요건을 충족하며, 이자는 월할계산한다)

① 증가 ₩90   ② 감소 ₩90
③ 증가 ₩100   ④ 감소 ₩100
⑤ 증가 ₩120

정답 및 해설

11 ④ 현금수령액 = 만기금액 ₩123,600*1 − 할인액 ₩1,854*2 = ₩121,746
   *1 만기금액 = ₩120,000 + (₩120,000 × 6% × 6/12) = ₩123,600
   *2 할인액 = ₩123,600 × 9% × 2/12 = ₩1,854

12 ① 매출채권처분손실 = 할인기간 액면이자 ₩3,750*1 − 할인액 ₩4,725*2 = ₩975
   *1 할인기간 액면이자 = ₩150,000 × 10% × 3/12 = ₩3,750
   *2 할인액 = 만기금액 ₩157,500*3 × 12% × 3/12 = ₩4,725
   *3 만기금액 = ₩150,000 + (₩150,000 × 10% × 6/12) = ₩157,500

13 ③

무이자부 어음	처분손실 = 할인액 = ₩1,200,000 × 12% × 1/12 = ₩12,000
이자부 어음	(1) 처분손실 = 할인기간 액면이자 ₩9,000 − 할인액 ₩12,360 = ₩3,360 (2) 할인기간 액면이자 = ₩1,200,000 × 9% × 1/12 = ₩9,000 (3) 할인액 = 만기금액 ₩1,236,000 × 12% × 1/12 = ₩12,360 (4) 만기금액 = ₩1,200,000 + (₩1,200,000 × 9% × 4/12) = ₩1,236,000

14 ② 당기순이익 감소 ₩90 = 매출채권처분손실 ₩1,590 + 이자수익 ₩1,500

매출채권처분손실	(1) 처분손실 = 할인기간 액면이자 ₩1,500 − 할인액 ₩3,090 = ₩1,590 (2) 할인기간 액면이자 = ₩100,000 × 6% × 3/12 = ₩1,500 (3) 할인액 = 만기금액 ₩103,000 × 12% × 3/12 = ₩3,090 (4) 만기금액 = ₩100,000 + (₩100,000 × 6% × 6/12) = ₩103,000
이자수익	보유기간 이자 = ₩100,000 × 6% × 3/12 = ₩1,500

15 (주)한국은 상품을 판매한 대가로 이자부 약속어음(액면가액 ₩160,000, 5개월 만기, 표시이자 연 9%)을 받고, 이 어음을 2개월간 보유한 후 은행에서 할인하여 ₩161,518을 수령하였다. 동 어음할인 거래는 금융자산의 제거요건을 충족한다. 동 어음 거래에 적용된 연간 할인율은? (단, 이자는 월할계산한다)

① 10.2% ② 10.4%
③ 10.5% ④ 10.6%
⑤ 10.8%

대표예제 11 　**매출채권의 손상 ★**

다음은 (주)한국의 매출 및 손상 관련 자료이다.

• 20×1년 기초매출채권	₩1,000,000
• 20×1년 기초손실충당금	₩20,000
• 20×1년 중 매출액	₩2,000,000
• 20×1년 중 매출에누리	₩20,000
• 20×1년 중 외상대금 회수액	₩1,225,000
• 20×1년 중 손상확정액	₩5,000

20×1년 말 매출채권 잔액의 2%가 손상예상액으로 추정될 때, 20×1년도 손상차손은?

① ₩20,000 ② ₩30,000
③ ₩40,000 ④ ₩50,000
⑤ ₩60,000

해설　• 매출채권

기초	1,000,000	회수액	1,225,000
		손상	5,000
순매출액	1,980,000*	기말	1,750,000

* 순매출액 = 매출액 ₩2,000,000 − 매출에누리 ₩20,000 = ₩1,980,000
　• 손실충당금

손상	5,000	기초	20,000
기말	35,000*	손상차손	(20,000)

* 기말 손실충당금 = 기말매출채권 ₩1,750,000 × 2% = ₩35,000

보충 | 회계처리
- 손상 추산
  분개　(차) 손상차손　　　　　　×××　　　(대) 손실충당금　　　　×××
- 손상 발생
  분개　(차) 손실충당금　　　　×××　　　(대) 매출채권　　　　　×××
- 손상 회수
  분개　(차) 현금　　　　　　　×××　　　(대) 손실충당금　　　　×××

기본서 p.109~112　　　　　　　　　　　　　　　　　　　　　　　정답 ①

16 (주)한국의 당기 매출채권 손실충당금의 기초잔액은 ₩50,000이고 기중 매출채권 ₩70,000이 회수불능으로 확정되어 제거되었으나 그중 ₩40,000이 현금으로 회수되었다. 매출채권 기말잔액은 ₩1,000,000이고, 기대신용손실률은 8%이다. 당기 포괄손익계산서상 매출채권 손상차손은?

① ₩60,000

② ₩70,000

③ ₩80,000

④ ₩90,000

⑤ ₩100,000

정답 및 해설

15 ⑤ (1) 할인율 = 할인액 ₩4,482 ÷ (만기금액 ₩166,000 × 3/12) = 0.108
(2) 할인액 = 만기금액 ₩166,000 − 현금수취액 ₩161,518 = ₩4,482
(3) 만기금액 = ₩160,000 + (₩160,000 × 9% × 5/12) = ₩166,000

16 ①

손실충당금			
손상	70,000	기초	50,000
		손상액 회수	40,000
기말	80,000*	손상차손	(60,000)

* 기말 손실충당금 = 기말매출채권 ₩1,000,000 × 8% = ₩80,000

17 (주)한국의 당기 매출채권 손실충당금 기초잔액은 ₩50,000이고 기중 매출채권 ₩60,000이 회수불능으로 확정되어 제거되었으나 그중 ₩40,000이 현금으로 회수되었다. 기말 매출채권 잔액은 ₩1,000,000이고, 매출채권 잔액에 대한 추정미래현금흐름액은 ₩990,000이다. 당기 포괄손익계산서상 매출채권 손상차손(또는 손상차손환입)은?

① 손상차손 ₩10,000   ② 손상차손환입 ₩10,000

③ 손상차손 ₩20,000   ④ 손상차손환입 ₩20,000

⑤ 손상차손 ₩30,000

18 (주)한국의 20×1년 1월 1일 손실충당금 잔액은 ₩200이다. 20×1년도의 손상과 관련된 자료가 다음과 같다. 이 거래가 20×1년도 당기순이익에 미치는 영향은?

> • 5월 23일: 매출채권 ₩250을 회수불능으로 손상처리하다.
> • 8월 18일: 전기에 손상처리했던 매출채권 ₩100을 회수하다.
> • 12월 31일: 기말매출채권 ₩30,000에 대한 추정미래현금흐름액은 ₩29,500이다.

① ₩100 증가   ② ₩400 증가

③ ₩450 증가   ④ ₩400 감소

⑤ ₩450 감소

19 (주)한국은 고객에게 60일을 신용기간으로 외상매출을 하고 있으며, 연령분석법을 사용하여 기대신용손실을 다음과 같이 산정하고 있다. 20×1년 말 매출채권에 대한 손실충당금 잔액이 ₩20,000이 있을 때, 결산시 인식할 손상차손은?

구분	매출채권금액	기대신용손실률
신용기간 이내	₩1,000,000	1%
1일~30일 연체	₩400,000	4%
31일~60일 연체	₩200,000	20%
60일 초과 연체	₩100,000	30%

① ₩56,000   ② ₩66,000

③ ₩76,000   ④ ₩86,000

⑤ ₩96,000

20 (주)한국의 20×1년 중 발생한 거래 및 20×1년 말 손상차손 추정과 관련된 자료는 다음과 같다. (주)한국의 20×1년도 포괄손익계산서상 매출채권에 대한 손상차손이 ₩35,000일 때, 20×1년 초 매출채권에 대한 손실충당금은?

- 20×1년 6월 9일: 당기 외상매출한 매출채권 ₩8,900이 회수불능으로 확정되어 제거되었다.
- 20×1년 7월 13일: 전기에 손실충당금으로 손상처리한 매출채권 ₩1,000이 회수되었다.
- 20×1년 12월 31일: 기말 매출채권 전체에 대한 기대신용손실액은 ₩30,000이다.

① ₩1,000

② ₩1,900

③ ₩2,900

④ ₩3,900

⑤ ₩5,000

정답 및 해설

17 ④

손실충당금			
손상	60,000	기초	50,000
손상차손환입	(20,000)	손상액 회수	40,000
기말	10,000*		

* 기말 손실충당금 = 기말매출채권 ₩1,000,000 − 추정미래현금흐름액 ₩990,000 = ₩10,000

18 ⑤ 손상차손 ₩450만큼 당기순이익이 감소한다.

손실충당금			
손상	250	기초	200
		손상액 회수	100
기말	500	손상차손	(450)

19 ③

손실충당금			
		수정 직전 잔액	20,000
기말	96,000*	손상차손	(76,000)

* 기말 손실충당금 = (₩1,000,000 × 1%) + (₩400,000 × 4%) + (₩200,000 × 20%) + (₩100,000 × 30%)
= ₩96,000

20 ③

손실충당금			
손상	8,900	기초	(2,900)
		손상액 회수	1,000
기말	30,000	손상차손	35,000

21 다음 자료를 이용하여 계산한 (주)한국의 매출채권손상차손은?

- 기초 매출채권은 ₩11,000이다.
- 기초 손실충당금은 ₩1,000이다.
- 당기 중 매출채권 ₩2,000이 회수불능으로 판단되었다.
- 당기에 고객으로부터 유입된 현금은 ₩30,000이다.
- 당기 포괄손익계산서상 매출액은 ₩40,000이다.
- 기말 매출채권의 미래현금유입액은 ₩17,000이다.

① ₩1,000

② ₩2,000

③ ₩3,000

④ ₩4,000

⑤ ₩5,000

정답 및 해설

21 ③

매출채권			
기초	11,000	회수액	30,000
		손상	2,000
매출액	40,000	기말	19,000
손실충당금			
손상	2,000	기초	1,000
기말	2,000*	손상차손	(3,000)

* 기말 손실충당금 = 기말 매출채권 ₩19,000 − 미래현금유입액 ₩17,000 = ₩2,000

대표예제 12 〉 기말재고 실사액 수정 ★

(주)한국은 재고자산과 관련하여 실지재고조사법을 사용하고 있으며, (주)한국의 창고에 실물로 보관되어 있는 재고자산에 대한 20×1년 12월 31일 현재 실사금액은 ₩1,000,000이다. 다음 자료를 고려할 경우 (주)한국이 20×1년 12월 31일 재무상태표에 보고할 재고자산은?

- (주)한국이 FOB 선적지인도조건으로 20×1년 12월 25일에 출하한 상품(원가 ₩100,000)이 20×1년 12월 31일 현재 운송 중에 있다.
- (주)한국이 위탁판매하기 위해 20×1년 12월 10일에 적송한 상품(원가 ₩300,000) 중 30% 가 20×1년 12월 31일 현재 외부고객에게 판매되었다.
- (주)한국이 FOB 도착지인도조건으로 20×1년 12월 26일에 외상으로 주문한 상품(원가 ₩150,000)이 20×1년 12월 31일 현재 운송 중에 있다.
- (주)한국이 20×1년 12월 15일에 발송한 시송품(원가 ₩200,000) 중 40%가 20×1년 12월 31일 현재 외부고객으로부터 매입의사를 통보받지 못한 상태이다.

① ₩1,080,000   ② ₩1,210,000
③ ₩1,290,000   ④ ₩1,350,000
⑤ ₩1,440,000

해설	실사액		1,000,000
	미판매 적송품(₩300,000 × 70%)	+	210,000
	매입의사를 통보받지 못한 시송품(₩200,000 × 40%)	+	80,000
	정확한 기말재고자산	=	1,290,000

구분	재고자산 포함 여부
선적지인도조건	구매자 재고자산에 포함
도착지인도조건	판매자 재고자산에 포함
수탁자의 판매분	위탁자 재고자산에 포함 ×
수탁자의 미판매분	위탁자 재고자산에 포함 ○
(시송품) 구매자의 매입의사표시	판매자 재고자산 포함 ×
(시송품) 구매자의 매입의사표시 전	판매자 재고자산 포함 ○
할부판매(장·단기)	판매자 재고자산 포함 ×
저당권 실행 전	담보제공자 재고자산 포함 ○
저당권 실행 후	담보제공자 재고자산 포함 ×

기본서 p.152~154

정답 ③

01 (주)한국은 20×1년 12월 31일에 실지재고조사를 한 결과 재고자산금액이 ₩100,000 이었다. 이 금액에 반영되지 않은 추가 자료는 다음과 같다. 재무상태표상 계상되는 정확한 기말재고자산 금액은?

- 위탁판매한 상품 중 수탁자가 판매하지 못한 상품 ₩10,000(원가)이 있다.
- 시용판매한 상품 중 매입자가 매입의사표시를 하지 않은 상품 ₩5,000(원가)이 있다.
- 선적지인도조건으로 판매한 운송 중인 상품 ₩15,000(원가)이 있다.
- 도착지인도조건으로 판매한 운송 중인 상품 ₩20,000(원가)이 있다.

① ₩135,000
② ₩150,000
③ ₩155,000
④ ₩165,000
⑤ ₩170,000

02 (주)한국의 20×1년 말 창고에 있는 재고자산 실사금액은 ₩15,000이다. 다음 사항을 추가로 반영한 기말재고자산은? (단, 재고자산감모손실과 평가손실은 없다)

- (주)한국이 위탁판매를 위해 수탁자에게 적송한 상품 중 판매되지 않은 ₩3,000 적송품 원가
- (주)한국이 시용판매를 위해 고객에게 발송한 상품 중 구매자가 매입의 ₩4,000 사표시를 하지 않은 시송품 원가
- (주)한국이 기중 선적지인도조건으로 (주)대한에게 판매하여 기말 현재 ₩2,000 운송 중인 상품 원가
- (주)한국이 기중 (주)대한으로부터 선적지인도조건으로 매입하여 기말 ₩4,000 현재 운송 중인 상품 원가

① ₩15,000   ② ₩22,000
③ ₩23,000   ④ ₩26,000
⑤ ₩28,000

정답 및 해설

01 ①

기말재고실사액		100,000
• 위탁판매한 상품 중 수탁자가 판매하지 못한 상품	+	10,000
• 시용판매한 상품 중 매입자가 매입의사표시를 하지 않은 상품	+	5,000
• 선적지인도조건으로 판매한 운송 중 상품	+	20,000
정확한 기말재고자산	=	135,000

02 ④

실사액		15,000
• (주)한국이 위탁판매를 위해 수탁자에게 적송한 상품 중 판매되지 않은 적송품 원가	+	3,000
• (주)한국이 시용판매를 위해 고객에게 발송한 상품 중 구매자가 매입의사표시를 하지 않은 시송품 원가	+	4,000
• (주)한국이 기중 (주)대한으로부터 선적지인도조건으로 매입하여 기말 현재 운송 중인 상품 원가	+	4,000
정확한 기말재고자산	=	26,000

03 (주)한국의 20×1년 기초재고자산은 ₩200,000이고, 당기매입액은 ₩1,000,000이다. (주)한국은 20×1년 말 실사를 통해 창고에 보관 중인 상품이 ₩300,000(수탁상품 포함)인 것으로 확인하였다. 추가 고려사항이 다음과 같을 때, (주)한국의 20×1년 매출원가는?

- 20×1년 6월 1일에 (주)대한으로부터 판매를 수탁받은 상품(원가 ₩120,000) 중 ₩20,000이 판매되었다.
- 20×1년 12월 27일 FOB 선적지인도조건으로 판매한 상품(원가 ₩30,000)이 20×1년 말 현재 운송 중에 있다.
- 고객에게 20×1년 중에 인도한 시송품의 원가는 ₩200,000이며, 이 중 20×1년 말까지 매입의사표시를 해 온 금액이 ₩150,000이다.
- 20×1년 12월 29일 FOB 도착지인도조건으로 매입한 상품(원가 ₩20,000)이 20×1년 말 현재 운송 중에 있다.

① ₩900,000
② ₩950,000
③ ₩1,000,000
④ ₩1,050,000
⑤ ₩1,100,000

04 (주)한국은 20×1년 12월 31일에 실지재고조사를 한 결과 재고자산금액이 ₩500,000(수탁상품 ₩100,000 포함)이었다. 이 금액에 반영되지 않은 추가 자료는 다음과 같다. 20×1년 (주)한국이 인식할 기말재고자산은? (단, 매출총이익률은 20%이다)

(1) 상품을 ₩500,000(매가)에 위탁판매하였는데, 이 중 수탁자가 40%를 판매하였다.
(2) 상품을 ₩200,000(매가)에 시용판매하였는데, 이 중 ₩120,000을 구입한다는 통지를 받았다.
(3) 선적지인도조건으로 판매한 운송 중인 상품 ₩100,000(매가)이 있다.
(4) 도착지인도조건으로 판매한 운송 중인 상품 ₩200,000(매가)이 있다.
(5) 선적지인도조건으로 매입한 운송 중인 상품 ₩100,000(원가)이 있다.
(6) 도착지인도조건으로 매입한 운송 중인 상품 ₩200,000(원가)이 있다.

① ₩862,000
② ₩884,000
③ ₩922,000
④ ₩964,000
⑤ ₩982,000

05 (주)한국의 기말재고자산에 포함시켜야 할 항목을 모두 고른 것은?

> ㉠ 창고가 작아 기말 현재 외부에 보관 중인 (주)한국의 원재료
> ㉡ (주)한국이 FOB 선적지인도조건으로 판매하였으나 기말 현재 도착하지 않은 상품
> ㉢ (주)한국이 고객에게 인도하고 기말 현재 고객이 사용의사를 표시한 시용품
> ㉣ (주)한국이 FOB 도착지인도조건으로 매입하였으나 기말 현재 도착하지 않은 상품

① ㉠   ② ㉢
③ ㉠, ㉡   ④ ㉡, ㉣
⑤ ㉢, ㉣

정답 및 해설

03 ② 매출원가 = 기초재고자산 ₩200,000 + 당기매입액 ₩1,000,000 − 기말재고자산 ₩250,000*
= ₩950,000

* 기말재고자산

실사액		300,000
• 수탁상품	−	100,000
• 매입의사 불표시 시송품	+	50,000
정확한 기말재고자산	=	250,000

04 ④

기말재고실사액		500,000
수탁상품	−	100,000
(1) 미판매 적송품: ₩500,000 × 60% × (1 − 0.2)	+	240,000
(2) 매입의사 불표시 시송품: ₩80,000 × (1 − 0.2)	+	64,000
(4) 도착지인도조건으로 판매한 운송 중인 상품: ₩200,000 × (1 − 0.2)	+	160,000
(5) 선적지인도조건으로 매입한 운송 중인 상품	+	100,000
정확한 기말재고자산	=	964,000

05 ① ㉠ 외부에 보관 중인 (주)한국의 원재료: (주)한국의 재고자산
㉡ 미착상품 − 선적지인도조건 판매: 구매자 재고자산
㉢ 매입의사표시 시용품: 구매자 재고자산
㉣ 미착상품 − 도착지인도조건 매입: 판매자 재고자산

다음은 (주)한국의 20×1년도 자료이다. 총매입액은?

• 총매출액	₩150,000	• 총매입액	?
• 매출환입	₩10,000	• 매입환출	₩10,000
• 매출할인	₩5,000	• 매입운임	₩5,000
• 기초상품재고액	₩30,000	• 기말상품재고액	₩20,000
• 판매운임	₩5,000	• 매출총이익	₩20,000

① ₩115,000

② ₩120,000

③ ₩125,000

④ ₩130,000

⑤ ₩135,000

해설

매출환입	10,000	총매출액	150,000
매출할인	5,000	매입환출	10,000
매입운임	5,000	기말상품재고액	20,000
기초상품재고액	30,000		
매출총이익	20,000		
총매입액	(120,000)		

보충

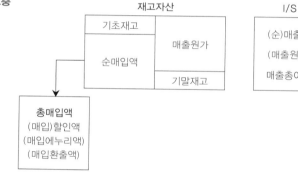

기본서 p.141~147, 164~165

정답 ②

06 다음은 (주)한국의 20×1년도 자료이다. 매출원가는?

• 총매출액	₩165,000	• 총매입액	₩150,000
• 매출환입	₩10,000	• 매입환출	₩10,000
• 매출운임	₩5,000	• 매입운임	₩5,000
• 기초상품재고액	₩10,000	• 기말상품재고액	₩20,000

① ₩130,000   ② ₩135,000

③ ₩140,000   ④ ₩145,000

⑤ ₩150,000

07 다음 자료를 이용하여 계산한 매출환입은?

• 총매출액	₩100,000	• 총매입액	₩80,000
• 매출환입	?	• 매입운임	₩1,500
• 매출에누리	₩1,000	• 매입환출	₩2,000
• 매출할인	₩1,500	• 매출운임	₩8,000
• 기초재고	₩10,000	• 기말재고	₩30,000
• 매출총이익	₩36,000		

① ₩1,000   ② ₩2,000

③ ₩3,000   ④ ₩4,000

⑤ ₩5,000

정답 및 해설

06 ②

총매입액	10,000	매입환출	10,000
매입부대비용	150,000	기말상품재고액	20,000
기초상품재고액	5,000	매출원가	(135,000)

07 ②

총매입액	80,000	총매출액	100,000
매입운임	1,500	매입환출	2,000
매출에누리	1,000	기말재고	30,000
매출할인	1,500		
기초재고	10,000		
매출총이익	36,000		
매출환입	(2,000)		

08 (주)한국은 20×1년 1월 1일 영업을 개시하였다. 20×1년 12월 31일 회계자료가 다음과 같을 때, 20×1년도 매출총이익은?

• 매출총액	₩200,000	• 매입에누리	₩1,000
• 임차료	₩5,000	• 매입총액	₩100,000
• 매출운임	₩5,000	• 급여	₩15,000
• 매입운임	₩10,000	• 매출할인	₩5,000
• 매입할인	₩1,000	• 이자수익	₩10,000
• 기말상품재고	₩15,000	• 기계처분손실	₩2,000

① ₩102,000
② ₩112,000
③ ₩122,000
④ ₩132,000
⑤ ₩134,000

09 (주)한국은 창고에 화재가 발생하여 보관 중인 상품이 소실되었다. 다음은 화재 발생시까지의 상품과 관련 자료이다. 화재 후 상품을 실사한 결과 그 원가가 ₩10,000이라면 화재손실액은?

• 기초재고액	₩20,000	• 매입액	₩350,000
• 매출액	₩400,000	• 원가에 대한 이익률	25%

① ₩10,000
② ₩20,000
③ ₩30,000
④ ₩40,000
⑤ ₩50,000

10 (주)한국에 당기 중 화재가 발생하여 재고자산과 일부의 회계자료가 소실되었다. 소실 후 남아 있는 재고자산의 가액은 ₩1,500이었다. 복원한 회계자료를 통하여 기초재고가 ₩2,000, 기중 매입액은 ₩12,000, 기중 매출액은 ₩13,000임을 알 수 있었다. (주)한국의 원가에 대한 이익률이 30%인 경우 화재로 소실된 재고자산금액은?

① ₩2,000
② ₩2,500
③ ₩3,000
④ ₩3,500
⑤ ₩4,000

정답 및 해설

08 ①

매입총액	100,000	매출총액	200,000
매입운임	10,000	매입에누리	1,000
매출할인	5,000	매입할인	1,000
매출총이익	(102,000)	기말상품재고	15,000

09 ④

기말재고			
기초재고액	20,000	매출원가	320,000*1
		화재손실액*2	(40,000)
매입액	350,000	기말재고실사액	10,000

*1 매출원가 = 매출액 ₩400,000 ÷ (1 + 0.25) = ₩320,000
*2 기초재고액 ₩20,000 + 매입액 ₩350,000 − 매출원가 ₩320,000 = 기말재고액 ₩50,000
   기말재고실사액이 ₩10,000이므로 ₩40,000이 화재손실액이 된다.

10 ②

매출원가			
기초재고액	2,000	매출원가	10,000*
		화재손실액	(2,500)
매입액	12,000	기말재고실사액	1,500

* 매출액 ₩13,000 ÷ (1 + 원가이익률 0.3) = ₩10,000

11 다음 자료를 이용하여 계산한 총매출액은?

• 기초재고	₩400,000	• 매입환출	₩40,000
• 총매입액	₩1,380,000	• 기말재고	₩300,000
• 매출환입	₩200,000	• 매출총이익률(매출원가 기준)	25%

① ₩1,352,000
② ₩1,440,000
③ ₩1,680,000
④ ₩1,800,000
⑤ ₩2,000,000

고난도

12 12월 1일 화재로 인하여 창고에 남아 있던 (주)한국의 재고자산이 전부 소실되었다. (주)한국은 모든 매입과 매출을 외상으로 하고 있으며 이용 가능한 자료는 다음과 같다. 매출총이익률이 30%라고 가정할 때 화재로 인한 추정 재고손실액은?

(1) 기초재고자산: ₩1,000
(2) 기초매출채권: ₩3,000
(3) 12월 1일 매출채권: ₩2,000
(4) 기초부터 12월 1일까지 거래
  • 매입액: ₩80,000
    (FOB 선적지인도조건으로 매입하여 12월 1일 현재 운송 중인 상품 ₩100 포함)
  • 매출채권 현금회수액: ₩100,000

① ₩11,600
② ₩12,600
③ ₩13,600
④ ₩51,200
⑤ ₩52,200

13 20×1년 12월 31일 (주)한국의 창고에 화재가 발생하여 재고자산의 90%가 소실되었다. (주)한국의 이용 가능한 회계자료가 다음과 같을 때, 재고자산의 추정 손실금액은? (단, (주)한국의 매출은 모두 신용거래이다)

- 기초재고 ₩150,000 • 당기매입액 ₩1,200,000
- 기초매출채권 ₩80,000 • 기말매출채권 ₩120,000
- 당기 매출채권 현금회수액 ₩1,000,000
- 당기 회수불능으로 인한 매출채권 제거 금액 ₩5,000
- 최근 3년간 평균매출총이익률은 40%이다.

① ₩625,000 ② ₩650,700 ③ ₩723,000
④ ₩750,000 ⑤ ₩835,300

정답 및 해설

11 ⑤ (1) 총매출액 = 매출액 ₩1,800,000 + 매출환입 ₩200,000 = ₩2,000,000
(2) 매출액 = 매출원가 ₩1,440,000 × (1 + 0.25) = ₩1,800,000
(3) 매출원가 = 기초재고 ₩400,000 + 매입액 ₩1,340,000 − 기말재고 ₩300,000 = ₩1,440,000
(4) 매입액 = 총매입액 ₩1,380,000 − 매입환출 ₩40,000 = ₩1,340,000

12 ① (1) 화재손실액 = 기말재고추정액 ₩11,700 − 운송 중인 상품 100 = ₩11,600
(2) 기말재고추정액

매출원가			
기초재고자산	1,000	매출원가	69,300*
매입액	80,000	추정기말재고액	(11,700)

* 매출원가 = 매출액 ₩99,000 × (1 − 0.3) = ₩69,300
(3) 매출액

매출채권			
기초매출채권	3,000	회수액	100,000
매출액	(99,000)	12월 1일 매출채권	2,000

13 ② (1) 화재손실액 = 기말재고추정액 ₩723,000 × 90% = ₩650,700
(2) 기말재고추정액

매출원가			
기초재고	150,000	매출원가	627,000*
매입	1,200,000	기말재고추정액	(723,000)

* 매출원가 = 매출액 ₩1,045,000 × (1 − 0.4) = ₩627,000
(3) 매출액

매출채권			
기초매출채권	80,000	회수액	1,000,000
		손상액	5,000
외상매출액	(1,045,000)	기말매출채권	120,000

다음은 (주)한국의 재고자산과 관련된 자료이다. 선입선출법으로 평가할 경우 기말재고자산은?
(단 재고자산과 관련된 감모손실이나 평가손실 등 다른 원가는 없다)

일자	구분	수량	단가
10월 1일	기초재고	10개	₩100
10월 8일	매입	30개	₩110
10월 15일	매출	25개	₩140
10월 30일	매입	15개	₩120

① ₩3,450   ② ₩3,700
③ ₩3,750   ④ ₩3,800
⑤ ₩3,850

해설| 기말재고자산 = (15개 × ₩110) + (15개 × ₩120) = ₩3,450
보충| 선입선출법

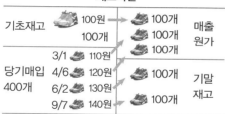

재고자산

실제 물량의 흐름과는 관계없이 먼저 취득한 자산이 먼저 판매되는 것으로 가정하여 매출원가와 기말재고로 구분하는 방법이다. 따라서 매출원가는 오래 전에 구입한 상품의 원가로 구성되고, 기말재고는 최근에 구입한 상품의 원가로 구성된다.

장점	실제 물량의 흐름과 원가의 흐름이 유사, 기말재고 현행원가에 근사치
단점	현행 수익에 과거원가가 매출원가로 대응되어 수익·비용 대응의 원칙에 괴리

기본서 p.155~162

정답 ①

14 다음은 (주)한국의 상품 관련 자료이다. 가중평균법에 의한 기말재고자산금액은? (단, 계속기록법을 적용하며, 기초재고는 없다)

구분	수량	단위당 원가
매입(1월 2일)	150개	₩100
매출(5월 1일)	100개	
매입(7월 1일)	250개	₩250
매출(12월 1일)	200개	
기말 실제재고(12월 31일)	100개	

① ₩22,500
② ₩24,000
③ ₩25,000
④ ₩34,000
⑤ ₩40,000

정답 및 해설

14 ①

구분		수량	단위당 원가	금액
1월 2일	매입	150개	₩100	₩15,000
5월 1일	매출원가	(100개)		(₩10,000)
	잔액	50개	₩100	₩5,000
7월 1일	매입	250개	₩250	₩62,500
	이동평균단가	300개	₩225	₩67,500
12월 1일	매출원가	(200개)	₩225	(₩45,000)
12월 31일	기말재고자산	100개	₩225	₩22,500

15 (주)한국은 계속기록법으로 재고자산을 회계처리하고 있으며 단가는 가중평균법으로 계산하고 있다. 3월 초 보유 중인 상품은 10개이고 단가는 ₩50이며, 3월 한 달간 상품의 매입과 매출에 관한 기록은 다음과 같다. 3월 말 재고자산은?

> • 3월 5일   상품 20개를 개당 ₩80에 매입하다.
> • 3월 12일   상품 10개를 개당 ₩120에 판매하다.
> • 3월 18일   상품 10개를 개당 ₩100에 매입하다.
> • 3월 25일   상품 15개를 개당 ₩140에 판매하다.

① ₩1,050
② ₩1,163
③ ₩1,200
④ ₩1,252
⑤ ₩1,500

16 다음은 (주)한국의 재고자산과 관련된 자료이다. 선입선출법으로 평가할 경우 매출원가?

일자	내역	수량	단가
1월 1일	기초재고	150개	₩10
2월 1일	매입	150개	₩12
3월 1일	매출	100개	
6월 1일	매입	200개	₩15
9월 1일	매출	300개	
12월 31일	기말재고	100개	

① ₩4,450
② ₩4,700
③ ₩4,750
④ ₩4,800
⑤ ₩4,900

17 (주)한국의 20×1년 재고자산 관련 자료는 다음과 같다. 선입선출법과 평균법간의 기말 재고자산 금액의 차이는? (단, 실지재고조사법을 적용하고, 재고자산감모손실과 평가손실은 없다)

일자	내역	수량	매입단가
1월 1일	기초재고	300개	₩150
3월 3일	매입	450개	₩165
5월 6일	매출	600개	
9월 3일	매입	300개	₩180
12월 5일	매출	300개	

① ₩0
② ₩1,125
③ ₩2,250
④ ₩3,375
⑤ ₩4,500

정답 및 해설

15 ③

구분		수량	단위당 원가	금액
3월 초	기초재고자산	10개	₩50	₩500
3월 5일	매입	20개	₩80	₩1,600
	이동평균단가	30개	₩70	₩2,100
3월 12일	매출원가	(10개)	₩70	(₩700)
	잔액	20개	₩70	₩1,400
3월 18일	매입	10개	₩100	₩1,000
	이동평균단가	30개	₩80	₩2,400
3월 25일	매출원가	(15개)	₩80	(₩1,200)
3월 31일	기말재고자산	15개	₩80	₩1,200

16 ④ 매출원가 = (150개 × ₩10) + (150개 × ₩12) + (100개 × ₩15) = ₩4,800

17 ③

선입선출법 기말재고자산	27,000	⇦ 150개 × ₩180	
총평균법 기말재고자산	24,750	⇦ 150개 × ₩165*	
차이	2,250		

* 총평균단가 = (300개 × ₩150 + 450개 × ₩165 + 300개 × ₩180) ÷ 1,050개 = ₩165

다음은 20×1년 설립된 (주)한국의 재고자산(상품) 관련 자료이다.

- 당기매입액: ₩2,000,000
- 취득원가로 파악한 장부상 기말재고액: ₩250,000

기말상품	실지재고	단위당 원가	단위당 순실현가능가치
A	800개	₩100	₩120
B	250개	₩180	₩150
C	400개	₩250	₩200

(주)한국의 20×1년 재고자산감모손실은? (단, 재고자산평가손실과 재고자산감모손실은 매출원가에 포함한다)

① ₩0
② ₩9,000
③ ₩25,000
④ ₩27,500
⑤ ₩52,500

해설 | (1) 재고자산감모손실 = 장부기말재고액 ₩250,000 − 실사기말재고액 ₩225,000 = ₩25,000
　　　(2) 실사기말재고액

기말상품	실지재고	단위당 원가	실사기말재고액
A	800개	₩100	₩80,000
B	250개	₩180	₩45,000
C	400개	₩250	₩100,000
계			₩225,000

보충 | 재고자산감모손실 = (장부수량 − 실제수량) × 장부상 취득단가
　　　　　　　　　　　 = 장부상 수량에 대한 취득원가 − 실제수량에 대한 취득원가

기본서 p.168~172

정답 ③

18 (주)한국의 기초재고자산은 ₩50,000이고, 당기매입액은 ₩250,000이다. 기말재고 관련 자료가 다음과 같을 때, 매출원가는? (단, 평가손실과 정상감모손실은 매출원가로, 비정상감모손실은 기타비용으로 처리한다)

• 장부상 재고수량	300개
• 기말재고 단위당 원가	₩200
• 실제 재고수량	250개
• 기말재고단위당 순실현가능가치	₩180
• 재고자산감모의 10%는 정상적인 감모로 간주한다.	

① ₩241,000 ② ₩246,000 ③ ₩250,000
④ ₩258,000 ⑤ ₩262,000

19 재고자산평가손실 및 재고자산감모손실은 모두 매출원가로 보고하는 경우, 다음 자료를 토대로 계산한 매출원가는?

- 기초재고원가: ₩10,000
- 당기매입원가: ₩90,000
- 계속기록법에 의한 장부상 기말재고수량: 100개
- 실사에 의해 파악된 기말재고수량: 90개
- 기말재고자산의 원가: @₩100
- 기말재고자산의 순실현가능가치: @₩90

① ₩90,000 ② ₩90,900 ③ ₩91,400
④ ₩91,500 ⑤ ₩91,900

정답 및 해설

18 ② (1) 매출원가 = 기초재고자산 ₩50,000 + 당기매입액 ₩250,000 − 저가기말재고자산 ₩45,000 − 비정상감모손실 ₩9,000 = ₩246,000
(2) 저가기말재고자산 = 실사수량 250개 × 단위당 순실현가능가치 ₩180 = ₩45,000
(3) 비정상감모손실 = 감모손실 ₩10,000 × 90% = ₩9,000
(4) 감모손실 = (장부수량 300개 − 실사수량 250개) × 단위당 원가 ₩200 = ₩10,000

19 ⑤ (1) 매출원가 = 기초재고자산 ₩10,000 + 당기매입액 ₩90,000 − 저가기말재고자산 ₩8,100 = ₩91,900
(2) 저가기말재고자산 = 실사수량 90개 × 단위당 순실현가능가치 ₩90 = ₩8,100

20 재고자산평가손실은 매출원가로, 재고자산감모손실은 기타비용으로 보고하는 경우, 다음 자료를 토대로 계산한 매출원가는?

- 기초재고원가: ₩10,000
- 당기매입원가: ₩90,000
- 계속기록법에 의한 장부상 기말재고수량: 100개
- 실사에 의해 파악된 기말재고수량: 90개
- 기말재고자산의 원가: @₩100
- 기말재고자산의 순실현가능가치: @₩90

① ₩90,000   ② ₩90,900
③ ₩91,400   ④ ₩91,500
⑤ ₩91,900

21 다음은 (주)한국의 20×1년 기말재고자산 관련 자료이다.

• 장부상 재고수량	100개	• 단위당 원가	₩100
• 실사 재고수량	90개	• 단위당 예상판매가격	₩110
• 단위당 예상판매비	₩20	• 비정상감모손실	40%

기초상품재고액 ₩10,000과 당기매입액 ₩90,000일 때 매출원가는? (단, 회사가 평가손실은 매출원가로 처리하고 감모손실 중 비정상분은 기타비용으로 처리한다)

① ₩90,000   ② ₩90,900
③ ₩91,300   ④ ₩91,500
⑤ ₩92,500

22 (주)한국의 기초재고자산은 ₩50,000이고, 당기매입액은 ₩250,000이다. 기말재고 관련 자료가 다음과 같을 때, 매출원가는? (단, 평가손실과 정상감모손실은 매출원가로, 비정상감모손실은 기타비용으로 처리한다)

• 장부상 재고수량	300개
• 기말재고 단위당 원가	₩200
• 실제재고수량	250개
• 기말재고 단위당 순실현가능가치	₩210
• 재고자산감모의 10%는 정상적인 감모로 간주한다.	

① ₩241,000   ② ₩246,000

③ ₩250,000   ④ ₩258,000

⑤ ₩262,000

정답 및 해설

20 ② (1) 매출원가 = 기초재고자산 ₩10,000 + 당기매입액 ₩90,000 − 저가기말재고자산 ₩8,100 − 감모손실 ₩1,000
  = ₩90,900
 (2) 저가기말재고자산 = 실사수량 90개 × 단위당 순실현가능가치 ₩90 = ₩8,100
 (3) 감모손실 = (장부상 수량 100개 − 실사수량 90개) × 단위당 원가 ₩100 = ₩1,000

21 ④ (1) 매출원가 = 기초재고액 ₩10,000 + 당기매입액 ₩90,000 − 저가기말재고액 ₩8,100 − 비정상감모손실 ₩400
  = ₩91,500
 (2) 저가기말재고액 = 실사수량 90개 × 단위당 순실현가능가치 ₩90 = ₩8,100
 (3) 단위당 순실현가능가치 = 단위당 예상판매가격 ₩110 − 단위당 예상판매비 ₩20 = ₩90
 (4) 비정상감모손실 = 감모손실 ₩1,000 × 40% = ₩400
 (5) 감모손실 = (장부상 수량 100개 − 실사수량 90개) × 단위당 원가 ₩100 = ₩1,000

22 ① (1) 매출원가 = 기초재고자산 ₩50,000 + 당기매입액 ₩250,000 − 저가기말재고자산 ₩50,000 − 비정상감모손실 ₩9,000
  = ₩241,000
 (2) 저가기말재고자산 = 실사수량 250개 × 단위당 원가 ₩200 = ₩50,000
 (3) 비정상감모손실 = 감모손실 ₩10,000 × 90% = ₩9,000
 (4) 감모손실 = (장부수량 300개 − 실사수량 250개) × 단위당 원가 ₩200 = ₩10,000

23 상품매매기업인 (주)한국은 계속기록법과 실지재고조사법을 병행하고 있다. (주)한국의 20×1년 기초재고는 ₩10,000(단가 ₩100)이고 당기매입액은 ₩30,000(단가 ₩100), 20×1년 말 현재 장부상 재고수량은 70개이다. (주)한국이 보유하고 있는 재고자산은 진부화로 인해 단위당 순실현가능가치가 ₩80으로 하락하였다. (주)한국이 포괄손익계산서에 매출원가로 ₩36,000을 인식하였다면, (주)한국의 20×1년 말 현재 실제재고수량은? (단, 재고자산감모손실과 재고자산평가손실은 모두 매출원가에 포함한다)

① 40개   ② 50개   ③ 65개
④ 70개   ⑤ 80개

24 (주)한국은 재고상품에 대해 선입선출법을 적용하여 단위원가를 결정하며, 20×1년 기초상품은 ₩30,000(단위당 원가 ₩1,000), 당기상품매입액은 ₩84,000(단위당 원가 ₩1,200)이다. 기말상품의 감모손실과 평가손실에 관한 자료가 다음과 같을 때 재고자산평가손실은?

장부수량	실사수량	단위당 예상판매가격	단위당 예상판매비용
20개	16개	₩1,250	₩80

① ₩0   ② ₩200   ③ ₩250
④ ₩450   ⑤ ₩480

고난도

25 (주)한국의 기말재고자산 현황은 다음과 같다. 품목별 저가법을 적용할 경우 (주)한국이 인식할 재고자산평가손실은? (단, 원재료A를 투입하여 제품A가 생산되고, 원재료B를 투입하여 제품B가 생산된다)

품목	취득원가	순실현가능가치
제품A	₩130,000	₩120,000
원재료A	₩100,000	₩80,000
제품B	₩110,000	₩120,000
원재료B	₩80,000	₩70,000

① ₩10,000   ② ₩20,000   ③ ₩30,000
④ ₩40,000   ⑤ ₩50,000

26 다음은 20×1년 초에 설립하여 단일품목의 상품을 판매하는 (주)한국의 20×1년 말 상품재고에 관한 자료이다.

장부상 재고	실지재고	단위당 취득원가	단위당 확정판매계약가격	단위당 예상판매가격
100단위	100단위	₩700	₩690	₩750

위 상품 중 40단위는 취소불능의 확정판매계약을 이행하기 위하여 보유 중인 재고자산이다. 확정판매계약을 맺은 상품의 경우에는 판매비용이 발생하지 않으나, 나머지 상품의 경우에는 단위당 ₩80의 판매비용이 발생할 것으로 예상된다. (주)한국이 동 상품과 관련하여 20×1년도에 인식할 재고자산평가손실은?

① ₩1,800
② ₩2,200
③ ₩2,800
④ ₩3,600
⑤ ₩5,400

정답 및 해설

23 ② 매출원가 ₩36,000 = 기초재고 ₩10,000 + 매입 30,000 − 실제재고수량(?) × ₩80
∴ 실제재고수량 = 50개

24 ⑤ 20×1년 평가손실 = (단위당 원가 ₩1,200 − 단위당 순실현가능가치 ₩1,170*) × 실사수량 16개 = ₩480
* 단위당 순실현가능가치 = ₩1,250 − ₩80 = ₩1,170

25 ③

품목	취득원가	순실현가능가치	저가평가액	평가손실
제품A	₩130,000	₩120,000	₩120,000	₩10,000
원재료A	₩100,000	₩80,000	₩80,000	₩20,000
제품B	₩110,000	₩120,000	₩110,000	−
원재료B	₩80,000	₩70,000	₩80,000	−
계			₩390,000	₩30,000

● 완성될 제품이 원가 이상으로 판매될 것으로 예상되는 경우에는 그 생산에 투입하기 위해 보유하는 원재료 및 기타 소모품을 감액하지 아니한다.

26 ②

구분	취득원가	순실현가능가치	저가평가액	평가손실
일반계약 60개	₩42,000 (60개 × ₩700)	₩40,200 {60개 × (₩750 − ₩80)}	₩40,200	₩1,800
확정계약 40개	₩28,000 (40개 × ₩700)	₩27,600 (40개 × ₩690)	₩27,600	₩400
계			₩67,800	₩2,200

(주)한국은 소매재고법을 적용하여 재고자산을 평가하고 있다. 관련 자료가 다음과 같을 때 평균법에 의한 기말상품재고 추정액은?

구분	원가	매가
기초재고	₩110,000	₩100,000
당기매입	₩490,000	₩680,000
순인상액		₩40,000
순인하액		₩20,000
매출액		₩640,000

① ₩100,000   ② ₩120,000

③ ₩140,000   ④ ₩160,000

⑤ ₩180,000

해설 | (1) 기말재고액추정액 = 기말재고매가 ₩160,000 × 원가율 75% = ₩120,000
     (2) 기말재고매가

구분	매가
기초재고	100,000
당기매입	+ 680,000
순인상액	+ 40,000
순인하액	− 20,000
매출액	− 640,000
기말재고매가	= 160,000

    (3) 원가율 = $\dfrac{\text{기초재고원가 ₩110,000 + 매입원가 ₩490,000}}{\text{기초재고매가 ₩100,000 + 매입매가 ₩680,000 + 순인상 ₩40,000 − 순인하 ₩20,000}}$

         = 75%

보충

원가			매가		
기초재고	×× ×	ⓓ 매출원가 ×× ×	기초재고 ×× ×	매출액 ×× ×
당기매입 ×× ×	ⓒ 기말재고 ×× ×	당기매입 ×× × 순인상 ×× × 순인하 (×× ×)	ⓐ 기말재고 ×× ×

매가표시 기말재고(ⓐ) × ⓑ 원가율

기본서 p.166~168

정답 ②

27 (주)한국은 선입선출법에 의한 소매재고법으로 재고자산을 평가하고 있다. 20×1년도 상품재고거래와 관련된 자료가 다음과 같은 경우 (주)한국의 20×1년도 기말재고액은?

구분	원가	매가
기초재고자산	₩160,000	₩200,000
당기매입액	₩910,000	₩1,200,000
인상액		₩150,000
인하액		₩50,000
당기매출액		₩900,000

① ₩350,000
② ₩380,000
③ ₩400,000
④ ₩420,000
⑤ ₩450,000

정답 및 해설

27 ④ (1) 기말재고액추정액 = 기말재고매가 ₩600,000 × 원가율 70% = ₩420,000
   (2) 기말재고매가

구분	매가
기초재고자산	+ 200,000
당기매입액	+ 1,200,000
인상액	+ 150,000
인하액	− 50,000
당기매출액	− 900,000
기말재고매가	= 600,000

   (3) 원가율 $= \dfrac{\text{매입원가 ₩910,000}}{\text{매입매가 ₩1,200,000 + 순인상 ₩150,000 − 순인하 ₩50,000}} = 70\%$

28 (주)한국은 재고자산의 원가를 평균원가법에 의한 소매재고법으로 측정한다. 20×1년 재고자산 자료가 다음과 같을 때, 매출원가는? (단, 평가손실과 감모손실은 발생하지 않는다)

항목	원가	매가
기초재고액	₩10,000	₩13,000
당기매입액	₩83,500	₩91,000
매가인상액		₩9,000
인상취소액		₩3,000
당기매출액		₩90,000

① ₩73,500
② ₩76,500
③ ₩77,000
④ ₩78,200
⑤ ₩80,620

29 (주)한국의 20×1년 재고자산 관련 자료는 다음과 같다. 저가기준 평균원가 소매재고법에 따른 기말재고자산원가는? (단, 원가율 계산시 소수점 둘째자리에서 반올림한다)

구분	원가	판매가
기초재고액	₩53,600	₩70,000
당기순매입액	₩120,000	₩140,000
순인상액		₩7,000
순인하액		₩3,500
당기순매출액		₩112,000

① ₩74,750
② ₩79,650
③ ₩80,000
④ ₩80,700
⑤ ₩81,200

정답 및 해설

28 ② (1) 매출원가 = 기초재고원가 ₩10,000 + 당기매입액 ₩83,500 − 기말재고원가 ₩17,000 = ₩76,500
(2) 기말재고원가 = 기말재고매가 ₩20,000 × 원가율 85% = ₩17,000
(3) 기말재고매가

항목	매가
기초재고액	13,000
당기매입액	+ 91,000
매가인상액	+ 9,000
인상취소액	− 3,000
당기매출액	− 90,000
기말재고매가	= 20,000

(4) 원가율 = $\dfrac{\text{기초재고원가 ₩10,000 + 매입원가 ₩83,500}}{\text{기초재고매가 ₩13,000 + 매입매가 ₩91,000 + 순인상 ₩6,000}}$ = 85%

29 ⑤ (1) 기말재고원가 = 기말재고매가 ₩101,500 × 원가율 80% = ₩81,200
(2) 기말재고매가

구분	판매가
기초재고액	70,000
당기순매입액	+ 140,000
순인상액	+ 7,000
순인하액	− 3,500
당기순매출액	− 112,000
기말재고매가	= 101,500

(3) 원가율 = $\dfrac{\text{기초재고원가 ₩53,600 + 매입원가 ₩120,000}}{\text{기초재고매가 ₩70,000 + 매입매가 ₩140,000 + 순인상 ₩7,000}}$ = 80%

대표예제 17   재고자산 이론 ★

재고자산에 관한 설명으로 옳은 것은?

① 후속 생산단계에 투입하기 전 보관이 필요한 경우의 보관원가는 재고자산의 취득원가에 포함한다.

② 재고자산 평가손실의 환입은 환입이 발생한 기간의 수익으로 인식한다.

③ 재고자산의 지역별 위치나 과세방식이 다르면 동일한 재고자산에 다른 단위원가 결정방법을 적용하는 것이 정당화될 수 있다.

④ 완성될 제품이 원가 이상으로 판매될 것이 예상되는 경우에는 해당 공정에 투입될 원재료를 감액한다.

⑤ 표준원가법이나 소매재고법 등의 원가측정방법은 그러한 방법으로 평가한 결과가 실제 원가와 유사한 경우에는 사용할 수 없다.

해설 | 후속 생산단계에 투입하기 전 보관이 필요한 경우의 보관원가는 재고자산의 취득원가에 포함한다.

오답 체크 |
② 재고자산 평가손실의 환입은 환입이 발생한 기간의 비용으로 인식된 재고자산 금액의 차감액으로 인식한다.
③ 재고자산의 지역별 위치나 과세방식이 다르다는 이유만으로 동일한 재고자산에 다른 단위원가 결정방법을 적용하는 것은 정당화될 수 없다.
④ 완성될 제품이 원가 이상으로 판매될 것이 예상되는 경우에는 해당 공정에 투입될 원재료를 감액하지 아니한다.
⑤ 표준원가법이나 소매재고법 등의 원가측정방법은 그러한 방법으로 평가한 결과가 실제 원가와 유사한 경우에는 사용할 수 있다.

기본서 p.168~172   정답 ①

30   **재고자산의 취득원가에 포함하는 것은?**

① 재료원가, 노무원가 및 기타 제조원가 중 비정상적으로 낭비된 부분
② 후속 생산단계에 투입하기 전에 보관이 필요한 경우 이외의 보관원가
③ 적격자산에 해당하는 재고자산의 제조에 직접 관련된 차입원가
④ 취득과정에 직접 관련되어 있으며 과세당국으로부터 추후 환급받을 수 있는 제세금
⑤ 재고자산을 현재의 장소에 현재의 상태로 이르게 하는 데 기여하지 않은 관리간접원가

31 재고자산에 대한 설명으로 옳지 않은 것은?

① 원재료의 현행대체원가는 순실현가능가치에 대한 최선의 이용 가능한 측정치가 될 수
있다.

② 재고자산을 순실현가능가치로 감액하는 저가법은 항목별 기준으로 적용한다.

③ 완성될 제품이 원가 이상으로 판매될 것으로 예상되는 경우에는 그 생산에 투입하기
위해 보유하는 원재료 및 기타 소모품을 감액하지 아니한다.

④ 순실현가능가치란 정상적인 영업과정의 예상판매가격에서 예상되는 추가완성원가와
판매비용을 차감하여 계산한다.

⑤ 재고자산의 지역별 위치나 과세방식이 다르면 동일한 재고자산에 다른 단위원가 결정
방법을 적용할 수 있다.

32 재고자산에 관한 설명으로 옳지 않은 것은?

① 후속 생산단계에 투입하기 전 보관이 필요한 경우의 보관원가는 재고자산의 취득원가
에 포함한다.

② 통상적으로 상호교환 가능한 대량의 재고자산 항목에 개별법을 적용하는 것은 적절하
지 아니하다.

③ 재고자산의 지역별 위치 차이로 인해 동일한 재고자산에 다른 단위원가 결정방법을
적용하는 것은 정당화될 수 없다.

④ 완성될 제품이 원가 이상으로 판매될 것이 예상되는 경우에는 해당 공정에 투입될 원
재료를 감액하지 아니한다.

⑤ 표준원가법이나 소매재고법 등의 원가측정방법은 그러한 방법으로 평가한 결과가 실
제 원가와 유사한 경우에는 사용할 수 없다.

정답 및 해설

30 ③ 적격자산에 해당하는 재고자산의 제조에 직접 관련된 차입원가는 <u>재고자산의 취득원가에 포함</u>한다.

31 ⑤ 재고자산의 지역별 위치나 과세방식이 다르다는 이유만으로 동일한 재고자산에 다른 단위원가 결정방법을
적용하는 것은 <u>정당화될 수 없다</u>.

32 ⑤ 표준원가법이나 소매재고법 등의 원가측정방법은 그러한 방법으로 평가한 결과가 실제 원가와 유사한 경우
에는 <u>사용할 수 있다</u>.

33 재고자산에 관한 설명으로 옳지 않은 것은?

① 재료원가, 노무원가 및 기타 제조원가 중 비정상적으로 낭비된 부분은 재고자산의 취득원가에 포함시키지 않고 발생기간의 비용으로 인식한다.

② 제작기간이 단기간인 재고자산은 차입원가를 자본화 할 수 있는 적격자산에 해당하지 아니한다.

③ 매입거래처로부터 매입수량이나 매입금액의 일정률만큼 리베이트를 수령할 경우 이를 수익으로 인식하지 않고 재고자산 매입원가에서 차감한다.

④ 기말재고자산은 취득원가와 순실현가능가치 중 낮은 금액으로 측정한다.

⑤ 완성하거나 판매하는 데 필요한 원가가 하락한 경우에는 재고자산의 원가를 회수하기 어려울 수 있다.

34 재고자산에 대한 설명으로 옳지 않은 것은?

① 재고자산은 정상적인 영업과정에서 판매를 위하여 보유하거나 생산과정에 있는 자산 및 생산이나 용역제공에 사용될 원재료나 소모품의 형태로 존재하는 자산을 말한다.

② 재고자산의 취득원가는 매입원가, 전환원가 및 재고자산을 현재의 장소에 현재의 상태로 이르게 하는 데 발생한 모든 원가를 포함한다.

③ 재고자산의 매입원가는 매입가격에 수입관세와 제세금, 매입운임, 하역료, 그리고 완제품, 원재료 및 용역의 취득과정에 직접 관련된 기타 원가를 가산한 금액이다.

④ 개별법이 적용되지 않는 재고자산의 단위원가는 선입선출법, 후입선출법 및 가중평균법을 사용하여 결정한다.

⑤ 재고자산은 취득원가와 순실현가능가치 중 낮은 금액으로 측정한다.

35 재고자산에 대한 설명으로 옳지 않은 것은?

① 표준원가법이나 소매재고법 등의 원가측정방법은 그러한 방법으로 평가한 결과가 실제 원가와 유사한 경우에 편의상 사용할 수 있다.

② 통상적으로 상호 교환될 수 없는 재고자산 항목의 원가와 특정 프로젝트별로 생산되고 분리되는 재화 또는 용역의 원가는 개별법을 사용하여 결정한다.

③ 재고자산의 지역별 위치나 과세방식이 다르다는 이유만으로 동일한 재고자산에 다른 단위원가 결정방법을 적용하는 것이 정당화될 수는 없다.

④ 재고자산은 취득원가와 순실현가능가치 중 낮은 금액으로 측정한다.

⑤ 재고자산 평가손실의 환입은 환입이 발생한 기간에 수익으로 인식한다.

36 재고자산 회계처리에 관한 설명으로 옳지 않은 것은?

① 완성될 제품이 원가 이상으로 판매될 것으로 예상되는 경우에는 그 생산에 투입하기 위해 보유하는 원재료 및 기타 소모품을 감액한다.

② 생물자산에서 수확한 농림어업 수확물로 구성된 재고자산은 공정가치에서 처분부대원가를 뺀 금액으로 수확시점에 최초 인식한다.

③ 재고자산을 현재의 장소에 현재의 상태로 이르게 하는 데 기여하지 않은 관리간접원가는 재고자산의 취득원가에 포함할 수 없다.

④ 매입할인이나 매입금액에 대해 수령한 리베이트는 매입원가에서 차감한다.

⑤ 개별법이 적용되지 않는 재고자산의 단위원가는 선입선출법이나 가중평균법을 사용하여 결정한다.

정답 및 해설

33 ⑤ 완성하거나 판매하는 데 필요한 <u>원가가 상승한 경우</u>에는 재고자산의 원가를 회수하기 어려울 수 있다.

34 ④ 재고자산 단위원가 결정방법으로 <u>후입선출법은 인정되지 않는다.</u>

35 ⑤ 재고자산 평가손실의 환입은 환입이 발생한 기간의 <u>비용으로 인식된 재고자산 금액의 차감액으로 인식한다.</u>

36 ① 완성될 제품이 원가 이상으로 판매될 것으로 예상되는 경우에는 그 생산에 투입하기 위해 보유하는 원재료 및 기타 소모품을 <u>감액하지 아니한다.</u>

제5장 유형자산

(주)한국은 (주)대한과 다음과 같은 기계장치를 상호 교환하였다.

구분	(주)한국	(주)대한
취득원가	₩800,000	₩600,000
감가상각누계액	₩340,000	₩100,000
공정가치	₩450,000	?

교환과정에서 (주)한국은 (주)대한에게 현금을 지급하고, 기계장치 취득원가 ₩470,000, 처분손실 ₩10,000을 인식하였다. 교환과정에서 (주)한국이 지급한 현금은? (단, 교환거래에 상업적 실질이 있고 각 기계장치의 공정가치는 신뢰성 있게 측정된다)

① ₩10,000

② ₩20,000

③ ₩30,000

④ ₩40,000

⑤ ₩50,000

해설 | 취득원가 ₩470,000 = 제공자산 공정가치 ₩450,000 + 현금지급액(?)
      ∴ 현금지급액 = ₩20,000

보충 | 유형자산의 취득

일괄구입	총원가를 공정가치 비율로 개별자산에 안분		
건물 철거 후 신축	구분	건물 장부금액	철거비
	토지와 건물을 일괄구입 후 철거	–	토지의 취득원가에 포함 ※ 부산물 판매수입은 차감
	사용 중인 건물 철거	비용(처분손실) 처리	비용(처분손실) 처리 ※ 부산물 판매수입은 차감
채권 강제매입	국·공채의 매입가액과 공정가치(현재가치)의 차액을 유형자산의 원가에 포함		
자가건설	일반적으로 자가건설한 유형자산의 원가는 판매목적으로 건설하는 재고자산의 원가와 동일(= 직접재료원가 + 직접노무원가 + 제조간접원가)		
장기후불 조건	① 인식시점의 현금가격상당액으로 측정 ② 대금지급이 일반적인 신용기간을 초과하여 이연되는 경우 현금가격상당액(현재가치)과 실제 총지급액과의 차액은 자본화하지 않는 한 신용기간에 걸쳐 이자로 인식		
증여	공정가치		

현물출자	공정가치
교환	① 상업적 실질이 있고 공정가치를 신뢰성 있게 측정할 수 있는 경우: 공정가치 ② 상업적 실질이 없거나 공정가치를 신뢰성 있게 측정할 수 없는 경우: 장부금액
정부보조금	정부보조를 받아 취득한 유형자산의 장부금액은 정부보조금만큼 차감될 수 있다(자산 차감법).

기본서 p.197~212   정답 ②

01 토지의 취득원가에 포함해야 할 항목을 모두 고른 것은?

> ㉠ 토지 중개수수료 및 취득세
> ㉡ 직전 소유자의 체납재산세를 대납한 경우 재산세
> ㉢ 회사가 유지·관리하는 상하수도 공사비
> ㉣ 내용연수가 영구적이지 않은 배수공사비용 및 조경공사비용
> ㉤ 토지의 개발이익에 대한 개발부담금

① ㉠, ㉡, ㉢   ② ㉠, ㉡, ㉤
③ ㉠, ㉢, ㉣   ④ ㉠, ㉢, ㉤
⑤ ㉡, ㉣, ㉤

정답 및 해설

01 ②   ㉠ 토지 중개수수료 및 취득세: 토지 취득원가 포함
     ㉡ 직전 소유자의 체납재산세를 대납한 경우 재산세: 토지 취득원가 포함
     ㉢ 회사가 유지·관리하는 상하수도 공사비: 별도 유형자산(구축물)
     ㉣ 내용연수가 영구적이지 않은 배수공사비용 및 조경공사비용: 별도 유형자산(구축물)
     ㉤ 토지의 개발이익에 대한 개발부담금: 토지 취득원가 포함

02 (주)한국은 공장에 설치할 기계장치를 ₩1,000,000에 구입하였다. 이 기계장치와 관련하여 다음과 같은 지출이 있었다.

• 설치장소 준비원가	₩10,000
• 최초 운송 및 취급 관련 원가	₩20,000
• 설치원가 및 조립원가	₩30,000
• 정상적으로 작동되는지 시험과정에서 발생하는 원가	₩40,000
• 전문가에게 지급한 수수료	₩10,000
• 기계장치 초기가동손실	₩20,000

한편, 시험과정에서 생산된 재화의 순매각금액이 ₩10,000일 때, 기계장치의 취득원가는?

① ₩980,000

② ₩990,000

③ ₩1,000,000

④ ₩1,110,000

⑤ ₩1,200,000

03 다음은 (주)한국의 기계장치 관련 자료이다. 기계장치의 취득원가는?

• 구입가격	₩500,000
• 매입할인	₩10,000
• 기계장치의 매입과 직접적으로 관련되어 발생한 종업원급여	₩50,000
• 운반비	₩20,000
• 설치 및 조립원가	₩50,000
• 시운전비	₩30,000
• 기계장비의 시험과정에서 생산된 시제품의 순매각금액	₩10,000
• 시험과정에서 전문가에게 지급하는 수수료	₩50,000
• 설치 이후 일부 재배치하는 과정에서 발생한 원가	₩10,000

① ₩650,000

② ₩660,000

③ ₩670,000

④ ₩680,000

⑤ ₩690,000

04 (주)한국은 20×1년 초에 기계장치를 ₩100,000에 구입하고, 대금은 20×1년 말부터 매년 말 ₩20,000씩 지급하기로 하였다. 구입시점의 시장이자율은 10%이다. 이자율이 10%일 때 기간 5년의 ₩1의 현가는 0.6209이고, 연금 ₩1의 현가는 3.7908이다. 20×2년 이자비용은? (단, 계산시 소수점 첫째자리에서 반올림한다)

① ₩4,874   ② ₩6,340

③ ₩7,582   ④ ₩9,091

⑤ ₩10,000

정답 및 해설

02 ④

구입가격		1,000,000
설치장소 준비원가	+	10,000
최초 운송 및 취급 관련 원가	+	20,000
설치원가 및 조립원가	+	30,000
정상적으로 작동되는지 시험과정에서 발생하는 원가	+	40,000
전문가에게 지급한 수수료	+	10,000
기계장치 취득원가	=	1,110,000

03 ⑤

구입가격		500,000
매입할인	−	10,000
기계장치의 매입과 직접적으로 관련되어 발생한 종업원급여	+	50,000
운반비	+	20,000
설치 및 조립원가	+	50,000
시운전비	+	30,000
시험과정에서 전문가에게 지급하는 수수료	+	50,000
기계장치 취득원가	=	690,000

04 ② 20×2년 이자비용 = (₩75,816* × 1.1 − ₩20,000) × 0.1 = ₩6,340
      * 20×1년 초 장기미지급금(현재가치) = ₩20,000 × 3.7908 = ₩75,816

05 20×1년 1월 1일 (주)한국은 기계장치를 ₩500,000을 지급하는 조건으로 구입하였다. 대금은 구입시점에 ₩200,000을 지급하고 잔액은 20×1년 말부터 3년에 걸쳐 매년 말일에 ₩100,000씩을 지급하기로 하였다. 기계장치의 취득원가와 20×1년 이자비용은? (단, 유효이자율은 연 10%를 적용하고, 기간 3년 10%의 정상연금 ₩1의 현재가치는 2.4868이다)

	취득원가	이자비용
①	₩200,000	₩24,868
②	₩248,680	₩24,868
③	₩248,680	₩44,868
④	₩448,680	₩24,868
⑤	₩448,680	₩44,868

06 (주)한국은 20×1년 초 유류저장시설물을 취득(취득원가 ₩1,200,000, 내용연수 5년, 잔존가치 ₩0, 정액법 상각)하였다. 동 시설물은 내용연수 종료시점에 원상복구 의무가 있고, 그 비용은 ₩200,000으로 추정된다. 이에 대하여 연 8% 할인율을 적용하며, 실제 복구비용은 ₩210,000이 발생하였다. 20×1년 초에 인식할 동 시설물의 취득원가는? [단, 동 시설물은 원가모형을 적용하고, 단일금액 ₩1의 현재가치는 0.6806(5기간, 8%)이다]

① ₩1,200,000 ② ₩1,210,000
③ ₩1,336,120 ④ ₩1,342,926
⑤ ₩1,357,250

07 20×1년 2월 1일 (주)한국은 공장부지로 ₩1,000,000을 주고 토지를 구입하였다. 그리고 그 토지에 있던 구건물을 철거하고 20×1년 12월 10일에 공장건물을 완성하였다. 이 기간 동안에 발생한 원가는 다음과 같다.

• 구입계약 및 소유권 조사비	₩20,000
• 구건물 철거비	₩50,000
• 토지 취득 관련 취득세	₩40,000
• 건설원가	₩500,000
• 건축기사 수수료	₩10,000

한편, 구건물의 철거로 인한 폐기물 처분수입이 ₩10,000이라면, 토지의 취득원가는?

① ₩1,050,000
② ₩1,080,000
③ ₩1,090,000
④ ₩1,100,000
⑤ ₩1,110,000

정답 및 해설

05 ④ (1) 취득원가 = ₩200,000 + (₩100,000 × 2.4868) = ₩448,680
(2) 이자비용 = 현재가치 ₩248,680 × 0.1 = ₩24,868

06 ③ 시설물 취득원가 = ₩1,200,000 + ₩136,120* = ₩1,336,120
* 복구비용 현재가치 = ₩200,000 × 0.6806 = ₩136,120

07 ④

구분	토지 취득원가		건물 취득원가	
구입가격		1,000,000		
구입계약 및 소유권 조사비	+	20,000		
구건물 철거비	+	50,000		
토지 취득 관련 취득세	+	40,000		
폐기물 처분수입	−	10,000		
건설원가				500,000
건축기사 수수료			+	10,000
계	=	1,100,000	=	510,000

08 (주)한국은 본사사옥을 신축하기 위하여 토지를 취득하였는데 이 토지에는 철거예정인 창고가 있었다. 다음 자료를 고려할 때, 토지의 취득원가는?

• 토지 구입대금	₩1,000,000
• 사옥 신축 개시 이전까지 토지 임대를 통한 수익	₩25,000
• 토지의 취득세 및 등기수수료	₩70,000
• 창고 철거비	₩10,000
• 창고 철거시 발생한 폐자재 처분 수입	₩5,000
• 본사사옥 설계비	₩30,000
• 본사사옥 공사대금	₩800,000

① ₩1,050,000　　　　② ₩1,065,000
③ ₩1,075,000　　　　④ ₩1,100,000
⑤ ₩1,105,000

09 (주)한국은 공장을 신축하기 위해 토지를 구입하였는데 이 토지에는 사용 불가능한 창고 건물이 있었다. 다음 자료를 기초로 계산한 토지의 취득원가는?

• 토지의 구입가격	₩500,000
• 토지 구입을 위한 중개수수료	₩20,000
• 토지의 취득세 및 등기비	₩30,000
• 신축 전 토지 일시임대에 따른 수익	₩50,000
• 창고건물 철거비용	₩50,000
• 창고건물 철거시 발생한 폐기물 처분수입	₩10,000
• 토지 정지비용	₩20,000
• 기초공사를 위한 굴착비용	₩50,000
• 상하수도 공사비(하수도 내용연수 영구적)	₩50,000

① ₩650,000　　　　② ₩660,000
③ ₩670,000　　　　④ ₩680,000
⑤ ₩690,000

정답 및 해설

08 ③

구분	토지 취득원가	건물 취득원가
토지 구입대금	1,000,000	
토지의 취득세 및 등기수수료	+ 70,000	
창고 철거비	+ 10,000	
창고 철거시 발생한 폐자재 처분 수입	- 5,000	
본사사옥 설계비		30,000
본사사옥 공사대금		+ 800,000
계	= 1,075,000	= 830,000

09 ②

구분	토지 취득원가	수익	건물 취득원가
토지의 구입가격	500,000		
토지 구입을 위한 중개수수료	+ 20,000		
신축 전 토지 일시임대에 따른 수익		+ 50,000	
토지의 취득세 및 등기비	+ 30,000		
창고건물 철거비용	+ 50,000		
창고건물 철거시 발생한 폐기물 처분수입	- 10,000		
토지 정지비용	+ 20,000		
기초공사를 위한 굴착비용			+ 50,000
상하수도 공사비(상하수도 내용연수 영구적)	+ 50,000		
계	= 660,000	= 50,000	= 50,000

10 20×1년 초에 (주)한국은 공장부지로 ₩1,000,000을 주고 토지를 구입하였다. 그리고 그 토지에 있던 구건물을 철거하고 20×1년 12월에 공장건물을 완성하였다. 이 기간 동안에 발생한 원가는 다음과 같다. 한편, 구건물의 철거로 인한 폐기물 처분수입이 ₩10,000이라면 토지의 취득원가는?

• 구입계약 및 소유권 조사비	₩20,000
• 구건물 철거비	₩50,000
• 토지 취득 관련 취득세	₩40,000
• 신축 개시 이전까지 임시주차장 사업수익	₩50,000
• 토지 구획정리비용	₩30,000
• 영구적으로 사용 가능한 하수도 공사비	₩20,000
• 토지 정지비	₩10,000
• 기초공사 굴착비	₩40,000
• 건축기사 수수료	₩10,000

① ₩1,100,000
② ₩1,120,000
③ ₩1,140,000
④ ₩1,160,000
⑤ ₩1,180,000

11 (주)한국은 보유하고 있던 기계장치 A(장부금액 ₩40,000, 공정가치 ₩30,000)를 (주)대한의 기계장치 B(장부금액 ₩60,000, 공정가치 ₩50,000)와 교환하고 추가로 현금 ₩20,000을 지급하였다. 동 교환거래가 (가) 상업적 실질이 결여된 경우와 (나) 상업적 실질이 있는 경우에 (주)한국이 교환으로 취득한 기계장치 B의 취득원가는? (단, 기계장치 A의 공정가치가 기계장치 B의 공정가치보다 더 명백하다)

	(가)	(나)
①	₩30,000	₩40,000
②	₩40,000	₩30,000
③	₩40,000	₩50,000
④	₩60,000	₩30,000
⑤	₩60,000	₩50,000

12 (주)한국은 소유하고 있던 유형자산을 (주)대한이 소유하고 있는 유형자산과 교환하였다. 두 회사가 소유하고 있는 유형자산의 장부금액과 공정가치는 다음과 같다. 한편, 이 교환과 관련하여 (주)한국은 (주)대한으로부터 현금 ₩10,000을 추가로 수취하였다. 이 교환거래가 상업적 실질이 있는 경우 (주)한국과 (주)대한이 인식할 유형자산의 취득원가는 각각 얼마인가?

구분	(주)한국	(주)대한
취득원가	₩200,000	₩300,000
감가상각누계액	₩150,000	₩200,000
공정가치	알 수 없음	₩110,000

	(주)한국 취득원가	(주)대한 취득원가
①	₩110,000	₩120,000
②	₩110,000	₩110,000
③	₩120,000	₩100,000
④	₩120,000	₩110,000
⑤	₩100,000	₩100,000

정답 및 해설

10 ④

구분	토지 취득원가	수익	건물 취득원가
구입가격	1,000,000		
구입계약 및 소유권 조사비	+ 20,000		
구건물 철거비	+ 50,000		
토지 취득 관련 취득세	+ 40,000		
신축 개시 이전까지 임시주차장 사업수익		+ 50,000	
토지 구획정리비용	+ 30,000		
영구적으로 사용 가능한 하수도 공사비	+ 20,000		
토지 정지비	+ 10,000		
구건물의 철거로 인한 폐기물 처분수입	− 10,000		
기초공사 굴착비			+ 40,000
건축기사 수수료			+ 10,000
계	= 1,160,000	= 50,000	= 50,000

11 ⑤

(가) 상업적 실질이 결여된 경우	취득원가 = 제공자산 장부금액 ₩40,000 + 현금지급액 ₩20,000 = ₩60,000
(나) 상업적 실질이 있는 경우	취득원가 = 제공자산 공정가치 ₩30,000 + 현금지급액 ₩20,000 = ₩50,000

12 ①
  (1) (주)한국 취득원가 = 취득자산 공정가치 ₩110,000
  (2) (주)대한 취득원가 = 제공자산 공정가치 ₩110,000 + 현금지급액 ₩10,000 = ₩120,000

13 (주)한국은 20×1년 초에 사용하던 기계장치 A(취득원가 ₩9,000, 감가상각누계액 ₩3,500)와 현금 ₩1,500을 제공하고 (주)대한의 기계장치 B와 교환하였다. 교환 당시 기계장치 B의 공정가치는 ₩8,000이지만, 기계장치 A의 공정가치를 신뢰성 있게 측정할 수 없었다. 동 교환거래가 상업적 실질이 있는 경우(가)와 상업적 실질이 결여된 경우(나) 각각에 대해 (주)한국이 측정할 기계장치 B의 인식시점 원가는?

	(가)	(나)
①	₩7,000	₩5,500
②	₩7,000	₩8,000
③	₩8,000	₩7,000
④	₩8,000	₩9,500
⑤	₩9,500	₩7,000

14 (주)한국은 (주)대한과 다음과 같은 기계장치를 상호 교환하였다.

구분	(주)한국	(주)대한
취득원가	₩800,000	₩600,000
감가상각누계액	₩340,000	₩100,000
공정가치	?	₩470,000

교환과정에서 (주)한국은 (주)대한에게 현금 ₩20,000을 지급하였다. 교환과정에서 (주)한국이 인식한 기계장치의 처분손익은? (단, 교환거래에 상업적 실질이 있고 각 기계장치의 공정가치는 신뢰성 있게 측정된다)

① 이익 ₩10,000 ② 손실 ₩10,000
③ 이익 ₩20,000 ④ 손실 ₩20,000
⑤ 이익 ₩30,000

15 (주)한국은 20×1년 초 지방자치단체로부터 보조금 ₩26,500을 받아 기계장치(취득원가 ₩100,000, 내용연수 4년, 잔존가치 ₩0, 정액법 상각)를 취득하는 데 전부 사용하였다. 20×1년 말 기계장치 장부금액은? [단, (주)한국은 정부보조금을 자산의 취득원가에서 차감하는 원가(자산)차감법을 사용한다]

① ₩48,500   ② ₩54,380

③ ₩55,125   ④ ₩75,000

⑤ ₩81,625

정답 및 해설

13 ③

(가) 상업적 실질이 있는 경우	취득원가 = 취득자산 공정가치 ₩8,000
(나) 상업적 실질이 결여된 경우	취득원가 = 제공자산 장부금액 ₩5,500* + 현금지급액 ₩1,500 = ₩7,000 * 제공자산 장부금액 = 취득원가 ₩9,000 - 감가상각누계액 ₩3,500 = ₩5,500

14 ②
(1) 기계장치 처분손실 = 제공자산 공정가치 ₩450,000 - 제공자산 장부금액 ₩460,000
               = ₩10,000 손실
(2) 제공자산 공정가치 = 취득자산 공정가치 ₩470,000 - 현금지급액 ₩20,000 = ₩450,000
(3) 제공자산 장부금액 = 취득원가 ₩800,000 - 감가상각누계액 ₩340,000 = ₩460,000

15 ③
(1) 20×1년 말 기계장치 장부금액 = 회사부담액 ₩73,500 × 3/4 = ₩55,125
(2) 회사부담액 = 취득원가 ₩100,000 - 정부보조금 ₩26,500 = ₩73,500

감가상각 ★★

(주)한국은 20×1년 1월 1일 기계를 ₩1,000,000에 구입하였다. 내용연수는 5년, 잔존가치는 기계구입가격의 10%로 추정하며 감가상각방법은 이중체감법이다. 20×2년 7월 1일에 이 기계를 ₩500,000에 처분하였다. 20×2년 당기순이익에 미치는 영향은?

① 증가 ₩100,000

② 감소 ₩100,000

③ 증가 ₩120,000

④ 감소 ₩120,000

⑤ 증가 ₩150,000

해설 |

손익항목	당기순이익 영향
20×2년 감가상각비 = ₩1,000,000 × (1 − 0.4) × 0.4 × 6/12 = ₩120,000	₩120,000 감소
20×2년 처분이익 = 처분금액 ₩500,000 − 직전 장부금액 ₩480,000* = ₩20,000	₩20,000 증가
계	₩100,000 감소

* 직전 장부금액 = ₩1,000,000 × (1 − 0.4) × (1 − 0.2) = ₩480,000

보충 | 감가상각방법

정액법		감가상각비 = (취득원가 − 잔존가치) × $\dfrac{1}{\text{내용연수}}$
체감잔액법	연수합계법	감가상각비 = (취득원가 − 잔존가치) × $\dfrac{\text{내용연수 역순}}{\text{내용연수 합계}^*}$ * 내용연수 합계 = $\dfrac{\text{내용연수} × (\text{내용연수} + 1)}{2}$
	정률법	감가상각비 = (취득원가 − 감가상각누계액) × 정률
	이중체감법	감가상각비 = (취득원가 − 감가상각누계액) × 이중체감률* * 이중체감률 = $\dfrac{1}{\text{내용연수}} × 2$
생산량비례법		감가상각비 = (취득원가 − 잔존가치) × $\dfrac{\text{실제생산량}}{\text{추정총생산량}}$

기본서 p.215~222

정답 ②

16 (주)한국은 20×1년 7월 1일 토지와 건물을 ₩2,000,000에 일괄 취득하였으며, 취득 당시 토지의 공정가치는 ₩1,000,000, 건물의 공정가치는 ₩1,500,000이었다. 건물의 경우 원가모형을 적용하며, 정액법(내용연수 3년, 잔존가치 ₩0)으로 상각한다. 건물에 대해 20×2년에 인식할 감가상각비는?

① ₩200,000

② ₩300,000

③ ₩400,000

④ ₩525,000

⑤ ₩550,000

17 20×1년 7월 1일에 (주)한국은 제조활동에 사용하기 위해 ₩120,000에 기계를 구입하였다. 이 기계의 내용연수는 5년, 잔존가치는 ₩12,000으로 추정되었다. 20×2년도의 연수합계법에 의한 감가상각비는?

① ₩17,500
② ₩21,600
③ ₩28,800
④ ₩30,200
⑤ ₩32,400

18 (주)한국은 20×1년 1월 1일 기계장치를 ₩4,500,000에 구입하였으며, 설치 및 시험가동 등으로 ₩500,000을 지출하였다. 이로 인해 기계장치는 20×1년 7월 1일부터 사용 가능하게 되었다. 동 기계장치의 내용연수는 5년, 잔존가치는 ₩500,000으로 추정되며, 연수합계법으로 감가상각을 한다. (주)한국의 20×2년 말 동 기계장치의 장부금액은?

① ₩2,000,000
② ₩2,100,000
③ ₩2,400,000
④ ₩2,600,000
⑤ ₩2,900,000

정답 및 해설

16 ① (1) 건물 20×2년 감가상각비 = (취득원가 ₩1,200,000 − ₩0) × 1/3 × 6/12 = ₩200,000
(2) 건물 취득원가 = ₩2,000,000 × (₩1,500,000 / ₩2,500,000) = ₩1,200,000

17 ⑤ 20×2년 감가상각비 = (₩120,000 − ₩12,000) × (4.5*/15) = ₩32,400
* 20×2년 연수 = (5 × 6/12) + (4 × 6/12) = 4.5

18 ⑤ 20×2년 말 장부금액 = (₩5,000,000 − ₩500,000) × 8*/15 + ₩500,000 = ₩2,900,000
* 잔여내용연수합계 = (4 × 6/12) + 3 + 2 + 1 = 8

19 (주)한국은 20×1년 1월 1일 ₩1,000,000에 취득한 건물(내용연수 5년, 잔존가치 ₩100,000)에 대하여 정률법(정률은 0.369)으로 감가상각을 하고 있다. 20×2년도 감가상각비와 20×2년 말 건물의 장부금액은 각각 얼마인가?

	20×2년 감가상각비	20×2년 말 장부금액
①	₩232,839	₩398,161
②	₩332,839	₩398,161
③	₩232,839	₩498,161
④	₩332,839	₩498,161
⑤	₩369,000	₩631,000

20 (주)한국은 20×1년 1월 1일 ₩1,100,000에 취득한 건물(내용연수 5년, 잔존가치 ₩100,000)에 대하여 이중체감법으로 감가상각을 하고 있다. 20×2년도 감가상각비는?

① ₩220,000　　　　　　② ₩236,000
③ ₩242,000　　　　　　④ ₩264,000
⑤ ₩286,000

21 (주)한국은 20×1년 1월 1일 기계장치를 ₩1,500,000에 구입하였으며, 설치 및 시험 가동 등으로 ₩500,000을 지출하였다. 이로 인해 기계장치는 20×1년 7월 1일부터 사용 가능하게 되었다. 동 기계장치의 내용연수는 5년, 잔존가치는 ₩200,000으로 추정되며, 이중체감법으로 감가상각을 한다. (주)한국의 20×2년도 감가상각비는?

① ₩540,000　　　　　　② ₩550,000
③ ₩570,000　　　　　　④ ₩640,000
⑤ ₩690,000

대표예제 20 \ 손상과 회복 ★

(주)한국은 20×1년 초 기계장치(취득원가 ₩3,600, 잔존가치 ₩0, 내용연수 5년, 정액법 상각)를 취득하고 원가모형을 적용하였다. 20×1년 말 동 기계장치에 손상 징후를 검토한 결과, 사용가치와 순공정가치가 각각 ₩1,500, ₩1,600으로 추정되어 손상차손을 인식하였다. 20×1년도 손상차손은?

① ₩720
② ₩960
③ ₩1,000
④ ₩1,280
⑤ ₩1,600

해설 | (1) 20×1년 손상차손 = 손상 직전 장부금액 ₩2,880 − 회수가능액 ₩1,600 = ₩1,280
　　　(2) 손상 직전 장부금액 = ₩3,600 × 4/5 = ₩2,880
　　　(3) 회수가능액 = Max[① 순공정가치 ₩1,600, ② 사용가치 ₩1,500] = ₩1,600

보충 | 손상차손

손상차손	매 보고기간 말마다 유형자산의 손상을 시사하는 징후가 있는지를 검토하고, 해당 자산의 회수가능액이 장부금액에 미달하는 경우 자산의 장부금액을 회수가능액으로 감소시킨다.	
계산	손상차손 = 직전 장부금액 − 회수가능액* * 회수가능액 = Max[① 순공정가치, ② 사용가치]	
	① 순공정가치	공정가치 − 처분부대원가
	② 사용가치	자산에서 창출될 것으로 기대되는 미래현금흐름의 현재가치
회계처리	(차) 유형자산손상차손　　　　×××　　(대) 유형자산손상차손누계액　　××× 　　　(당기손익)　　　　　　　　　　　　　(자산 차감계정)	

기본서 p.223~224

정답 ④

정답 및 해설

19 ① (1) 20×2년도 감가상각비 = ₩1,000,000 × (1 − 0.369) × 0.369 = ₩232,839
　　　(2) 20×2년 말 장부금액 = ₩1,000,000 × (1 − 0.369) × (1 − 0.369) = ₩398,161

20 ④ 20×2년도 감가상각비 = ₩1,100,000 × (1 − 0.4) × 0.4 = ₩264,000

21 ④ 20×2년도 감가상각비 = ₩2,000,000 × (1 − 0.2*¹) × 0.4*² = ₩640,000
　　　*¹ 1/5 × 2 × 6/12 = 0.2
　　　*² 이중체감률 = 1/5 × 2 = 0.4

---

22 (주)한국은 20×1년 초 기계장치(취득원가 ₩3,600, 잔존가치 ₩0, 내용연수 5년, 정액법 상각)를 취득하고 원가모형을 적용하였다. 20×1년 말 동 기계장치에 손상 징후를 검토한 결과, 사용가치와 순공정가치가 각각 ₩1,500, ₩1,600으로 추정되어 손상차손을 인식하였으며, 20×2년 말 회수가능액이 ₩2,200으로 회복되었다. 동 자산에 대한 20×2년도 손상차손환입액은?

① ₩720
② ₩960
③ ₩1,000
④ ₩1,280
⑤ ₩1,600

23 (주)한국은 20×1년 초 기계장치(취득원가 ₩3,600, 잔존가치 ₩0, 내용연수 5년, 정액법 상각)를 취득하고 원가모형을 적용하였다. 20×1년 말 동 기계장치에 손상 징후를 검토한 결과, 사용가치와 순공정가치가 각각 ₩1,500, ₩1,600으로 추정되어 손상차손을 인식하였으며, 20×2년 말 회수가능액이 ₩2,200으로 회복되었다. 동 자산 관련 20×2년도 당기순이익에 미치는 영향은?

① 증가 ₩560
② 감소 ₩560
③ 증가 ₩960
④ 감소 ₩960
⑤ 영향 없음

24 (주)한국은 20×1년 초 기계장치(취득원가 ₩150,000, 내용연수 5년, 잔존가치 없음, 정액법 적용)를 취득하였다. (주)한국은 기계장치에 대하여 원가모형을 적용하고 있다. 20×1년 말 기계장치의 순공정가치는 ₩80,000이고 사용가치는 ₩70,000이다. 20×2년 말 기계장치의 회수가능액은 ₩100,000이다. (주)한국이 20×2년 말 기계장치와 관련하여 인식해야 할 손상차손환입은?

① ₩10,000
② ₩20,000
③ ₩30,000
④ ₩40,000
⑤ ₩50,000

25 (주)한국은 20×1년 초 기계장치(취득원가 ₩1,600,000, 내용연수 4년, 잔존가치 ₩0, 정액법 상각)를 취득하였다. (주)한국은 기계장치에 대해 원가모형을 적용한다. 20×1년 말 동 기계장치에 손상 징후가 존재하여 회수가능액을 결정하기 위해 다음과 같은 정보를 수집하였다.

> • 20×1년 말 현재 기계장치를 처분할 경우, 처분금액은 ₩760,000이며 처분 관련 부대원가는 ₩70,000이 발생할 것으로 추정된다.
> • (주)한국이 동 기계장치를 계속하여 사용하고 처분할 경우 순현금흐름의 현재가치는 ₩700,000이다.

(주)한국이 20×1년 유형자산(기계장치) 손상차손으로 인식할 금액은? (단, 계산 금액은 소수점 첫째자리에서 반올림하며, 단수차이로 인한 오차가 있으면 가장 근사치를 선택한다)

① ₩390,000
② ₩400,000
③ ₩410,000
④ ₩500,000
⑤ ₩510,000

정답 및 해설

22 ② (1) 20×2년 손상차손환입액 = ₩2,160* − 환입 직전 장부금액 ₩1,200 = ₩960
    * Min[① 한도 = ₩2,880 × 3/4 = ₩2,160, ② 회복 회수가능액 ₩2,200] = ₩2,160
  (2) 환입 직전 장부금액 = ₩1,600 × 3/4 = ₩1,200

23 ①

손익항목	당기순이익 영향
20×2년 감가상각비 = ₩1,600 × 1/4 = ₩400	₩400 감소
20×2년 손상차손환입액 = ₩2,160*1 − 환입 직전 장부금액 ₩1,200*2 = ₩960 *1 Min[① 한도 = ₩2,880 × 3/4 = ₩2,160, ② 회복 회수가능액 ₩2,200] = ₩2,160 *2 환입 직전 장부금액 = ₩1,600 × 3/4 = ₩1,200	₩960 증가
계	₩560 증가

24 ③ (1) 20×2년 손상차손환입액 = ₩90,000* − 환입 직전 장부금액 ₩60,000 = ₩30,000
    * Min[① 한도 = ₩150,000 × 3/5 = ₩90,000, ② 회복 회수가능액 ₩100,000] = ₩90,000
  (2) 환입 직전 장부금액 = ₩80,000 × 3/4 = ₩60,000

25 ④ (1) 20×1년 손상차손 = 손상 직전 장부금액 ₩1,200,000 − 회수가능액 ₩700,000 = ₩500,000
  (2) 손상 직전 장부금액 = ₩1,600,000 × 3/4 = ₩1,200,000
  (3) 회수가능액 = Max[① 순공정가치 ₩690,000*, ② 사용가치 ₩700,000] = ₩700,000
    * 순공정가치 = 처분금액 ₩760,000 − 처분 관련 부대비용 ₩70,000 = ₩690,000

26 (주)한국은 20×1년 초 기계장치(취득원가 ₩150,000, 내용연수 5년, 잔존가치 없음, 정액법 적용)를 취득하였다. (주)한국은 기계장치에 대하여 원가모형을 적용하고 있다. 20×1년 말 기계장치의 순공정가치는 ₩80,000이고 사용가치는 ₩70,000이다. 20×2년 말 기계장치의 회수가능액은 ₩85,000이다. (주)한국이 20×2년 말 기계장치와 관련하여 인식해야 할 손상차손환입은?

① ₩10,000
② ₩25,000
③ ₩30,000
④ ₩40,000
⑤ ₩50,000

대표예제 21 | **유형자산처분이익 ★★★**

(주)한국은 20×1년 5월 1일에 기계장치를 ₩200,000에 취득하였다. 이 기계장치는 20×1년 7월 1일부터 사용하기 시작하였고 정액법으로 감가상각한다. 기계장치의 내용연수는 5년이고 잔존가치는 취득원가의 10%이다. 20×3년 6월 30일에 ₩120,000에 처분하였을 때, 동 기계장치의 처분손익은? (단, 기계장치는 월할상각한다)

① 이익 ₩8,000
② 손실 ₩8,000
③ 이익 ₩10,000
④ 손실 ₩10,000
⑤ 이익 ₩11,000

해설 | (1) 20×3년 6월 30일 기계장치 처분손실 = 처분금액 ₩120,000 − 직전 장부금액 ₩128,000
= ₩8,000
(2) 직전 장부금액 = (₩200,000 − ₩20,000) × 3년*/5년 + ₩20,000 = ₩128,000
　* 미경과연수 = 내용연수 5년 − 경과연수 2년 = 3년

보충 | 처분손익 = 순매각금액*1 − 직전 장부금액*2
　*1 순매각금액 = 총매각금액 − 매각 관련 부대비용
　*2 직전 장부금액 = 취득원가 − 감가상각누계액

기본서 p.230~231

정답 ②

27 (주)한국은 20×1년 1월 1일에 기계장치를 ₩200,000에 취득하였고 연수합계법으로 감가상각한다. 기계장치의 내용연수는 5년이고 잔존가치는 ₩20,000이다. 20×3년 6월 30일에 ₩80,000에 처분하였을 때, 동 기계장치의 처분손익은? (단, 기계장치는 월할 상각한다)

① 이익 ₩6,000 ② 손실 ₩6,000

③ 이익 ₩10,000 ④ 손실 ₩10,000

⑤ 이익 ₩11,000

28 (주)한국은 20×1년 1월 1일 설비자산 ₩300,000을 취득하였다. 대금 중 ₩200,000은 정부로부터 보조를 받았고, 동 정부보조금을 자산차감법으로 회계처리하였다. 설비자산의 잔존가치를 ₩10,000으로 예상하였으며 5년간 정액법에 의하여 상각한다. (주)한국은 20×3년 12월 31일에 이 설비자산을 ₩100,000에 처분하였다. 20×3년도 설비자산 처분손익은?

① 이익 ₩14,000 ② 손실 ₩14,000

③ 이익 ₩54,000 ④ 손실 ₩54,000

⑤ 이익 ₩74,000

정답 및 해설

26 ② (1) 20×2년 손상차손환입액 = ₩85,000* − 환입 직전 장부금액 ₩60,000 = ₩25,000
  * Min[① 한도 = ₩150,000 × 3/5 = ₩90,000, ② 회복 회수가능액 ₩85,000] = ₩85,000
  (2) 환입 직전 장부금액 = ₩80,000 × 3/4 = ₩60,000

27 ① (1) 20×3년 6월 30일 기계장치 처분이익 = 처분금액 ₩80,000 − 직전 장부금액 ₩74,000 = ₩6,000
  (2) 직전 장부금액 = (₩200,000 − ₩20,000) × 4.5*/15 + ₩20,000 = ₩74,000
  * 잔여내용연수 합계 = (3 × 6/12) + 2 + 1 = 4.5

28 ③ (1) 설비자산 처분이익 = 처분금액 ₩100,000 − 장부금액 ₩46,000 = ₩54,000
  (2) 장부금액 = (회사부담액 ₩100,000 − ₩10,000) × 2/5 + ₩10,000 = ₩46,000
  (3) 회사부담액 = 취득원가 ₩300,000 − 정부보조금 ₩200,000 = ₩100,000

29 (주)한국은 보유 중인 유형자산을 (주)대한의 유형자산과 교환하면서 공정가치 차액에 해당하는 현금 ₩300,000을 지급하였다. 교환일 현재 보유 중인 유형자산의 취득원가는 ₩2,100,000, 감가상각누계액은 ₩500,000, 공정가치는 ₩1,700,000이다. (주)한국이 교환과정에서 인식할 유형자산처분손익은? (단, 동 교환거래는 상업적 실질이 있다고 가정한다)

① 손실 ₩100,000   ② 이익 ₩100,000

③ 손실 ₩200,000   ④ 이익 ₩200,000

⑤ ₩0

30 (주)한국은 20×1년 1월 1일 유형자산을 취득하였다(취득원가 ₩2,100,000, 잔존가치 ₩100,000, 내용연수 5년, 정액법 상각). 20×3년 1월 1일 (주)한국은 사용하고 있는 유형자산을 (주)대한의 유형자산과 교환하면서 현금 ₩1,500,000을 추가로 지급하였다. 교환 당시 (주)한국의 유형자산의 공정가치는 ₩1,325,450이며, 이 교환은 상업적 실질이 있다. (주)한국이 인식할 유형자산처분손익은?

① 처분손실 ₩25,450   ② 처분이익 ₩25,450

③ 처분손실 ₩45,450   ④ 처분이익 ₩45,450

⑤ 처분손실 ₩65,450

31 (주)한국은 20×1년 7월 1일에 기계설비(내용연수 5년, 잔존가치 ₩2,000)를 ₩20,000에 취득하면서 상환의무가 없는 정부보조금 ₩8,000을 받았다. 20×3년 12월 31일 해당 기계설비를 ₩10,000에 처분한 경우 유형자산처분이익은? (단, (주)한국은 해당 기계설비에 대하여 정액법을 사용하여 월할기준으로 감가상각하여, 정부보조금은 관련된 유형자산의 차감계정으로 표시하는 회계정책을 적용하고 있다)

① ₩2,000   ② ₩2,500

③ ₩3,000   ④ ₩3,500

⑤ ₩4,000

32 (주)한국은 소유하고 있던 유형자산을 (주)대한이 소유하고 있는 유형자산과 교환하였다. 두 회사가 소유하고 있는 유형자산의 장부금액과 공정가치는 다음과 같다. 한편, 이 교환과 관련하여 (주)한국은 (주)대한으로부터 현금 ₩100,000을 추가로 수취하였다. 이 교환거래가 상업적 실질이 있는 경우 (주)한국이 인식할 유형자산의 취득원가와 처분손익은 각각 얼마인가?

구분	(주)한국	(주)대한
취득원가	₩2,000,000	₩3,000,000
감가상각누계액	₩1,500,000	₩2,000,000
공정가치	₩700,000	알 수 없음

① 취득원가 ₩600,000, 처분이익 ₩200,000
② 취득원가 ₩700,000, 처분이익 ₩200,000
③ 취득원가 ₩600,000, 처분손실 ₩200,000
④ 취득원가 ₩700,000, 처분손실 ₩200,000
⑤ 취득원가 ₩800,000, 처분이익 ₩200,000

정답 및 해설

29 ② (1) 유형자산처분이익 = 제공자산 공정가치 ₩1,700,000 − 제공자산 장부금액 ₩1,600,000 = ₩100,000
(2) 제공자산 장부금액 = 취득원가 ₩2,100,000 − 감가상각누계액 ₩500,000 = ₩1,600,000

30 ② (1) 유형자산처분이익 = 제공자산 공정가치 ₩1,325,450 − 제공자산 장부금액 ₩1,300,000 = ₩25,450
(2) 제공자산 장부금액 = (₩2,100,000 − ₩100,000) × 3/5 + ₩100,000 = ₩1,300,000

31 ③ (1) 유형자산처분이익 = 처분금액 ₩10,000 − 장부금액 ₩7,000 = ₩3,000
(2) 장부금액 = (회사부담액 ₩12,000 − ₩2,000) × 2.5/5 + ₩2,000 = ₩7,000
(3) 회사부담액 = 취득원가 ₩20,000 − 정부보조금 ₩8,000 = ₩12,000

32 ① (1) 취득원가 = 제공자산 공정가치 ₩700,000 − 현금수취액 ₩100,000 = ₩600,000
(2) 처분이익 = 제공자산 공정가치 ₩700,000 − 제공자산 장부금액 ₩500,000* = ₩200,000
   * 제공자산 장부금액 = 취득원가 ₩2,000,000 − 감가상각누계액 ₩1,500,000 = ₩500,000

(주)한국은 20×1년 중에 토지를 ₩100,000에 취득하였으며, 매 보고기간마다 재평가모형을 적용하기로 하였다. 20×1년 말과 20×2년 말 현재 토지의 공정가치가 각각 ₩120,000과 ₩90,000이라고 할 때, 다음 설명 중 옳은 것은?

① 20×1년에 당기순이익이 ₩20,000 증가한다.

② 20×1년에 당기순이익이 ₩20,000 감소한다.

③ 20×2년에 당기순이익이 ₩10,000 감소한다.

④ 20×2년 말 현재 재평가잉여금 잔액은 ₩10,000이다.

⑤ 20×2년 말 재무상태표에 보고되는 토지 금액은 ₩100,000이다.

해설ㅣ 20×2년에 당기순이익이 ₩10,000 감소한다.

오답 ① 20×1년에 당기순이익이 ₩10,000 감소한다.
체크 ② 20×1년에 당기순이익은 영향이 없다.
④ 20×2년 말 현재 재평가잉여금 잔액은 ₩0이다.
⑤ 20×2년 말 재무상태표에 보고되는 토지 금액은 ₩90,000이다.

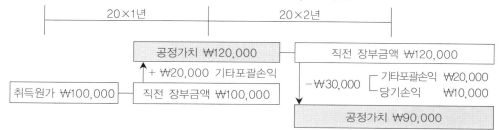

보충

재평가의 빈도	주기적으로 평가	
	공정가치의 변동이 유의적이고 급격한 경우	매년 재평가
	공정가치의 변동이 경미한 경우	매년 재평가 불필요
분류별 재평가	특정 유형자산을 재평가할 때, 해당 자산이 포함되는 유형자산 분류 전체를 재평가한다.	

기본서 p.226~230

정답 ③

33 (주)한국은 20×1년 토지를 ₩1,000에 취득한 후 매년 재평가모형을 적용하여 평가하고 있다. 20×1년 말과 20×2년 말 공정가치는 각각 ₩800과 ₩1,100이다. 다음 설명 중 옳지 <u>않은</u> 것은?

① 20×1년 당기순이익은 ₩200 감소한다.
② 20×1년 기타포괄손익은 영향이 없다.
③ 20×2년 당기순이익은 ₩200 증가한다.
④ 20×2년 총포괄이익은 ₩300 증가한다.
⑤ 20×2년 말 기타포괄손익누계액은 ₩200이다.

정답 및 해설

33 ⑤ 20×2년 말 기타포괄손익누계액은 ₩100이다.

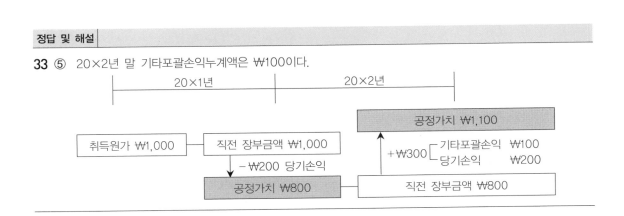

유형자산에 관한 설명으로 옳지 않은 것은?

① 감가상각은 자산의 감가상각대상금액을 그 자산의 내용연수 동안 체계적으로 배분하는 것을 말한다.

② 유형자산의 감가상각은 자산이 경영진이 의도하는 방식으로 자산을 가동하는 데 필요한 장소와 상태에 이른 때부터 시작한다.

③ 감가상각은 자산이 매각예정자산으로 분류되는 날과 자산이 제거되는 날 중 늦은 날에 중지한다.

④ 유형자산의 사용정도에 따라 감가상각을 하는 경우에는 생산활동이 이루어지지 않을 때 감가상각액을 인식하지 않을 수 있다.

⑤ 유형자산의 잔존가치가 장부금액보다 큰 금액으로 증가한다면 해당 자산에 대해서 감가상각액을 인식하지 않는다.

해설 | 감가상각은 자산이 매각예정자산으로 분류되는 날과 자산이 제거되는 날 중 이른 날에 중지한다.

기본서 p.221~222   정답 ③

34   **유형자산에 관한 설명으로 옳지 않은 것은?**

① 건설 시작 전에 건설용지를 주차장으로 사용함에 따라 획득한 수익은 건설원가에 포함하지 아니한다.

② 재평가는 보고기간 말 장부금액이 공정가치와 중요하게 차이가 나지 않도록 주기적으로 수행한다.

③ 유형자산에 내재된 미래경제적 효익이 다른 자산의 생산에 사용된다면 감가상각액은 해당 자산원가의 일부가 된다.

④ 항공기를 감가상각할 경우 동체와 엔진을 별도로 구분하여 감가상각하는 것이 적절할 수 있다.

⑤ 자산에 내재된 미래경제적 효익의 예상 소비형태가 유의적으로 달라졌다면 감가상각방법을 변경하고 회계정책 변경으로 처리한다.

35 유형자산의 감가상각에 관한 설명으로 옳은 것은?

① 감가상각은 자산이 매각예정자산으로 분류되는 날과 자산이 제거되는 날 중 늦은 날에 중지한다.

② 유형자산이 가동되지 않거나 유휴상태가 된 때에는 감가상각을 중단한다.

③ 감가상각방법은 자산의 공정가치 변동을 반영하여 결정한다.

④ 유형자산의 잔존가치가 장부금액을 초과하지 않는 한 감가상각액을 계속 인식한다.

⑤ 잔존가치·내용연수 및 감가상각방법을 매 회계연도 말에 재검토한 결과 그 변경은 회계정책의 변경으로 회계처리한다.

36 유형자산에 관한 설명으로 옳은 것은?

① 내용연수가 영구적인 배수공사비용 및 조경공사비용은 별도 구축물의 원가에 포함한다.

② 건설 시작 전에 건설용지를 주차장으로 사용함에 따라 획득한 수익은 건설원가에서 차감한다.

③ 유형자산의 사용정도에 따라 감가상각을 하는 경우에는 생산활동이 이루어지지 않을 때에도 감가상각액을 인식하여야 한다.

④ 유형자산의 잔존가치가 장부금액을 초과하면 감가상각액을 계속 인식한다.

⑤ 재평가는 보고기간 말 장부금액이 공정가치와 중요하게 차이가 나지 않도록 주기적으로 수행한다.

정답 및 해설

34 ⑤ 자산에 내재된 미래경제적 효익의 예상 소비형태가 유의적으로 달라졌다면 감가상각방법을 변경하고 회계추정 변경으로 처리한다.

35 ④ ① 감가상각은 자산이 매각예정자산으로 분류되는 날과 자산이 제거되는 날 중 이른 날에 중지한다.
② 유형자산이 가동되지 않거나 유휴상태가 된 때에도 감가상각을 중단하지 아니한다.
③ 감가상각방법은 자산의 미래경제적 효익이 소비되는 형태를 반영하여 결정한다.
⑤ 잔존가치·내용연수 및 감가상각방법을 매 회계연도 말에 재검토한 결과 그 변경은 회계추정의 변경으로 회계처리한다.

36 ⑤ ① 내용연수가 영구적인 배수공사비용 및 조경공사비용은 토지의 원가에 포함한다.
② 건설 시작 전에 건설용지를 주차장으로 사용함에 따라 획득한 수익은 건설원가에서 차감하지 아니한다.
③ 유형자산의 사용정도에 따라 감가상각을 하는 경우에는 생산활동이 이루어지지 않을 때 감가상각액을 인식하지 않을 수 있다.
④ 유형자산의 잔존가치가 장부금액을 초과하지 않는 한 감가상각액을 계속 인식한다.

제6장 무형자산

무형자산에 관한 설명으로 옳지 않은 것은?

① 내용연수가 비한정인 무형자산은 상각하지 아니한다.

② 내용연수가 유한한 무형자산의 상각대상 금액은 내용연수 동안 체계적인 방법으로 배분하여야 한다.

③ 무형자산의 종류로는 물리적 실체는 없지만 식별 가능한 비화폐성 자산의 사업결합으로 인해 발생하는 영업권이 있다.

④ 개별 취득하는 무형자산과 사업결합으로 취득하는 무형자산은 인식조건 중 미래경제적 효익의 유입가능성은 항상 충족되는 것으로 본다.

⑤ 최초에 비용으로 인식한 무형 항목에 대한 지출은 그 이후에 기업의 회계정책 변경의 경우에 한하여 무형자산의 원가로 인식할 수 있다.

해설 | 최초에 비용으로 인식한 무형 항목에 대한 지출은 그 이후에 무형자산의 원가로 인식할 수 없다.

보충 | 무형자산의 상각

내용연수	유한	① 내용연수가 유한한 무형자산은 상각한다. ② 내용연수는 경제적 요인에 의해 결정된 기간(경제적 내용연수)과 법적 요인에 의해 결정된 기간(법적 내용연수) 중 짧은 기간으로 한다. ③ 매 보고기간 말마다 무형자산의 손상을 시사하는 징후가 있는지를 검토한다.
	비한정	① 비한정내용연수: 관련된 모든 요소의 분석에 근거하여 그 자산이 순현금유입을 창출할 것으로 기대되는 기간에 대하여 예측 가능한 제한이 없을 경우 ② 내용연수가 비한정인 무형자산은 상각하지 아니한다. ③ 내용연수가 비한정인 무형자산은 매년 또는 손상을 시사하는 징후가 있는 때에는(자산손상을 시사하는 징후가 있는지에 관계없이 매년) 손상검사를 수행하여야 한다.
잔존가치		무형자산의 잔존가치는 원칙적으로 영(0)으로 본다.
상각방법		① 상각방법은 자산의 경제적 효익이 소비되는 형태를 반영한 방법이어야 한다. ② 상각방법에는 정액법, 체감잔액법 및 생산량비례법이 있다. ③ 경제적 효익이 소비되는 형태를 신뢰성 있게 결정할 수 없는 경우에는 정액법을 사용한다.

기본서 p.251~261

정답 ⑤

01 무형자산의 인식에 대한 설명으로 옳은 것은?

① 내부 프로젝트의 연구단계에 대한 지출은 자산의 요건을 충족하는지를 합리적으로 판단하여 무형자산으로 인식할 수 있다.
② 개발단계에서 발생한 지출은 모두 무형자산으로 인식한다.
③ 내부적으로 창출한 브랜드, 출판표제, 고객목록과 이와 실질이 유사한 항목은 무형자산으로 인식한다.
④ 내부적으로 창출한 영업권은 무형자산으로 인식한다.
⑤ 사업결합으로 취득하는 무형자산의 취득원가는 취득일의 공정가치로 인식한다.

02 무형자산에 대한 설명으로 옳은 것은?

① 무형자산이란 물리적 실체는 없지만 식별 가능한 화폐성 자산을 말한다.
② 내용연수가 한정인 무형자산은 상각하지 아니한다.
③ 무형자산의 상각방법의 변경은 회계정책의 변경으로 회계처리한다.
④ 내부 프로젝트의 개발단계에서 발생한 지출은 전액 무형자산으로 인식한다.
⑤ 내부 프로젝트의 연구단계에서 발생한 지출은 전액 무형자산으로 인식할 수 없고 발생시점에 비용으로 인식한다.

정답 및 해설

01 ⑤ ① 내부 프로젝트의 연구단계에 대한 지출은 <u>전액 비용으로 인식한다</u>.
② 개발단계에서 발생한 지출은 <u>자산 인식요건을 충족한 경우에</u> 한하여 무형자산으로 인식한다.
③ 내부적으로 창출한 브랜드, 출판표제, 고객목록과 이와 실질이 유사한 항목은 무형자산으로 <u>인식하지 아니한다</u>.
④ 내부적으로 창출한 영업권은 무형자산으로 <u>인식하지 아니한다</u>.

02 ⑤ ① 무형자산이란 물리적 실체는 없지만 식별 가능한 <u>비화폐성</u> 자산을 말한다.
② <u>내용연수가 비한정인</u> 무형자산은 상각하지 아니한다.
③ 무형자산의 상각방법의 변경은 <u>회계추정의 변경으로</u> 회계처리한다.
④ 내부 프로젝트의 개발단계에서 발생한 지출은 <u>자산인식요건을 충족한 경우에</u> 무형자산으로 인식한다.

03 무형자산에 대한 설명으로 옳지 않은 것은?

① 내부적으로 창출한 브랜드, 제호, 출판표제, 고객목록과 이와 실질이 유사한 항목은 무형자산으로 인식하지 아니한다.

② 최초에 비용으로 인식한 무형항목에 대한 지출은 그 이후에 무형자산의 원가로 인식할 수 없다.

③ 자산을 운용하는 직원의 교육훈련과 관련된 지출은 내부적으로 창출한 무형자산의 원가에 포함하지 아니한다.

④ 무형자산이 내용연수는 경제적 요인에 의해 결정된 기간과 법적 요인에 의해 결정된 기간 중 짧은 기간으로 한다.

⑤ 무형자산의 상각시 미래경제적 효익의 예상되는 소비형태를 신뢰성 있게 결정할 수 없는 경우에는 정률법을 사용한다.

04 무형자산에 관한 설명으로 옳지 않은 것은?

① 무형자산은 물리적 실체는 없지만 식별 가능한 비화폐성 자산이다.

② 내부적으로 창출한 영업권은 자산으로 인식하지 아니한다.

③ 무형자산의 회계정책으로 원가모형이나 재평가모형을 선택할 수 있다.

④ 최초에 비용으로 인식한 무형항목에 대한 지출은 그 이후에 무형자산의 취득원가로 인식할 수 없다.

⑤ 내용연수가 비한정인 무형자산은 상각하고, 내용연수가 유한한 무형자산은 상각하지 아니한다.

05 무형자산의 회계처리에 관한 설명으로 옳지 않은 것은?

① 무형자산의 잔존가치는 해당 자산의 장부금액과 같거나 큰 금액으로 증가할 수도 있다.

② 브랜드, 제호, 출판표제, 고객목록, 그리고 이와 유사한 항목(외부에서 취득하였는지 또는 내부적으로 창출하였는지에 관계없이)에 대한 취득이나 완성 후의 지출은 발생 시점에 항상 당기손익으로 인식한다.

③ 무형자산의 상각방법은 자산의 경제적 효익이 소비될 것으로 예상되는 형태를 반영한 방법이어야 하지만, 그 형태를 신뢰성 있게 결정할 수 없는 경우에는 정액법을 사용한다.

④ 내용연수가 비한정적인 무형자산은 상각하지 않고, 무형자산의 손상을 시사하는 징후가 있을 경우에 한하여 손상검사를 수행한다.

⑤ 내부적으로 창출한 브랜드, 제호, 출판표제, 고객목록과 이와 실질이 유사한 항목은 무형자산으로 인식하지 아니한다.

정답 및 해설

03 ⑤ 무형자산의 상각시 미래경제적 효익의 예상되는 소비형태를 신뢰성 있게 결정할 수 없는 경우에는 <u>정액법</u>을 사용한다.

04 ⑤ 내용연수가 <u>유한한 무형자산</u>은 상각하고, 내용연수가 <u>비한정인 무형자산</u>은 상각하지 아니한다.

05 ④ 내용연수가 비한정적인 무형자산은 상각하지 않고, <u>매년 또는 무형자산의 손상을 시사하는 징후가 있을 때</u> 손상검사를 수행한다.

06 무형자산의 회계처리에 관한 설명으로 옳은 것은?

① 무형자산의 잔존가치는 해당 자산의 장부금액보다 큰 금액으로 증가할 수 없다.

② 브랜드, 제호, 출판표제, 고객목록, 그리고 이와 유사한 항목(외부에서 취득하였는지 또는 내부적으로 창출하였는지에 관계없이)에 대한 취득이나 완성 후의 지출은 발생 시점에 항상 당기손익으로 인식한다.

③ 무형자산의 경제적 효익이 소비될 것으로 예상되는 형태를 신뢰성 있게 결정할 수 없는 경우에는 정률법을 사용한다.

④ 내용연수가 비한정적인 무형자산은 상각하지 않고, 무형자산의 손상을 시사하는 징후가 있을 경우에 한하여 손상검사를 수행한다.

⑤ 내부적으로 창출한 브랜드, 제호, 출판표제, 고객목록과 이와 실질이 유사한 항목은 무형자산으로 인식한다.

07 다음은 (주)한국의 20×1년 연구 · 개발활동 지출에 관한 자료이다. (주)한국이 20×1년에 연구활동으로 분류해야 하는 금액은?

- 새로운 지식을 얻고자 하는 활동: ₩100,000
- 연구결과나 기타 지식을 최종 선택하는 활동: ₩200,000
- 생산이나 사용 전의 시제품과 모형을 제작하는 활동: ₩350,000
- 상업적 생산 목적으로 실현 가능한 경제적 규모가 아닌 시험공장을 건설하는 활동: ₩400,000

① ₩300,000 ② ₩450,000

③ ₩500,000 ④ ₩550,000

⑤ ₩600,000

(주)한국은 신약 개발을 위해 20×1년 중에 연구활동과 관련하여 ₩500,000, 개발활동과 관련하여 ₩800,000을 지출하였다. 개발활동에 소요된 ₩800,000 중 ₩300,000은 20×1년 3월 1일부터 동년 9월 30일까지 지출되었으며 나머지 금액은 10월 1일 이후에 지출되었다. (주)한국은 개발활동이 무형자산 인식기준을 충족한 것은 20×1년 10월 1일부터이며, (주)한국은 20×2년 초부터 20×2년 말까지 ₩400,000을 추가 지출하고 신약 개발을 완료하였다. 무형자산으로 인식한 개발비는 20×3년 1월 1일부터 사용이 가능하며, 내용연수 4년, 잔존가치 ₩0, 정액법으로 상각하고, 원가모형을 적용한다. (주)한국의 20×3년 개발비 상각액은?

① ₩225,000
② ₩250,000
③ ₩300,000
④ ₩325,000
⑤ ₩350,000

해설 | 20×3년 개발비 상각액 = (₩500,000 + ₩400,000) × 1/4 = ₩225,000

기본서 p.259~261

정답 ①

제1편 재무회계

제6장

정답 및 해설

06 ② ① 무형자산의 잔존가치는 해당 자산의 장부금액과 같거나 큰 금액으로 증가할 수도 있다.
③ 무형자산의 상각방법은 자산의 경제적 효익이 소비될 것으로 예상되는 형태를 반영한 방법이어야 하지만, 그 형태를 신뢰성 있게 결정할 수 없는 경우에는 정액법을 사용한다.
④ 내용연수가 비한정적인 무형자산은 상각하지 않고, 매년 또는 무형자산의 손상을 시사하는 징후가 있을 경우에 손상검사를 수행한다.
⑤ 내부적으로 창출한 브랜드, 제호, 출판표제, 고객목록과 이와 실질이 유사한 항목은 무형자산으로 인식하지 아니한다.

07 ①

• 새로운 지식을 얻고자 하는 활동: ₩100,000	연구활동
• 연구결과나 기타 지식을 최종 선택하는 활동: ₩200,000	연구활동
• 생산이나 사용 전의 시제품과 모형을 제작하는 활동: ₩350,000	개발활동
• 상업적 생산 목적으로 실현 가능한 경제적 규모가 아닌 시험공장을 건설하는 활동: ₩400,000	개발활동

08 (주)한국은 신기술 개발과 관련하여 20×1년과 20×2년에 각각 ₩60,000과 ₩30,000 을 지출하였고 이 지출은 모두 무형자산 개발비의 인식조건을 충족한다. 해당 신기술은 20×2년 7월 1일부터 사용 가능하게 되었다. 정액법으로 무형자산을 상각할 경우 20×2년 12월 31일 현재 재무상태표에 표시될 개발비의 장부금액은 얼마인가? (단, 개 발비의 내용연수는 5년, 잔존가치는 없으며. 월할상각한다)

① ₩72,000   ② ₩80,800

③ ₩81,000   ④ ₩83,000

⑤ ₩90,000

대표예제 26 ┃ 영업권 ★

(주)한국은 20×1년 초 (주)민국을 합병하면서 이전대가로 공정가치 ₩30,000의 주식(액면금액 ₩20,000)을 발행·교부하였다. 합병 당시 (주)민국의 식별가능한 순자산 장부금액은 ₩25,000, 공정가치는 ₩31,000이었다. (주)한국이 합병으로 인식할 영업권 또는 염가매수차익은?

① 영업권 ₩1,000   ② 영업권 ₩5,000

③ 염가매수차익 ₩1,000   ④ 염가매수차익 ₩5,000

⑤ 염가매수차익 ₩11,000

해설 | 염가매수차익 = 공정가치에 의한 이전대가 ₩30,000 − 공정가치에 의한 순자산 ₩31,000 = ₩1,000

보충	측정	염가매수차익 = 공정가치에 의한 순자산 − 공정가치에 의한 이전대가
	인식	염가매수차익은 당기손익으로 인식한다.

기본서 p.262~264   정답 ③

---

09 다음의 특징을 모두 가지고 있는 자산은?

- 개별적으로 식별하여 별도로 인식할 수 없다.
- 손상징후와 관계없이 매년 손상검사를 실시한다.
- 손상차손환입을 인식할 수 없다.
- 사업결합시 이전대가가 피취득자 순자산의 공정가치를 초과하는 금액이다.

① 특허권   ② 회원권   ③ 영업권
④ 라이선스   ⑤ 가상화폐

10 다음은 (주)한국이 합병하는 (주)민국의 자산·부채의 장부금액과 공정가치이다.

구분	장부금액	공정가치
자산	₩8,500,000	₩9,000,000
부채	₩4,500,000	₩4,000,000

(주)한국은 (주)민국을 합병하면서 (주)한국의 주식 5,000주를 발행하여 교부하였다. 합병 당시 (주)한국의 1주당 액면금액은 ₩1,000이며, 시장가격은 ₩1,200이다. (주)한국이 합병으로 인식할 영업권(또는 염가매수차익)은?

① 영업권 ₩1,000,000

② 영업권 ₩2,000,000

③ 염가매수차익 ₩1,000,000

④ 염가매수차익 ₩2,000,000

⑤ 영업권 ₩0

정답 및 해설

08 ③ 개발비 상각액 = ₩90,000/5년 × 6/12 = ₩9,000
∴ 개발비 장부금액 = ₩90,000 − ₩9,000 = ₩81,000

09 ③ 영업권의 특징이다.

10 ① (1) 영업권 = 공정가치에 의한 이전대가 ₩6,000,000 − 공정가치에 의한 순자산 ₩5,000,000 = ₩1,000,000
(2) 공정가치에 의한 이전대가 = 5,000주 × ₩1,200 = ₩6,000,000
(3) 공정가치에 의한 순자산 = ₩9,000,000 − ₩4,000,000 = ₩5,000,000

11 다음은 (주)한국이 합병하는 (주)민국의 자산·부채의 장부금액이다.

• 자산	₩800,000	• 부채	₩500,000

토지와 사채를 제외한 (주)민국의 자산과 부채의 장부금액은 공정가치와 동일하다. 토지의 공정가치는 장부금액보다 ₩100,000 크고, 사채의 공정가치는 장부금액보다 ₩50,000 작다. (주)한국은 (주)민국을 합병하면서 현금 ₩600,000을 지급하였다. (주)한국이 합병으로 인식할 영업권(또는 염가매수차익)은?

① 영업권 ₩100,000

② 영업권 ₩150,000

③ 염가매수차익 ₩100,000

④ 염가매수차익 ₩150,000

⑤ 영업권 ₩0

정답 및 해설

11 ② (1) 영업권 = 공정가치에 의한 이전대가 ₩600,000 − 공정가치에 의한 순자산 ₩450,000 = ₩150,000

(2) 공정가치에 의한 순자산 = 자산 ₩800,000 − 부채 ₩500,000 + 토지 ₩100,000 + 사채 ₩50,000
= ₩450,000

대표예제 27   지분상품 ★★

(주)한국은 20×1년 초에 A주식 100주를 1주당 ₩4,000에 취득하고 당기손익-공정가치측정 금융자산으로 분류하였다. 20×1년 말과 20×2년 말 현재 A주식의 1주당 공정가치는 ₩4,800과 ₩5,000이다. 20×2년 중에 (주)한국은 보유 중인 A주식 60주를 1주당 ₩4,500에 처분하였다. 20×2년 처분손익과 평가손익은?

	처분손익	평가손익
①	이익 ₩8,000	손실 ₩18,000
②	손실 ₩8,000	이익 ₩18,000
③	이익 ₩18,000	손실 ₩8,000
④	손실 ₩18,000	이익 ₩8,000
⑤	이익 ₩0	손실 ₩30,000

해설

처분손실	처분금액 ₩270,000*1 - 직전 장부금액 ₩288,000*2 = ₩18,000 *1 60주 × ₩4,500 = ₩270,000 *2 60주 × ₩4,800 = ₩288,000
평가이익	당기말 공정가치 ₩200,000*1 - 직전 장부금액 ₩192,000*2 = ₩8,000 *1 40주 × ₩5,000 = ₩200,000 *2 40주 × ₩4,800 = ₩192,000

보충

구분		처분손익
당기손익-공정가치측정 금융자산	주식	당기손익
	회사채	
기타포괄손익-공정가치측정 금융자산	주식	공정가치로 처분하는 경우 처분손익은 ₩0
	회사채	당기손익
상각후원가측정 금융자산	회사채	당기손익

기본서 p.276~277

정답 ④

01 금융자산에 관한 설명으로 옳지 않은 것은?

① 선급금과 선급비용은 비금융자산으로 분류한다.

② 지분상품은 상각후원가측정 금융자산으로 분류할 수 없다.

③ 단기매매목적의 지분상품은 최초 인식시점에 기타포괄손익-공정가치측정 금융자산으로 분류할 수 있다.

④ 당기손익-공정가치측정 금융자산의 취득과 직접 관련되는 거래원가는 당기비용으로 인식한다.

⑤ 당기손익-공정가치측정 금융자산이 아닌 금융자산의 취득과 직접 관련되는 거래원가는 최초 인식하는 공정가치에 가산하여 측정한다.

02 금융자산과 관련된 회계처리로 옳은 것은?

① 지분상품은 상각후원가측정 금융자산으로 분류할 수 있다.

② 기타포괄손익-공정가치측정 금융자산에서 발생하는 배당금 수령액은 기타포괄이익으로 계상한다.

③ 매 회계연도 말 지분상품은 역사적 원가로 측정하는 것이 원칙이다.

④ 최초 인식시점에 기타포괄손익-공정가치측정 금융자산으로 분류하였다면 이후 회계연도에는 당기손익-공정가치측정 금융자산으로 재분류할 수 있다.

⑤ 최초 인식 이후 상각후원가측정 금융자산은 유효이자율법을 사용하여 상각후원가로 측정한다.

03 (주)한국의 20×1년 당기손익-공정가치측정 금융자산 관련 자료는 다음과 같다. 동 금융자산과 관련하여 (주)한국이 20×1년 인식할 당기손익은?

- 4월 1일: (주)한국의 주식 50주를 거래원가 ₩1,500을 포함하여 ₩41,500에 취득
- 6월 9일: 4월 1일에 취득한 주식 중 30주를 주당 ₩900에 처분(처분시 거래원가는 없음)
- 12월 31일: (주)한국의 주당 공정가치는 ₩700임

① 감소 ₩1,000   ② 감소 ₩500

③ ₩0   ④ 증가 ₩1,000

⑤ 증가 ₩3,000

04 (주)한국은 20×1년 7월 초 단기매매목적으로 A주식 100주를 ₩7,000에 취득하고 수수료 ₩500을 지출하였다. (주)한국은 20×1년 9월 초 A주식 40주를 ₩4,300에 처분하였고, 20×1년 말 A주식의 공정가치는 ₩5,200이다. 동 주식과 관련하여 (주)한국이 20×1년 포괄손익계산서상 당기순이익에 미치는 영향은?

① 증가 ₩2,000   ② 감소 ₩2,000

③ 증가 ₩2,500   ④ 감소 ₩2,500

⑤ 증가 ₩3,500

정답 및 해설

01 ③ 단기매매목적이 아닌 지분상품은 최초 인식시점에 기타포괄손익 – 공정가치측정 금융자산으로 분류할 수 있다.

02 ⑤ ① 지분상품은 상각후원가측정 금융자산으로 분류할 수 없다.
② 기타포괄손익 – 공정가치측정 금융자산에서 발생하는 배당금 수령액은 당기손익으로 계상한다.
③ 매 회계연도 말 지분상품은 공정가치로 측정하는 것이 원칙이다.
④ 최초 인식시점에 기타포괄손익 – 공정가치측정 금융자산으로 분류하였다면 이후 회계연도에는 당기손익 – 공정가치측정 금융자산으로 재분류할 수 없다.

03 ②

거래원가	1,500	
처분이익	3,000	⇐ 처분금액 ₩27,000*1 – 직전 장부금액 ₩24,000*2
평가손실	2,000	⇐ 기말 공정가치 ₩14,000*3 – 직전 장부금액 ₩16,000*4
당기순이익 감소	500	

*1 30주 × ₩900 = ₩27,000
*2 ₩40,000 × 30주/50주 = ₩24,000
*3 20주 × ₩700 = ₩14,000
*4 ₩40,000 × 20주/50주 = ₩16,000

04 ①

수수료	500	
처분이익	1,500	⇐ 처분금액 ₩4,300 – 직전 장부금액 ₩2,800*1
평가이익	1,000	⇐ 기말 공정가치 ₩5,200 – 직전 장부금액 ₩4,200*2
당기순이익 증가	2,000	

*1 ₩7,000 × 40주/100주 = ₩2,800
*2 ₩7,000 × 60주/100주 = ₩4,200

05 (주)한국은 20×1년 주식 A와 B를 취득하고 당기손익 – 공정가치측정 금융자산으로 분류하였다. 20×2년 중에 주식 A를 처분하였다. 주식 A와 B의 취득원가와 공정가치 및 처분금액은 다음과 같다. 20×2년도 당기순이익에 미치는 영향은?

구분	20×1년		20×2년	
	취득원가	기말 공정가치	처분금액	기말 공정가치
A주식	₩100,000	₩90,000	₩110,000	–
B주식	₩200,000	₩220,000	–	₩210,000

① ₩10,000 증가 ② ₩10,000 감소
③ ₩20,000 증가 ④ ₩20,000 감소
⑤ ₩30,000 증가

06 (주)한국은 20×1년 중 (주)대한의 보통주 100주, 200주, 400주를 각각 1주당 ₩100, ₩200, ₩500에 순차적으로 취득하고, 기타포괄손익–공정가치측정 금융자산으로 선택하여 분류하였다. 20×1년 말 (주)대한의 보통주 1주당 공정가치는 ₩400이다. (주)한국이 20×2년 중 보유하고 있던 (주)대한의 보통주 100주를 1주당 ₩300(공정가치)에 매각하였을 때 처분손익은?

① ₩20,000 손실 ② ₩10,000 손실
③ ₩0 ④ ₩10,000 이익
⑤ ₩20,000 이익

07 (주)한국은 20×1년 초에 A주식 100주를 1주당 ₩4,000에 취득하고 기타포괄손익–공정가치측정 금융자산으로 분류하였다. 20×2년 중에 (주)한국은 보유 중인 A주식 50주를 1주당 ₩4,500에 처분하였다. A주식의 1주당 공정가치는 다음과 같다. A주식 처분과 관련 이익잉여금으로 대체할 수 있는 금액은?

20×1년 말	20×2년 처분시점	20×2년 말
₩4,800	₩4,500	₩5,000

① ₩15,000 ② ₩20,000
③ ₩25,000 ④ ₩30,000
⑤ ₩50,000

08 (주)한국은 20×1년 초 주당 액면금액이 ₩150인 (주)대한의 보통주 20주를 주당 ₩180에 취득하였고, 총거래원가 ₩150을 지급하였다. (주)한국은 동 주식을 기타포괄손익－공정가치측정 금융자산으로 분류하였고 20×1년 말 동 주식의 공정가치는 주당 ₩240이다. 동 금융자산과 관련하여 20×1년 인식할 기타포괄이익은?

① ₩1,050
② ₩1,200
③ ₩1,350
④ ₩1,600
⑤ ₩1,950

09 (주)한국은 20×1년 초 만기보유 목적으로 (주)대한이 발행한 사채를 ₩1,049,732에 구입하여 상각후원가로 측정한다. 발행조건이 다음과 같을 때, 20×2년 초 동 금융자산을 ₩1,030,000에 처분하였을 때 (주)한국이 인식할 처분손익은? (단, 계산된 금액은 소수점 이하의 단수차이가 발생할 경우 근사치를 선택한다)

- 액면금액: ₩1,000,000
- 표시이자율: 연 12%(매년 말 지급)
- 유효이자율: 연 10%
- 만기: 3년(만기 일시상환)

① 이익 ₩4,705
② 손실 ₩4,705
③ 이익 ₩5,705
④ 손실 ₩5,705
⑤ ₩0

정답 및 해설

05 ①

A주식 처분이익	20,000	⇐ 처분금액 ₩110,000 － 직전 장부금액 ₩90,000
B주식 평가손실	10,000	⇐ 기말 공정가치 ₩210,000 － 직전 장부금액 ₩220,000
당기순이익 증가	10,000	

06 ③ 기타포괄손익－공정가치측정 금융자산을 공정가치로 처분하는 경우 처분손익은 ₩0이다.

07 ③ (1) 이익잉여금 대체금액 = 처분시점 공정가치 ₩225,000 － 취득원가 ₩200,000 = ₩25,000
(2) 처분시점 공정가치 = 50주 × ₩4,500 = ₩225,000
(3) 취득원가 = 50주 × ₩4,000 = ₩200,000

08 ① (1) 20×1년 평가이익(기타포괄이익) = 기말 공정가치 ₩4,800 － 직전 장부금액 ₩3,750 = ₩1,050
(2) 기말 공정가치 = 20주 × ₩240 = ₩4,800
(3) 직전 장부금액(= 취득원가) = (20주 × ₩180) + ₩150 = ₩3,750

09 ① (1) 20×2년 초 처분이익 = 처분금액 ₩1,030,000 － 처분 직전 장부금액 ₩1,034,705 = ₩4,705
(2) 처분 직전 장부금액 = (₩1,049,732 × 1.1) － ₩120,000 = ₩1,034,705

10 (주)한국은 20×1년 초 (주)대한의 보통주 20주를 ₩3,600에 취득하였고, 총거래원가 ₩150을 지급하였다. (주)한국은 동 주식을 기타포괄손익－공정가치측정 금융자산으로 분류하였고 20×1년 말과 20×2년 말 공정가치는 각각 ₩4,800과 ₩4,500이었다. 동 금융자산과 관련하여 20×2년 인식할 포괄손익계산서상 평가손익과 재무상태표상 평가손익은?

	포괄손익계산서상 평가손익	재무상태표상 평가손익
①	이익 ₩300	손실 ₩750
②	손실 ₩300	이익 ₩750
③	이익 ₩750	손실 ₩1,050
④	손실 ₩750	이익 ₩1,050
⑤	손실 ₩1,050	손실 ₩1,050

대표예제 28 　　 **채무상품 ★★**

(주)한국은 20×1년 1월 1일에 액면금액 ₩500,000(표시이자율 연 10%, 만기 3년, 매년 말 이자 지급)의 사채를 ₩475,982에 취득하고, 당기손익－공정가치측정 금융자산으로 분류하였다. 동 사채의 취득 당시 유효이자율은 연 12%이며, 20×1년 말 공정가치는 ₩510,000이다. 상기 금융자산(사채) 관련 회계처리가 (주)한국의 20×1년도 당기순이익에 미치는 영향은? (단, 단수차이로 인한 오차가 있다면 가장 근사치를 선택한다)

① ₩84,018 증가　　　　　　　② ₩70,000 증가
③ ₩60,000 증가　　　　　　　④ ₩34,018 증가
⑤ ₩10,000 증가

해설

이자수익	50,000	⇐ ₩500,000 × 10%
평가이익	34,018	⇐ 기말 공정가치 ₩510,000 － 직전 장부금액 ₩475,982
당기순이익 증가	**84,018**	

보충

구분	매년 말 장부금액	공정가치 변동(평가손익)
당기손익－공정가치측정 금융부채	공정가치	당기손익
상각후원가측정 금융부채(사채)	상각후원가	－

기본서 p.279~281

정답 ①

11 20×1년 1월 1일 (주)한국은 (주)대한이 동 일자에 발행한 사채(액면금액 ₩1,000,000, 액면이자율 연 4%, 이자는 매년 말 지급)를 ₩896,884에 취득하고 상각후원가측정 금융 자산으로 분류하였다. 취득 당시 유효이자율은 연 8%이다. 20×1년 말 동 사채의 이자 수취 후 공정가치는 ₩925,000이다. (주)한국의 동 사채 관련 회계처리가 20×1년 당기 순이익에 미치는 영향은? (단, 계산 금액은 소수점 첫째자리에서 반올림하고, 단수차이로 인한 오차가 있으면 가장 근사치를 선택한다)

① ₩28,116 증가
② ₩28,116 감소
③ ₩71,751 증가
④ ₩71,751 감소
⑤ ₩99,867 증가

12 (주)한국은 20×1년 초 사채(액면금액 ₩100,000, 4년 만기, 표시이자율 연 7%, 이자는 매년 말 지급)를 ₩90,490에 취득하고 상각후원가측정 금융자산으로 분류하였다. 취득 당시 사채의 유효이자율은 연 10%이다. 20×1년 말 동 사채의 공정가치가 ₩92,000, 20×2년 말 동 사채의 공정가치가 ₩95,000일 때, 20×2년 말 상각후원가측정 금융자산 의 장부금액은? (단, 계산 금액은 소수점 첫째자리에서 반올림하고, 단수차이로 인한 오차가 있으면 가장 근사치를 선택한다)

① ₩89,951
② ₩92,000
③ ₩92,539
④ ₩94,793
⑤ ₩95,000

정답 및 해설

10 ②	20×1년	포괄손익계산서상 평가손실 (기타포괄손익)	기말 공정가치 ₩4,800 − 취득원가 ₩3,750* = ₩1,050 * 취득원가 = ₩3,600 + ₩150 = ₩3,750
		재무상태표상 평가손실 (기타포괄손익누계액)	기말 공정가치 ₩4,800 − 취득원가 ₩3,750 = ₩1,050
	20×2년	포괄손익계산서상 평가손실 (기타포괄손익)	기말 공정가치 ₩4,500 − 직전 장부금액 ₩4,800 = ₩300
		재무상태표상 평가이익 (기타포괄손익누계액)	기말 공정가치 ₩4,500 − 취득원가 ₩3,750 = ₩750

11 ③ 20×1년 이자수익 = ₩896,884 × 8% = ₩71,751 ⇨ 당기순이익 ₩71,751 증가

12 ④ 상각후원가측정 금융자산의 장부금액 = [(₩90,490 × 1.1) − ₩7,000] × 1.1 − ₩7,000 = ₩94,793

13 (주)한국은 20×1년 1월 1일 사채(액면금액 ₩1,000,000, 만기 3년, 표시이자율 10%, 매년 말 이자 지급)를 ₩951,980에 취득하고 상각후원가측정 금융자산으로 분류하였다. 이 사채의 취득 당시 유효이자율은 12%이다. 20×3년 초 동 금융자산을 ₩983,000에 처분하였을 때 (주)한국이 인식할 처분손익은? (단, 계산된 금액은 소수점 이하의 단수차이가 발생할 경우 근사치를 선택한다)

① 이익 ₩836
② 손실 ₩836
③ 이익 ₩1,705
④ 손실 ₩1,705
⑤ ₩0

대표예제 29 **투자부동산 ★★**

(주)한국은 20×1년 초 임대수익을 얻고자 건물(취득원가 ₩1,000,000, 내용연수 5년, 잔존가치 ₩100,000, 정액법 상각)을 취득하고, 이를 투자부동산으로 분류하였다. 한편, 부동산경기의 불황으로 20×1년 말 동 건물의 공정가치는 ₩800,000으로 하락하였다. 동 건물에 대하여 공정가치모형을 적용할 경우에 비해 원가모형을 적용할 경우 (주)한국의 20×1년도 당기순이익은 얼마나 증가 혹은 감소하는가? (단, 동 건물은 투자부동산의 분류요건을 충족하며, (주)한국은 동 건물을 향후 5년 이내 매각할 생각이 없다)

① ₩20,000 증가
② ₩20,000 감소
③ ₩0
④ ₩180,000 증가
⑤ ₩180,000 감소

해설 | (1) 공정가치모형: 평가손익 = ₩800,000 − ₩1,000,000 = − ₩200,000(평가손실)
(2) 원가모형: 감가상각비 = (₩1,000,000 − ₩100,000) × 1/5 = ₩180,000
(3) 공정가치모형 ⇨ 원가모형: 비용 ₩20,000 감소 ⇨ 당기순이익 ₩20,000 증가

보충

구분	원가모형	공정가치모형
장부금액	취득원가 − 감가상각누계액	① 취득연도: 취득원가 ② 취득 다음 연도: 전기 말 공정가치
순처분금액	총처분대가 − 처분 관련 부대비용	총처분대가 − 처분 관련 부대비용

기본서 p.287~291

정답 ①

14 투자부동산에 해당되지 않는 것은?

① 장기 시세차익을 얻기 위하여 보유하고 있는 토지

② 장래 사용목적을 결정하지 못한 채로 보유하고 있는 토지

③ 직접 소유하고 운용리스로 제공하고 있는 건물

④ 미래에 투자부동산으로 사용하기 위하여 건설 또는 개발 중인 부동산

⑤ 금융리스로 제공한 부동산

15 (주)한국은 20×1년 초 건물을 ₩300,000에 취득하고 투자부동산(공정가치모형 선택)으로 분류하였다. 동 건물의 20×1년 말 공정가치는 ₩320,000이며, (주)한국이 20×2년 초에 동 건물을 ₩325,000에 처분하였다면, 20×2년 당기순이익에 미치는 영향은? (단, (주)한국은 유형자산으로 분류하는 건물을 내용연수 10년, 잔존가치 ₩0, 정액법 상각한다)

① ₩30,000 감소   ② ₩10,000 감소

③ ₩5,000 증가   ④ ₩20,000 증가

⑤ ₩25,000 증가

제7장

정답 및 해설

13 ② (1) 20×3년 초 처분손실 = 처분금액 ₩983,000 − 처분 직전 장부금액 ₩982,164 = ₩836

(2) 처분 직전 장부금액 = [(₩951,980 × 1.12) − ₩100,000] × 1.12 − ₩100,000 = ₩982,164

14 ⑤ 금융리스로 제공한 부동산은 투자부동산에 해당되지 않는다.

15 ③

20×2년 투자부동산 처분손익	20×2년 당기순이익 영향
처분이익 ₩5,000*	증가 ₩5,000

* 처분이익 = 순처분금액 ₩325,000 − 직전 장부금액(취득원가) ₩320,000 = ₩5,000

16 (주)한국은 20×1년 초 장기적인 시세차익을 목적으로 건물을 취득하여 투자부동산으로 인식하고 공정가치모형을 채택하였다. 취득원가는 ₩1,000,000, 내용연수는 10년, 잔존가치는 ₩100,000이다. 20×1년 말 공정가치는 ₩900,000, 20×2년 말 공정가치는 ₩1,200,000, 20×3년 말 공정가치는 ₩1,100,000이었다. (주)한국은 20×4년 초에 이 건물을 ₩1,200,000에 처분하였다. 20×4년도 건물 처분손익은?

① 손실 ₩80,000   ② 이익 ₩80,000
③ 손실 ₩100,000   ④ 이익 ₩100,000
⑤ 이익 ₩470,000

17 (주)한국은 20×1년 초 시세차익 목적으로 건물(취득원가 ₩80,000, 내용연수 4년, 잔존가치 없음)을 취득하고 투자부동산으로 분류하였다. (주)한국은 건물에 대하여 공정가치모형을 적용하고 있으며, 20×1년 말과 20×2년 말 동 건물의 공정가치는 각각 ₩60,000과 ₩80,000으로 평가되었다. 동 건물에 대한 회계처리가 20×2년도 당기순이익에 미치는 영향은? (단, (주)한국은 통상적으로 건물을 정액법으로 감가상각한다)

① ₩20,000 증가   ② ₩20,000 감소
③ ₩40,000 증가   ④ ₩40,000 감소
⑤ 영향 없음

18 (주)한국은 20×1년 초 임대목적으로 건물(취득원가 ₩1,000, 내용연수 10년, 잔존가치 ₩0, 정액법 감가상각)을 취득하여 이를 투자부동산으로 분류하였다. 20×1년 말 건물의 공정가치가 ₩930일 때 공정가치모형과 원가모형을 각각 적용할 경우 (주)한국의 20×1년도 당기순이익에 미치는 영향은? (단, 해당 건물은 매각예정으로 분류되어 있지 않다)

	공정가치모형	원가모형
①	₩70 감소	₩100 감소
②	₩70 감소	₩70 감소
③	₩30 감소	₩100 감소
④	₩30 증가	₩70 감소
⑤	₩30 증가	₩30 증가

정답 및 해설

16 ④ 건물 처분이익 = 처분금액 ₩1,200,000 − 직전 장부금액 ₩1,100,000 = ₩100,000

17 ①

20×2년 투자부동산 처분손익	20×2년 당기순이익 영향
평가이익 ₩20,000*	증가 ₩20,000

* 평가이익 = 당기말 공정가치 ₩80,000 − 직전 장부금액(전기말 공정가치) ₩60,000 = ₩20,000

18 ①

구분	20×1년 당기순이익 영향
공정가치모형: 평가손실 = ₩1,000 − ₩930 = ₩70	₩70 감소
원가모형: 감가상각비 = ₩1,000 × 1/10 = ₩100	₩100 감소

제8장 부채

| 대표예제 30 | 부채의 분류 ★★ |

다음 부채 항목 중 금융부채의 합계액은?

• 매입채무	₩3,000	• 선수수익	₩4,000
• 제품보증충당부채	₩2,500	• 장기차입금	₩10,000
• 미지급금	₩3,300	• 사채	₩15,000
• 미지급법인세	₩4,500	• 미지급이자	₩8,000

① ₩31,300
② ₩32,800
③ ₩35,300
④ ₩35,800
⑤ ₩39,300

해설

매입채무	3,000
미지급금	+ 3,300
장기차입금	+ 10,000
사채	+ 15,000
미지급이자	+ 8,000
금융부채	= 39,300

보충 | 부채의 분류

금융자산	현금및현금성자산, 대여금 및 수취채권(매출채권, 미수금, 미수수익), 유가증권(투자주식, 투자사채) 등
비금융자산	재고자산, 유형자산, 무형자산, 투자부동산, 선급금, 선급비용, 이연법인세자산, 선급법인세 등
금융부채	차입금 및 지급채무(매입채무, 미지급금, 미지급비용), 사채 등
비금융부채	선수금, 선수수익, 제품보증충당부채, 이연법인세부채, 미지급법인세 등

기본서 p.310~313

정답 ⑤

01 다음 중 금융자산 또는 금융부채가 아닌 것은?

① 선수금
② 지분상품
③ 무형자산
④ 미지급금
⑤ 매입채무

02 도매업을 영위하는 (주)한국의 거래 중 금융부채를 발생시키는 거래를 모두 고른 것은?

> ㉠ 상품 ₩4,000을 외상으로 구입하였다.
> ㉡ 건물 임대료 ₩5,000을 미리 수취하였다.
> ㉢ 상품을 판매하기로 하고 계약금 ₩3,000을 수령하였다.
> ㉣ 일반사채(액면금액 ₩10,000, 표시이자율 연 8%, 만기 3년, 매년 말 이자지급)를 액면 발행하였다.

① ㉠, ㉢
② ㉠, ㉣
③ ㉡, ㉢
④ ㉡, ㉣
⑤ ㉢, ㉣

정답 및 해설

01 ① 선수금은 재화를 인도해야 할 의무로서 비금융부채이다.

02 ② • 금융부채: ㉠ 매입채무(₩4,000), ㉣ 사채(₩10,000)
  • 비금융부채: ㉡ 선수임대료, ㉢ 선수금

충당부채에 관한 설명으로 옳지 않은 것은?

① 충당부채를 인식하기 위해서는 해당 의무를 이행하기 위하여 경제적 효익을 갖는 자원이 유출될 가능성이 매우 높아야 한다.

② 개별항목의 의무이행에 필요한 자원의 유출가능성은 높지 않더라도 전체적인 의무이행을 위하여 필요한 자원의 유출가능성이 높을 경우에는 충당부채를 인식한다.

③ 재무제표는 미래시점의 예상 재무상태가 아니라 보고기간 말의 재무상태를 표시하는 것이므로, 미래영업을 위하여 발생하게 될 원가에 대하여는 충당부채를 인식하지 않는다.

④ 충당부채로 인식되기 위해서는 과거사건으로 인한 의무가 기업의 미래행위와 독립적이어야 한다.

⑤ 상업적 압력 때문에 공장에 특정 정화장치를 설치하기 위한 비용지출을 계획하고 있는 경우 해당 지출은 현재의무가 아니며 충당부채로 인식하지 아니한다.

해설 | 충당부채를 인식하기 위해서는 해당 의무를 이행하기 위하여 경제적 효익을 갖는 자원이 유출될 가능성이 높아야 한다.

보충

자원 유출가능성 \ 금액의 추정가능성		신뢰성 있게 추정 가능	신뢰성 있게 추정 불가능
높은 경우(확률 50% 초과)		충당부채로 인식	우발부채로 주석 공시
높지 않은 경우	아주 낮지 않은 경우	우발부채로 주석 공시	우발부채로 주석 공시
	아주 낮은 경우(희박한 경우)	공시하지 않음	공시하지 않음

기본서 p.313~319

정답 ①

---

03 충당부채와 우발부채 및 우발자산에 대한 설명으로 옳지 않은 것은?

① 충당부채는 부채로 인식한다.

② 우발부채는 부채로 인식하지 아니한다.

③ 우발자산은 자산으로 인식하지 아니한다.

④ 경제적 효익을 갖는 자원의 유출가능성이 아주 낮지 않다면 우발부채를 주석으로 공시한다.

⑤ 우발자산은 상황변화로 인하여 경제적 효익의 유입가능성이 높아지면 자산으로 인식한다.

04 우발부채 및 우발자산에 관한 설명으로 옳지 않은 것은?

① 우발부채와 우발자산은 재무상태표에 자산이나 부채로 인식하지 않는다.

② 제3자와 연대하여 의무를 지는 경우, 이행할 전체 의무 중 제3자가 이행할 것으로 예상되는 부분에 대해서는 우발부채로 처리한다.

③ 과거에 우발부채로 처리한 항목에 대해서는, 미래경제적 효익의 유출가능성이 높아지고 해당 금액을 신뢰성 있게 추정할 수 있는 경우라 하더라도 재무제표에 충당부채로 인식할 수 없다.

④ 우발자산이란 과거사건으로 생겼으나, 기업이 전적으로 통제할 수 없는 하나 이상의 불확실한 미래사건의 발생 여부로만 그 존재 유무를 확인할 수 있는 잠재적 자산을 말한다.

⑤ 기업은 관련 상황의 변화가 적절하게 재무제표에 반영될 수 있도록 우발자산을 지속적으로 평가하여야 한다.

05 충당부채, 우발부채 및 우발자산에 관한 설명으로 옳지 않은 것은?

① 충당부채는 부채로 인식하는 반면, 우발부채는 부채로 인식하지 아니한다.

② 충당부채로 인식하는 금액은 현재의무를 보고기간 말에 이행하기 위하여 필요한 지출에 대한 최선의 추정치이어야 한다.

③ 충당부채에 대한 최선의 추정치를 구할 때에는 관련된 여러 사건과 상황에 따르는 불가피한 위험과 불확실성을 고려한다.

④ 예상되는 자산처분이익은 충당부채를 생기게 한 사건과 밀접하게 관련되어 있다고 하더라도 충당부채를 측정함에 있어 고려하지 아니한다.

⑤ 충당부채는 충당부채의 법인세효과와 그 변동을 고려하여 세후 금액으로 측정한다.

정답 및 해설

03 ⑤ 우발자산은 상황변화로 인하여 <u>경제적 효익이 유입될 것이 거의 확실하게 되는 경우</u>에는 자산으로 인식한다.

04 ③ 과거에 우발부채로 처리한 항목에 대해서는, 미래경제적 효익의 유출가능성이 높아지고 해당 금액을 신뢰성 있게 추정할 수 있는 경우에는 <u>재무제표에 충당부채로 인식한다</u>.

05 ⑤ 충당부채는 충당부채의 법인세효과와 그 변동을 고려하여 <u>세전 금액으로 측정한다</u>.

06 충당부채, 우발부채 및 우발자산에 관한 설명으로 옳지 않은 것은?

① 충당부채는 재무상태표에 부채로 인식하나, 우발부채와 우발자산은 재무상태표에 부채나 자산으로 인식하지 않는다.

② 충당부채로 인식되기 위해서는 과거사건으로 인한 의무가 기업의 미래행위와 독립적이어야 한다.

③ 과거에 우발부채로 처리한 항목에 대해서는, 미래경제적 효익의 유출가능성이 높아지고 해당 금액을 신뢰성 있게 추정할 수 있는 경우에는 재무제표에 충당부채로 인식할 수 있다.

④ 예상되는 자산처분이익은 충당부채를 생기게 한 사건과 밀접하게 관련되어 있다면 충당부채를 측정함에 있어 고려한다.

⑤ 충당부채는 충당부채의 법인세효과와 그 변동을 고려하여 세전 금액으로 측정한다.

07 충당부채와 우발부채에 관한 설명으로 옳지 않은 것은?

① 충당부채와 관련하여 포괄손익계산서에 인식한 비용은 제3자의 변제와 관련하여 인식한 금액과 상계하여 표시할 수 없다.

② 과거사건으로 생겼으나, 기업이 전적으로 통제할 수는 없는 하나 이상의 불확실한 미래사건의 발생 여부로만 그 존재 유무를 확인할 수 있는 잠재적 의무는 우발채무이다.

③ 어떤 의무를 제3자와 연대하여 부담하는 경우에 이행하여야 하는 전체 의무 중에서 제3자가 이행할 것으로 예상되는 정도까지만 우발부채로 처리한다.

④ 충당부채는 과거사건의 결과로 현재의무가 존재하며, 의무이행에 경제적 효익이 있는 자원의 유출가능성이 높고, 그 금액을 신뢰성 있게 추정할 수 있을 때 인식한다.

⑤ 예상되는 자산처분이 충당부채를 생기게 한 사건과 밀접하게 관련된 경우에 예상되는 자산처분이익은 충당부채를 측정하는 데에 차감하지 아니한다.

08 충당부채 회계처리에 관한 설명으로 옳지 않은 것은?

① 미래의 예상영업손실은 충당부채로 인식한다.

② 충당부채는 최초 인식과 관련 있는 지출에만 사용한다.

③ 예상되는 자산처분이익은 충당부채를 측정하는 데 고려하지 아니한다.

④ 화폐의 시간가치 영향이 중요한 경우에 충당부채는 의무를 이행하기 위하여 예상되는 지출액의 현재가치로 평가한다.

⑤ 충당부채로 인식하는 금액은 현재의무를 보고기간 말에 이행하기 위하여 필요한 지출에 대한 최선의 추정치이어야 한다.

고난도

09 (주)한국은 20×1년 2월 초 영업을 개시하여 2년간 제품보증조건으로 건조기(대당 판매가격 ₩100)를 판매하고 있다. 20×1년 1,500대, 20×2년 4,000대의 건조기를 판매하였으며, 동종 업계의 과거 경험에 따라 판매수량 대비 평균 3%의 보증 요청이 있을 것으로 추정되고 보증비용은 대당 평균 ₩20이 소요된다. 당사가 제공하는 보증은 확신 유형의 보증이며 연도별 보증이행 현황은 다음과 같다.

구분	20×1년	20×2년
20×1년 판매분	5대	15대
20×2년 판매분		30대

20×2년 말 보증손실충당부채는? (단, 보증 요청의 발생가능성이 높고 금액은 신뢰성 있게 측정되었다. 충당부채의 현재가치요소는 고려하지 않는다)

① ₩800 ② ₩1,000 ③ ₩1,200
④ ₩1,800 ⑤ ₩2,300

정답 및 해설

06 ④ 예상되는 자산처분이익은 충당부채를 생기게 한 사건과 밀접하게 관련되어 있다고 하더라도 충당부채를 측정함에 있어 <u>고려하지 아니한다</u>.

07 ① 충당부채와 관련하여 포괄손익계산서에 인식한 비용은 제3자의 변제와 관련하여 인식한 금액과 <u>상계하여 표시할 수 있다</u>.

08 ① 미래의 예상영업손실은 충당부채로 인식하지 아니한다.

09 ⑤ 20×2년 말 충당부채 = [(1,500대 + 4,000대) × 3% − (5대 + 45대)] × ₩20 = ₩2,300

(주)한국은 20×1년 초 사채(액면금액 ₩1,000,000, 표시이자율 10%, 이자지급일 매년 말일, 만기 3년)를 발행하고 상각후원가측정 금융부채로 분류하였다. 발행 당시의 유효이자율은 8%이다.

이자율	₩1의 3년 현가	연금 ₩1의 3년 현가
8%	0.7938	2.5771
10%	0.7513	2.4868
12%	0.7118	2.4018

(주)한국은 20×2년 1월 1일에 이 사채를 ₩1,030,000에 상환하였다. 사채의 회계처리에 대한 설명으로 옳지 않은 것은? (단, 계산 금액은 소수점 첫째자리에서 반올림한다)

① 사채의 발행금액은 ₩1,051,510이다.
② 20×1년도 사채할증발행차금상각액은 ₩15,879이다.
③ 20×1년도 이자비용은 ₩84,121이다.
④ 20×2년도 사채상환이익은 ₩5,631이다.
⑤ 만기까지 보유한다면 총이자비용은 ₩351,510이다.

해설| ① 사채의 발행금액
　　　　 = 액면 × 현가계수 + 액면이자 × 연금현가계수
　　　　 = ₩1,000,000 × 0.7938 + ₩100,000 × 2.5771
　　　　 = 1,051,510
　　② 20×1년도 사채할증발행차금상각액
　　　　 = 이자비용 - 액면이자
　　　　 = ₩1,051,510 × 0.08 - ₩100,000 = ₩15,879
　　③ 20×1년도 이자비용
　　　　 = 기초 장부금액 × 유효이자율
　　　　 = ₩1,051,510 × 0.08 = ₩84,121
　　④ 20×2년도 사채상환이익
　　　　 = 상환금액 - 직전 장부금액
　　　　 = ₩1,030,000 - ₩1,035,631* = ₩5,631
　　　　* ₩1,051,510 × 1.08 - ₩100,000 = ₩1,035,631
　　⑤ 만기까지 보유한다면 총이자비용
　　　　 = 액면금액 합계 - 할증차금
　　　　 = ₩100,000 × 3년 - ₩51,510 = ₩248,490

보충| 1. 사채의 발행금액 결정

> **발행** = 사채 관련 미래 현금흐름의 현재가치 - 사채발행비
> **금액** = ① 액면금액의 현재가치 + ② 액면이자의 현재가치 - ③ 거래원가(사채발행비 등)
> 　　　　① 액면금액의 현재가치 = 액면금액 × ₩1의 현가(발행시점의 시장이자율)
> 　　　　② 액면이자의 현재가치 = 액면이자 × 연금 ₩1의 현가(발행시점의 시장이자율)

2. 사채발행차금의 상각방법

구분	상각액 계산		K-IFRS
정액법	사채발행차금 ÷ 상환기간		불인정
유효이자율법	유효이자와 액면이자의 차액만큼 상각액 계산		인정
	사채할인발행차금상각액	① 유효이자 − ② 액면이자	
	사채할증발행차금상각액	① 유효이자 − ② 액면이자	
	① 유효이자 = 기초 장부금액 × 유효이자율 ② 액면이자 = 액면금액 × 액면이자율		

기본서 p.322~331   정답 ⑤

10 (주)한국은 20×1년 초 상각후원가(AC)로 측정하는 금융부채에 해당하는 회사채(액면금액 ₩1,000,000, 액면이자율 연 10%, 만기 3년, 매년 말일 이자지급)를 발행하였다. 회사채 발행시점의 유효이자율은 연 13%이다. 20×1년 이자비용은? (단, 계산 금액은 소수점 첫째자리에서 반올림하며, 단수차이로 인한 오차가 있으면 가장 근사치를 선택한다)

기간	단일금액 ₩1의 현재가치		정상연금 ₩1의 현재가치	
	10%	13%	10%	13%
3	0.7513	0.6931	2.4868	2.3612

① ₩92,922

② ₩100,000

③ ₩120,000

④ ₩120,799

⑤ ₩130,000

정답 및 해설

10 ④   20×1년 이자비용 = ₩929,220* × 0.13 = ₩120,799
　　　　* 사채 발행금액 = ₩1,000,000 × 0.6931 + ₩100,000 × 2.3612 = ₩929,220

11 (주)한국이 20×1년 1월 1일에 다음과 같은 조건으로 사채를 발행하고 상각후원가측정 금융부채로 분류하였다.

> - 액면금액: ₩1,000,000
> - 이자지급일: 매년 12월 31일
> - 액면이자율: 10%
> - 사채 만기일: 20×3년 12월 31일

발행일 현재 유효이자율이 연 14%이다. 이자율 14%일 때 ₩1의 3년 현가계수는 0.6750 이고, 연금 ₩1의 3년 현가계수는 2.3216이다. (주)한국이 20×2년도에 인식할 이자 비용은? (단, 계산시 소수점 이하는 버린다)

① ₩100,000
② ₩127,002
③ ₩130,782
④ ₩135,056
⑤ ₩140,000

12 (주)한국은 20×1년 1월 1일 다음의 사채(액면금액 ₩1,000,000)를 ₩951,980에 발행하였다. 20×1년 말 이 사채의 공정가치는 ₩970,000이다. 20×2년 말 사채의 장부금액은? (단, 단수차이가 발생할 경우 가장 근사치를 선택한다)

> - 표시이자율: 10%
> - 이자지급일: 매년 12월 31일
> - 유효이자율: 12%
> - 만기일: 3년

① ₩951,980
② ₩966,218
③ ₩970,000
④ ₩982,164
⑤ ₩1,000,000

13 (주)한국은 20×1년 초 액면금액 ₩100,000의 사채(표시이자율 연 8%, 이자는 매년 말 후급, 유효이자율 연 6%, 만기 20×3년 말)를 ₩105,346에 발행하고 상각후원가 로 측정하였다. 동 사채와 관련하여 20×2년 말 사채의 장부금액은? (단, 이자는 월할계 산하며, 단수차이가 발생할 경우 가장 근사치를 선택한다)

① ₩100,000
② ₩101,887
③ ₩102,367
④ ₩103,667
⑤ ₩104,918

14 (주)한국은 20×1년 1월 1일 다음과 같은 조건으로 사채를 발행하고 상각후원가측정 금융부채로 분류하였다. 20×2년 말 재무상태표의 상각후원가측정 금융부채는? (단, 계산 금액은 소수점 첫째자리에서 반올림한다)

- 액면금액: ₩500,000
- 만기일: 20×3년 12월 31일
- 표시이자율: 연 8%(매년 12월 31일 지급)
- 사채발행시점의 유효이자율: 연 10%
- 원금상환방법: 상환기일에 액면금액을 일시상환
- 단일금액 ₩1의 현재가치는 0.7513(3기간, 10%)
- 정상연금 ₩1의 현재가치는 2.4868(3기간, 10%)

① ₩400,000   ② ₩440,000

③ ₩482,634   ④ ₩490,898

⑤ ₩500,000

정답 및 해설

11 ③   20×2년의 이자비용 = (₩907,160* × 1.14 − ₩100,000) × 0.14 = ₩130,782
     * 발행금액 = ₩1,000,000 × 0.6750 + ₩1,000,000 × 10% × 2.3216 = ₩907,160

12 ④   20×2년 말 장부금액 = (₩951,980 × 1.12 − ₩100,000) × 1.12 − ₩100,000 = ₩982,164

13 ②   20×2년 말 장부금액 = (₩105,346 × 1.06 − ₩8,000) × 1.06 − ₩8,000 = ₩101,887

14 ④   20×2년 말 금융부채 = (₩475,122* × 1.1 − ₩40,000) × 1.1 − ₩40,000 = ₩490,898
     * 발행금액 = ₩500,000 × 0.7513 + ₩40,000 × 2.4868 = ₩475,122

15 (주)한국은 20×1년 1월 1일 사채(액면금액 ₩100,000, 3년 만기, 표시이자율 연 3%, 매년 말 이자지급)를 발행하였다. 동 사채의 발행시점에서 유효이자율은 연 5%이다. 20×3년 1월 1일 동 사채를 ₩95,000에 조기상환하였을 때, 사채상환손익은? (단, 동 사채는 상각후원가로 후속측정하는 금융부채이며, 화폐금액은 소수점 첫째자리에서 반올림한다)

기간	단일금액 ₩1의 현재가치		정상연금 ₩1의 현재가치	
	3%	5%	3%	5%
3	0.9151	0.8638	2.8286	2.7232

① 손실 ₩6,938 　　　② 손실 ₩5,000

③ ₩0 　　　④ 이익 ₩3,092

⑤ 이익 ₩5,000

고난도

16 (주)한국은 20×1년 1월 1일 사채(액면금액 ₩1,000,000, 표시이자율 연 8%, 매년 말 이자지급, 만기 3년)를 ₩950,263에 발행하였다. (주)한국은 동 사채를 20×3년 1월 1일에 현금 ₩990,000에 전부 상환하였으며 발행시점부터 상환 직전까지 인식한 총이자비용은 ₩191,555이었다. 사채상환손익은?

① 이익 ₩8,182 　　　② 손실 ₩8,182

③ 이익 ₩9,228 　　　④ 손실 ₩9,228

⑤ ₩0

고난도

17 (주)한국은 20×1년 1월 1일 액면금액 ₩1,000,000, 만기 3년의 사채를 유효이자율 연 10%를 적용하여 ₩925,390에 발행하였다. 20×1년 12월 31일 장부금액이 ₩947,929이라면 이 사채의 표시이자율은?

① 5% 　　　② 6%

③ 7% 　　　④ 8%

⑤ 9%

18 (주)한국은 20×1년 1월 1일에 액면금액 ₩1,000,000, 표시이자율 10%, 3년 만기 사채를 발행하여 매년 말 액면이자를 지급한다. 20×2년 1월 1일 사채의 장부금액은 ₩934,162이고 20×2년 12월 31일 사채의 장부금액이 ₩964,944이라면 사채의 유효이자율은? (단, 계산시 화폐금액은 소수점 첫째자리에서 반올림한다)

① 11% ② 12%
③ 13% ④ 14%
⑤ 15%

19 상각후원가측정 금융부채로 분류되는 사채에 관한 설명으로 옳지 않은 것은?

① 사채발행비가 발생한다면 유효이자율은 사채발행비가 발생하지 않는 경우보다 높다.
② 사채의 할인발행시 유효이자율법에 의해 상각하는 경우 기간 경과에 따라 매기 인식하는 할인발행차금의 상각액은 증가한다.
③ 사채의 할증발행시 유효이자율법에 의해 상각하는 경우 기간 경과에 따라 매기 인식하는 할증발행차금의 상각액은 증가한다.
④ 사채를 할인발행한 경우 현금이자지급액보다 낮은 사채이자비용을 인식한다.
⑤ 사채의 할인발행시 유효이자율법에 의해 상각하는 경우 기간 경과에 따라 매기 인식하는 사채이자비용은 증가한다.

정답 및 해설

15 ④ (1) 사채상환이익 = 상환금액 ₩95,000 − 직전 장부금액 ₩98,092 = ₩3,092
(2) 직전 장부금액 = [(발행금액 ₩94,550 × 1.05) − ₩3,000] × 1.05 − ₩3,000 = ₩98,092
(3) 발행금액 = (₩100,000 × 0.8638) + (₩3,000 × 2.7232) = ₩94,550

16 ② (1) 사채상환손실 = 상환금액 ₩990,000 − 직전 장부금액 ₩981,818 = ₩8,182
(2) 직전 장부금액 = 발행금액 ₩950,263 + 2년간 상각액 ₩31,555 = ₩981,818
(3) 2년간 상각액 = 2년간 총이자비용 ₩191,555 − 2년간 액면이자 ₩160,000 = ₩31,555

17 ③ ₩925,390 × 1.1 − ₩1,000,000 × 표시이자율(?) = ₩947,929
∴ 표시이자율 = 7%

18 ④ ₩934,162 × (1 + 유효이자율?) − ₩1,000,000 × 0.1 = ₩964,944
∴ 유효이자율 = 14%

19 ④ 사채를 할인발행한 경우 <u>현금이자지급액보다 높은</u> 사채이자비용을 인식한다.

20 상각후원가측정 금융부채에 관한 설명으로 옳지 않은 것은?

① 표시이자율이 유효이자율보다 낮은 경우에는 할증발행된다.

② 사채할인발행차금을 유효이자율법으로 상각하는 경우 이자비용은 매년 증가한다.

③ 사채할증발행차금을 유효이자율법으로 상각하는 경우 이자비용은 매년 감소한다.

④ 사채발행시점에서 사채발행비가 지출된 경우 발행 당시의 시장이자율은 발행 당시의 유효이자율보다 낮다.

⑤ 유효이자율법을 적용할 경우 할인 및 할증방법 모두 상각액은 매년 증가한다.

21 상각후원가측정 금융부채로 분류되는 사채에 관한 설명으로 옳은 것은?

① 표시이자율이 유효이자율보다 낮은 경우에는 할증발행된다.

② 사채발행비가 발생한다면 유효이자율은 사채발행비가 발생하지 않는 경우보다 낮다.

③ 유효이자율법을 적용할 경우 할인 및 할증방법 모두 상각액은 매년 증가한다.

④ 사채를 할인발행한 경우 현금이자지급액보다 낮은 사채이자비용을 인식한다.

⑤ 사채의 할증발행시 유효이자율법에 의해 상각하는 경우 기간 경과에 따라 매기 인식하는 사채이자비용은 증가한다.

정답 및 해설

20 ① 표시이자율이 유효이자율보다 낮은 경우에는 <u>할인발행된다</u>.

21 ③ ① 표시이자율이 유효이자율보다 낮은 경우에는 <u>할인발행된다</u>.
  ② 사채발행비가 발생한다면 유효이자율은 사채발행비가 발생하지 않는 경우보다 <u>높다</u>.
  ④ 사채를 할인발행한 경우 <u>현금이자지급액보다 높은</u> 사채이자비용을 인식한다.
  ⑤ 사채의 할증발행시 유효이자율법에 의해 상각하는 경우 기간 경과에 따라 매기 인식하는 사채이자비용은 <u>감소한다</u>.

자본의 분류 ★

다음은 (주)한국의 재무제표의 일부 내용이다.

• 자본금	₩100,000
• 재평가잉여금	₩50,000
• 기타포괄손익-공정가치측정 금융자산평가이익	₩20,000
• 해외사업환산손실	₩30,000
• 미교부주식배당금	₩10,000
• 자기주식처분손실	₩50,000
• 주식발행초과금	₩10,000
• 이익준비금	₩20,000
• 자기주식	₩20,000
• 감자차익	₩10,000

자본총액과 기타포괄손익누계액은 각각 얼마인가?

	자본총액	기타포괄손익누계액
①	₩120,000	₩40,000
②	₩120,000	₩50,000
③	₩130,000	₩40,000
④	₩130,000	₩50,000
⑤	₩150,000	₩50,000

구분	자본총액	기타포괄손익누계액
자본금	100,000	
재평가잉여금	+ 50,000	50,000
기타포괄손익-공정가치측정 금융자산평가이익	+ 20,000	+ 20,000
해외사업환산손실	− 30,000	− 30,000
미교부주식배당금	+ 10,000	
자기주식처분손실	− 50,000	
주식발행초과금	+ 10,000	
이익준비금	+ 20,000	
자기주식	− 20,000	
감자차익	+ 10,000	
합계	= 120,000	= 40,000

자본금(+)		보통주자본금, 우선주자본금	
자본잉여금(+)		주식발행초과금, 감자차익, 자기주식처분이익 등	
자본조정	(−)	주식할인발행차금, 감자차손, 자기주식처분손실, 자기주식 등	
	(+)	신주청약증거금, 미교부주식배당금, 주식매입선택권 등	
기타포괄손익누계액(±)		재평가잉여금(+), 확정급여제도평가손익(±), 해외사업환산손익(±), 기타포괄손익-공정가치측정 금융자산평가손익(±), 현금흐름위험회피 파생상품평가손익(±)	
이익잉여금(+) 또는 결손금(−)	기처분 이익잉여금	법정적립금	이익준비금 등
		임의적립금	신축적립금, 사업확장적립금, 감채적립금, 결손보전적립금, 배당평균적립금 등
	미처분이익잉여금(+) 또는 미처리결손금(−)		

기본서 p.349

정답 ①

01 (주)한국은 당기 중 보통주 30주(1주당 액면금액 ₩5,000)를 1주당 ₩7,000에 발행하였으며, 보통주 발행과 관련하여 총 ₩5,000의 발행비용이 발생하였다. (주)한국의 보통주 발행으로 증가하는 자본총액은 얼마인가?

① ₩143,000

② ₩150,000

③ ₩198,000

④ ₩205,000

⑤ ₩210,000

02 자본의 감소를 가져오는 거래는?

① 보통주를 현금납입받아 신주발행하였다.
② 자기주식을 재발행하고 자기주식처분이익을 인식하였다.
③ 이월결손금을 보전하기 위하여 보통주 자본금을 무상감자하였다.
④ 주주총회에서 보통주에 대해 현금배당을 지급하기로 결의하였다.
⑤ 주주총회에서 사업확장적립금을 별도적립금으로 대체하기로 결의하였다.

03 (주)한국의 20×1년 자본 관련 거래가 다음과 같을 때, 20×1년에 증가한 주식발행초과
금은? (단, 기초 주식할인발행차금은 없다)

> • 3월 2일: 보통주 100주(주당 액면금액 ₩500)를 주당 ₩700에 발행하였다.
> • 5월 10일: 우선주 200주(주당 액면금액 ₩500)를 주당 ₩600에 발행하였다.
> • 9월 25일: 보통주 50주(주당 액면금액 ₩500)를 발행하면서 그 대가로 건물을 취득하였다(취득 당시 보통주의 주당 공정가치 ₩1,000).

① ₩20,000
② ₩40,000
③ ₩45,000
④ ₩65,000
⑤ ₩70,000

정답 및 해설

01 ④ 주식발행시 발행금액만큼 자본은 증가하고, 주식발행비는 발행금액에서 차감한다.
∴ 주식발행으로 증가하는 자본총액 = (30주 × ₩7,000) − ₩5,000 = ₩205,000

02 ④ (차) 미처분이익잉여금(자본의 증가)　　×××　　　　(대) 미지급배당금(부채의 증가)　　　×××
①② 자본의 증가, ③⑤ 자본의 불변

03 ④ • 3월 2일: (₩700 − ₩500) × 100주 = ₩20,000
• 5월 10일: (₩600 − ₩500) × 200주 = ₩20,000
• 9월 25일: (₩1,000 − ₩500) × 50주 = ₩25,000
∴ 주식발행초과금 = ₩65,000

자본에 관한 설명으로 옳은 것만을 고른 것은?

> ㉠ 주식분할을 실시하면 자본총액은 변동하지 않고 자본금은 증가한다.
> ㉡ 주식배당을 실시하면 자본총액은 변동하지 않고 자본금은 증가한다.
> ㉢ 유상증자를 실시하면 자본총액은 변동하지 않고 자본금은 증가한다.
> ㉣ 무상증자를 실시하면 자본총액은 변동하지 않고 자본금은 증가한다.

① ㉠, ㉡   ② ㉠, ㉢

③ ㉡, ㉢   ④ ㉡, ㉣

⑤ ㉢, ㉣

해설

구분	자본총액	자본금
㉠ 주식분할	불변	불변
㉡ 주식배당	불변	증가
㉢ 유상증자	증가	증가
㉣ 무상증자	불변	증가

보충

구분		자본총액	자본금	이익잉여금
증자 (주식발행)	유상증자	증가	증가	불변
	무상증자	불변	증가	감소 (법정적립금)
감자 (주식소각)	유상감자	감소	감소	불변
	무상감자	불변	감소	불변
자기주식	취득	감소	불변	불변
	처분	증가	불변	불변
	소각	불변	감소	불변
배당	현금배당	감소	불변	감소 (미처분이익잉여금)
	주식배당	불변	증가	감소 (미처분이익잉여금)
주식분할		불변	불변	불변
주식병합		불변	불변	불변

기본서 p.352~365

정답 ④

04 다음 중 자본을 실질적으로 증가시키는 거래는?

① 주주로부터 자산을 무상으로 기부받다.

② 이익준비금을 재원으로 무상증자를 실시하다.

③ 주식배당을 실시하다.

④ 현금배당을 실시하다.

⑤ 임의적립금을 적립하다.

05 자본총액에 영향을 미치는 것은?

① 자기주식을 소각하다.　　　　② 무상증자를 하다.

③ 무상주를 받다.　　　　　　④ 현금배당을 하다.

⑤ 주식배당을 받다.

06 다음 중 자본총액에 영향을 미치지 않는 것은?

① 자기주식을 취득하다.　　　　② 현금배당을 하다.

③ 현금배당을 받다.　　　　　　④ 주식배당을 하다.

⑤ 주식을 할인발행하다.

정답 및 해설

04 ①　②③⑤ 불변, ④ 감소

05 ④

구분	거래 여부	자본총액
① 자기주식을 소각하다.	○	불변
② 무상증자를 하다.	○	불변
③ 무상주를 받다.	×	불변
④ 현금배당을 하다.	○	감소
⑤ 주식배당을 받다.	○	불변

06 ④　①② 감소, ③⑤ 증가

07 자본에 관한 설명으로 옳은 것은?

① 주식분할을 실시하면 자본총액은 변동하지 않고 자본금은 증가한다.
② 주식배당을 실시하면 자본총액은 변동하지 않고 자본금은 증가한다.
③ 유상증자를 실시하면 자본총액은 변동하지 않고 자본금은 증가한다.
④ 무상증자를 실시하면 자본총액은 감소하고 자본금은 증가한다.
⑤ 자기주식을 소각하면 자본총액은 변동하지 않고 자본금은 증가한다.

08 주식배당, 무상증자, 주식분할간의 비교로 옳지 않은 것은?

① 주식배당, 무상증자, 주식분할의 경우 모두 발행주식수가 증가한다.
② 주식분할의 경우 주당 액면금액이 감소하지만 주식배당, 무상증자의 경우 주당 액면금액이 변하지 않는다.
③ 주식배당, 무상증자, 주식분할의 경우 모두 자본총액은 변하지 않는다.
④ 주식배당, 무상증자, 주식분할의 경우 모두 자본금은 증가한다.
⑤ 주식배당의 경우 이익잉여금이 감소하지만 주식분할의 경우 이익잉여금이 변하지 않는다.

09 자본에 관한 설명으로 옳지 않은 것은?

① 자기주식을 취득하면 자본총액은 감소한다.
② 유상증자를 하면 자본총액은 증가하고, 자본금도 증가한다.
③ 무상증자를 하면 자본총액은 변동하지 않고, 자본금은 증가한다.
④ 주식배당을 하면 자산총액과 자본총액은 변동하지 않는다.
⑤ 주식분할을 하면 발행주식수가 증가하고, 액면가액은 변동이 없다.

10 자본에 미치는 영향에 관한 설명으로 옳은 것은? (단, 각 거래는 독립적이다)

① 액면금액 ₩500인 보통주 30주를 주당 ₩700에 발행하면 보통주자본금은 ₩21,000 증가한다.

② 보통주주식발행초과금 중 ₩10,000을 자본전입하여 액면금액 ₩500인 보통주 20주를 발행하면 자본총액은 증가한다.

③ 이월결손금 ₩80,000을 보전하기 위하여 액면금액이 ₩500으로 동일한 발행주식 400주를 2주당 1주의 비율로 감소시키면 자본잉여금 ₩20,000이 증가한다.

④ 주주총회에서 유통보통주 1,000주에 대해 ₩20,000의 현금배당이 선언되면 자본은 불변한다.

⑤ 액면금액 ₩500인 자기주식 10주를 주당 현금 ₩700에 취득할 경우 자본금 ₩5,000이 증가한다.

정답 및 해설

07 ②

구분	자본총액	자본금
① 주식분할	불변	불변
② 주식배당	불변	증가
③ 유상증자	증가	증가
④ 무상증자	불변	증가
⑤ 자기주식 소각	불변	감소

08 ④

구분	자본총액	자본금	이익잉여금	발행주식수	주당 액면금액
주식배당	불변	증가	감소	증가	불변
무상증자	불변	증가	감소	증가	불변
주식분할	불변	불변	불변	증가	감소

09 ⑤ 주식분할은 발행주식수가 증가하고, <u>액면가액은 감소</u>한다.

10 ③

구분	자본총액	자본금	자본잉여금
① 유상증자	₩21,000 증가	₩15,000 증가	₩6,000 증가 (주식발행초과금)
② 무상증자	불변	₩10,000 증가	₩10,000 감소 (주식발행초과금)
③ 무상감자	불변	₩100,000 감소	₩20,000 증가 (감자차익)
④ 현금배당	감소	불변	불변
⑤ 자기주식 취득	감소	불변	불변

11 (주)한국의 20×2년 2월 중 개최된 주주총회에서 이루어진 20×1년 재무제표에 대한 결산승인 내역은 다음과 같다. (주)한국의 결산승인 전 미처분이익잉여금이 ₩43,000일 때, 결산승인 내역을 반영한 후의 차기이월 미처분이익잉여금은? (단, 이익준비금 설정은 고려하지 않는다)

• 임의적립금 이입액	₩3,000
• 주식할인발행차금상각액	₩2,000
• 현금배당액	₩10,000

① ₩27,000   ② ₩28,000

③ ₩32,000   ④ ₩33,000

⑤ ₩34,000

대표예제 35 \ 자기주식 ★

(주)한국의 자기주식(주당 액면금액 ₩5,000)과 관련된 자료는 다음과 같다. 자본총액에 미치는 영향은?

• 2월 1일: 자기주식 300주를 주당 ₩6,000에 취득하다.
• 6월 2일: 자기주식 100주를 주당 ₩6,300에 처분하다.
• 7월 5일: 자기주식 100주를 소각하다.
• 8월 7일: 자기주식 100주를 주당 ₩5,000에 처분하다.

① 영향 없음   ② ₩500,000 감소

③ ₩630,000 증가   ④ ₩670,000 감소

⑤ ₩1,800,000 감소

해설

구분	자본총액	
• 2월 1일: 자기주식 300주를 주당 ₩6,000에 취득	감소 ₩1,800,000	⇐ 300주 × ₩6,000
• 6월 2일: 자기주식 100주를 주당 ₩6,300에 처분	증가 ₩630,000	⇐ 100주 × ₩6,300
• 7월 5일: 자기주식 100주를 소각	불변	
• 8월 7일: 자기주식 100주를 주당 ₩5,000에 처분	증가 ₩500,000	⇐ 100주 × ₩5,000
합계	감소 ₩670,000	

보충		취득시	(차) 자기주식	×××	(대) 현금	×××
처분시	처분금액 > 취득원가		(차) 현금	×××	(대) 자기주식 　　　자기주식처분이익	××× ×××
	처분금액 < 취득원가		(차) 현금 　　　자기주식처분손실	××× ×××	(대) 자기주식	×××
소각시	액면금액 > 취득원가		(차) 자본금	×××	(대) 자기주식 　　　감자차익	××× ×××
	액면금액 < 취득원가		(차) 자본금 　　　감자차익	××× ×××	(대) 자기주식	×××

기본서 p.356~358   정답 ④

---

12 (주)한국의 20×1년도 자기주식과 관련된 거래이다. 자본총계가 증가하는 거래만을 모두 고르면?

> ㉠ 자기주식 1,000주를 주당 ₩700에 취득하였다.
> ㉡ 자기주식 200주를 주당 ₩800에 재발행하였다.
> ㉢ 자기주식 300주를 소각하였다.
> ㉣ 자기주식 500주를 주당 ₩600에 재발행하였다.

① ㉠, ㉡   ② ㉠, ㉢
③ ㉡, ㉢   ④ ㉡, ㉣
⑤ ㉢, ㉣

정답 및 해설

11 ⑤

결산승인 전 미처분이익잉여금		43,000
임의적립금 이입액	+	3,000
주식할인발행차금상각액	−	2,000
현금배당액	−	10,000
차기이월 미처분이익잉여금	=	34,000

12 ④ ㉠ 자기주식의 취득 ⇨ 자본의 감소
　　　㉡ 자기주식의 재발행(처분) ⇨ 자본의 증가
　　　㉢ 자기주식의 소각 ⇨ 자본 불변
　　　㉣ 자기주식의 재발행(처분) ⇨ 자본의 증가

13 다음 자료를 이용하여 계산한 기말자본총액은?

- 기초자본총액: ₩24,000
- 7월 1일: 주당 액면금액 ₩100의 자기주식 10주를 주당 ₩400에 취득
- 8월 1일: 위 자기주식 중 3주를 주당 ₩420에 매각
- 9월 1일: 위 자기주식 중 2주를 소각

① ₩21,260　　　　　　　② ₩23,550
③ ₩25,500　　　　　　　④ ₩26,250
⑤ ₩27,950

대표예제 36　　**주당순이익 ★★**

(주)한국의 20×1년 보통주 관련 자료는 다음과 같다.

- 1월 1일: 회사를 설립하고 보통주 1,000주를 발행
- 7월 1일: 400주 유상증자(현금을 받을 권리 발생일은 7월 1일이며, 공정가치로 발행) 실시
- 10월 1일: 10% 무상증자 실시

20×1년 (주)한국의 보통주에 귀속되는 당기순이익은 ₩264,000일 때, 기본주당이익은? (단, 가중평균유통보통주식수 계산시 월수를 가중치로 사용한다)

① ₩200　　　　　　　② ₩220
③ ₩250　　　　　　　④ ₩270
⑤ ₩300

해설|

$$기본주당이익 = \frac{당기순이익\ ₩264,000}{가중평균유통보통주식수\ 1,320주^*} = ₩200$$

* 가중평균유통주식수 = [1,000주 + (400주 × 6/12)] × 1.1 = 1,320주

보충

가중평균	유통기간에 따른 가중치(= 주식수 × 유통기간 월수/12)
자기주식	보유기간의 자기주식수(= 자기주식수 × 보유기간 월수/12)는 제외
유상증자	현금을 받을 권리가 발생하는 날(납입일)을 기준
무상증자 등	기중의 무상증자, 주식배당, 주식분할, 주식병합은 기초에 실시된 것으로 간주 (단, 기중 유상증자로 발행한 신주에 대하여는 납입일에 실시된 것으로 간주)

기본서 p.367~368　　　　　　　　　　　　　　　　　　　　정답 ①

14 (주)한국의 20×1년 초 보통주 발행주식수는 1,000주이며, 20×1년도 당기순이익은 ₩200,000이다. 20×1년도 중 보통주의 변동내역이 다음과 같다. 20×1년도 주당이익은? (단, 주식수는 월수로 가중평균한다)

- 4월 1일: 유상증자 200주
- 10월 1일: 자기주식 600주 취득

① ₩100   ② ₩200
③ ₩300   ④ ₩400
⑤ ₩500

15 (주)한국의 20×0년 12월 31일 유통주식은 보통주 1,200주(액면금액 ₩500), 우선주 1,000주(액면금액 ₩500, 연 8% 배당인 비참가적·비누적적 우선주)이다. (주)한국은 20×1년 10월 1일 보통주 자기주식 200주를 취득하였다. 20×1년 당기순이익이 ₩1,650,000일 때, 20×1년 기본주당순이익은? (단, 이익에 대한 현금배당 결의를 하였으며, 가중평균유통주식수는 월할계산한다)

① ₩825   ② ₩1,375
③ ₩1,400   ④ ₩1,500
⑤ ₩1,610

제1편 재무회계

제9장

정답 및 해설

13 ① 기말자본 = 기초자본 − 자기주식 취득 + 자기주식 매각
             = ₩24,000 − (10주 × ₩400) + (3주 × ₩420) + ₩0 = ₩21,260

14 ② 주당이익 = $\dfrac{\text{당기순이익 ₩200,000}}{\text{가중평균유통보통주식수 1,000주*}}$ = ₩200

    * 가중평균유통주식수 = 1,000주 + (200주 × 9/12) − (600주 × 3/12) = 1,000주

15 ③ 기본주당순이익 = $\dfrac{\text{당기순이익 ₩1,650,000 − 우선주배당금 ₩40,000*}^1}{\text{가중평균유통주식수 1,150주*}^2}$ = ₩1,400

    *¹ 우선주배당금 = 1,000주 × ₩500 × 8% = ₩40,000
    *² 가중평균유통주식수 = 1,200주 − (200주 × 3/12) = 1,150주

제9장 자본　**163**

16 (주)한국의 20×1년 초 발행보통주식수는 200주이고 20×1년 7월 1일 유상증자로 보통주 100주를 발행하였다. 한편, 20×1년 초 발행우선주식수는 200주(1주당 액면 ₩2,500, 액면배당률 4%)이고 이후에는 우선주 발행이 없었다. 20×1년의 당기순이익이 ₩40,000일 때, (주)한국의 20×1년 기본주당순이익은?

① ₩50   ② ₩80   ③ ₩100
④ ₩160   ⑤ ₩200

17 20×1년 1월 1일 설립한 (주)한국의 20×1년 보통주(주당 액면금액 ₩5,000) 변동현황은 다음과 같다.

구분	내용	보통주 증감
1월 1일	유통보통주식수	10,000주 증가
4월 1일	무상증자	2,000주 증가
7월 1일	유상증자	1,800주 증가
10월 1일	자기주식 취득	1,800주 감소

20×1년 7월 1일 유상증자는 공정가치로 이루어졌으며, 20×1년 당기순이익은 ₩996,000 이다. 20×1년 기본주당순이익은? (단, 우선주는 없고, 가중평균유통주식수는 월할계산한다)

① ₩50   ② ₩60   ③ ₩70
④ ₩80   ⑤ ₩90

정답 및 해설

16 ②

$$주당이익 = \frac{당기순이익 ₩40,000 - 우선주배당금 ₩20,000^{*1}}{가중평균유통보통주식수 250주^{*2}} = ₩80$$

^{*1} 우선주배당금 = 200주 × ₩2,500 × 4% = ₩20,000
^{*2} 가중평균유통보통주식수 = 200주 + (100주 × 6/12) = 250주

17 ④

(1) $주당이익 = \dfrac{당기순이익 ₩996,000}{가중평균유통보통주식수 12,450주} = ₩80$

(2) 가중평균유통주식수

1/1	유통보통주식수	10,000주	
4/1	무상증자	+ 2,000주	
7/1	유상증자	+ 900주	⇐ 1,800주 × 6/12
10/1	자기주식 취득	− 450주	⇐ 1,800주 × 3/12
	가중평균유통보통주식수	= 12,450주	

제10장 수익과 비용

대표예제 37   수익과 비용 인식 및 위탁판매와 장기할부판매 ★★

(주)한국은 20×1년 1월 1일 원가 ₩80,000의 재고자산을 판매하고 계약금으로 현금 ₩10,000
을 수령한 후 다음과 같이 대금을 수령하기로 하였다. 재고자산 판매일 현재 할인율은 연 10%이
다. (주)한국이 인식할 20×2년 말 매출채권 장부금액과 20×2년 이자수익은 각각 얼마인가?
(단, 명목가치와 현재가치의 차이는 중요하고, 정상연금 ₩1의 현재가치는 2.4868(3기간, 10%)
이다. 또한, 계산시 소수점 첫째자리에서 반올림한다)

20×1년 12월 31일	20×2년 12월 31일	20×3년 12월 31일
₩30,000	₩30,000	₩30,000

	20×2년 말 매출채권 장부금액	20×2년 이자수익
①	₩27,271	₩2,727
②	₩52,064	₩5,206
③	₩27,271	₩5,206
④	₩52,064	₩2,727
⑤	₩74,604	₩5,206

해설 | (1) 20×2년 말 매출채권 장부금액 = (₩74,604* × 1.1 − ₩30,000) × 1.1 − ₩30,000 = ₩27,271
      * 20×1년 초 장기매출채권 = ₩30,000 × 2.4868 = ₩74,604
   (2) 20×2년 이자수익 = (₩74,604 × 1.1 − ₩30,000) × 0.1 = ₩5,206

보충

구분	회계처리			
인도시	(차) 장기매출채권	×××	(대) 매출	×××
			현재가치할인차금	×××
회수시	(차) 현금	×××	(대) 장기매출채권	×××
	현재가치할인차금		이자수익	×××

기본서 p.385~399   정답 ③

01 고객과의 계약으로 식별하기 위한 기준에 관한 설명으로 옳지 않은 것은?

① 계약 당사자들이 계약을 서면으로, 구두로 또는 그 밖의 사업 관행에 따라 승인하고 각자의 의무를 수행하기로 확약한다.
② 이전할 재화나 용역과 관련된 각 당사자의 권리를 식별할 수 있다.
③ 이전할 재화나 용역의 지급조건을 식별할 수 있다.
④ 계약에 상업적 실질을 요하지 않는다.
⑤ 고객에게 이전할 재화나 용역에 대하여 받을 권리를 갖게 될 대가의 회수가능성이 높다.

02 다음 중 수익인식에 대한 설명으로 옳지 않은 것은?

① 위탁판매의 경우 수탁자가 제3자에게 재화를 판매한 시점에 수익을 인식한다.
② 상품권의 발행과 관련된 수익은 상품권을 판매하는 시점에 수익으로 인식한다.
③ 장기할부판매의 경우 이자 부분을 제외한 판매가액에 해당하는 수익을 판매시점에 인식한다.
④ 선적지인도조건으로 판매한 경우 선적을 완료한 시점에 수익을 인식한다.
⑤ 도착지인도조건으로 판매한 경우 목적지에 도착한 시점에 수익을 인식한다.

03 다음 중 체계적이고 합리적인 배분절차를 기준으로 포괄손익계산서에 인식하는 비용은?

① 매출원가 　　② 판매운임
③ 감가상각비 　　④ 급여
⑤ 광고선전비

04 20×1년 (주)한국은 상품 500개(단위당 원가 ₩900)를 (주)대한에게 판매를 위탁하고 운송비 ₩100,000을 현금으로 지급하였다. (주)대한은 20×1년 12월 31일 현재 300 단위의 상품을 단위당 ₩2,000에 판매하였다. (주)한국은 판매액의 10%를 수수료로 (주)대한에게 지급한다. 20×1년 (주)한국이 인식할 기말재고자산은?

① ₩200,000 　　② ₩210,000
③ ₩220,000 　　④ ₩230,000
⑤ ₩240,000

05 (주)한국은 (주)민국에 TV를 위탁하여 판매하고 있다. 20×1년 (주)한국은 TV 10대 (대당 판매가격 ₩1,000,000, 대당 원가 ₩800,000)를 (주)민국에게 발송하였으며, 운송업체에 발송비 ₩100,000을 지급하였다. (주)민국은 (주)한국으로부터 20×1년 초 수탁한 TV 10대 중 8대를 20×1년에 판매하였다. (주)한국이 20×1년도에 인식할 매출원가는?

① ₩6,400,000   ② ₩6,480,000

③ ₩6,500,000   ④ ₩6,550,000

⑤ ₩8,100,000

정답 및 해설

01 ④ 계약에 <u>상업적 실질이 있어야</u> 한다.

02 ② 상품권의 발행과 관련된 수익은 <u>상품권을 회수하는 시점</u>에 수익으로 인식한다.

03 ③ ① 매출원가: 직접 대응
② 판매운임: 직접 대응
③ 감가상각비: 체계적이고 합리적인 배분
④ 급여: 즉시 인식
⑤ 광고선전비: 즉시 인식

04 ③ 기말재고자산 = 200단위 × ₩1,100* = ₩220,000
* 단위당 원가 = (500단위 × ₩900 + ₩100,000) ÷ 500단위 = ₩1,100

05 ② 매출원가 = (10대 × ₩800,000 + ₩100,000) × 8대/10대 = ₩6,480,000

06 공기청정기를 위탁판매하고 있는 (주)한국은 20×1년 초 공기청정기 10대(대당 판매가격 ₩1,000, 대당 원가 ₩700)를 (주)대한에 적송하였으며, 운송업체에 총운송비용 ₩100을 현금으로 지급하였다. (주)대한은 위탁받은 공기청정기 10대 중 7대를 20×1년에 판매하였다. 20×1년 위탁판매와 관련하여 (주)한국이 인식할 매출원가는?

① ₩4,970
② ₩5,700
③ ₩7,070
④ ₩8,100
⑤ ₩10,000

07 (주)한국은 20×1년 초 (주)대한에게 원가 ₩50,000의 상품을 판매하고 대금은 매년 말 ₩40,000씩 총 3회에 걸쳐 현금으로 수취하기로 하였다. (주)한국이 20×2년에 인식해야 할 이자수익은? (단, 20×1년 초 (주)한국의 신용 특성을 반영한 이자율은 5%이고, 계산 금액은 소수점 첫째자리에서 반올림하고, 단수차이로 인한 오차가 있으면 가장 근사치를 선택한다)

기간	단일금액 ₩1의 현재가치 (할인율 = 5%)	정상연금 ₩1의 현재가치 (할인율 = 5%)
3	0.8638	2.7232

① ₩0
② ₩1,905
③ ₩3,719
④ ₩5,446
⑤ ₩6,000

08 (주)한국은 20×1년 7월 1일 원가 ₩80,000의 재고자산을 판매하고 계약금으로 현금 ₩10,000을 수령한 후 다음과 같이 대금을 수령하기로 하였다. 재고자산 판매일 현재 할인율이 연 10%일 때 동 거래로 인하여 발생되는 (주)한국의 20×1년 매출총이익은? [단, 명목가치와 현재가치의 차이는 중요하고, 정상연금 ₩1의 현재가치는 2.4868(3기간, 10%)이다]

20×2년 6월 30일	20×3년 6월 30일	20×4년 6월 30일
₩30,000	₩30,000	₩30,000

① ₩3,730
② ₩4,604
③ ₩8,334
④ ₩10,000
⑤ ₩20,000

제1편 재무회계

제10장

정답 및 해설

06 ① 매출원가 = (10대 × ₩700 + ₩100) × 7대/10대 = ₩4,970

07 ③ 20×2년 이자수익 = (₩108,928* × 1.05 − ₩40,000) × 0.05 = ₩3,719
  *20×1년 초 장기매출채권 = ₩40,000 × 2.7232 = ₩108,928

08 ② 매출액   84,604   ⇐ ₩10,000 + ₩30,000 × 2.4868
  매출원가   − 80,000
  매출총이익 =   4,604

(주)한국은 건설계약금액 ₩200,000인 도급공사를 수주하였다. 공사기간은 20×1년부터 20×3년까지이다. 다음의 자료를 이용하여 계산한 진행기준에 의한 20×2년도 계약손익은? (단, 공사진행률은 발생원가기준에 의한다)

구분	20×1년	20×2년	20×3년
실제발생 누적계약원가	₩20,000	₩60,000	₩150,000
완성시까지 추가계약원가	₩80,000	₩150,000	₩0

① 이익 ₩50,000   ② 손실 ₩50,000
③ 이익 ₩60,000   ④ 손실 ₩60,000
⑤ ₩0

해설

구분	20×1년	20×2년	20×3년	계
실제발생 누적계약원가	₩20,000	₩50,000	₩150,000	
완성시까지 총계약원가	₩100,000	₩230,000	₩230,000	
누적진행률	20%			
당기계약수익	₩40,000*1			₩200,000
당기계약원가	₩20,000			₩230,000
당기계약손익	이익 ₩20,000	손실 ₩50,000*3	₩0	손실 ₩30,000*2

*1 20×1년 계약수익 = ₩200,000 × 20% = ₩40,000
*2 총예상계약손실 = 총계약원가 ₩230,000 − 총계약수익 ₩200,000 = ₩30,000
*3 20×2년 계약손실 = 총예상계약손실 ₩30,000 + 전기까지 인식한 계약이익 ₩20,000
      = ₩50,000

보충

누적진행률	=	$\dfrac{\text{당기까지 누적계약원가(실제)}}{\text{완성시까지 총계약원가(추정)}}$
	=	$\dfrac{\text{당기까지 누적계약원가(실제)}}{\text{당기까지 누적계약원가(실제) + 추가계약원가(추정)}}$
당기진행률	= 당기까지 누적진행률 − 전기까지 누적진행률	
당기계약수익	① 총계약금액 불변 = 총계약금액 × 당기진행률 ② 총계약금액 변동 = 총계약금액 × 누적진행률 − 전기까지 인식한 계약수익	
당기계약원가	① 원가기준으로 진행률 계산 = 당기 실제발생원가 ② 원가기준 외의 기준으로 진행률 계산 = 총계약원가 × 누적진행률 − 전기까지 인식한 계약원가	
당기계약손익	= 당기계약수익 − 당기계약원가	

기본서 p.400~404

정답 ②

09 (주)한국은 20×1년 초에 도급금액 ₩1,000,000인 건설공사를 수주하고, 20×3년 말에 공사를 완공하였다. 이와 관련된 원가자료는 다음과 같다. (주)한국이 20×2년도 포괄손익계산서에 인식할 공사손익과 20×2년 말 재무상태표에 표시할 미청구공사(또는 초과청구공사) 금액은? (단, 진행률은 발생누적계약원가를 추정총계약원가로 나눈 비율로 계산한다)

구분	20×1년	20×2년	20×3년
실제발생 공사원가	₩320,000	₩200,000	₩250,000
연도 말 예상추가원가	₩480,000	₩280,000	–
계약대금청구액	₩350,000	₩350,000	₩300,000

	공사이익(손실)	미청구공사(초과청구공사)
①	₩80,000	₩50,000
②	₩60,000	₩30,000
③	(₩80,000)	(₩30,000)
④	₩50,000	(₩50,000)
⑤	(₩50,000)	₩30,000

정답 및 해설

09 ④ (1) 공사이익

구분	20×1년	20×2년	20×3년	계
실제발생 공사원가	₩320,000	₩200,000	₩250,000	
누적공사원가	₩320,000	₩520,000	₩770,000	
추가원가	₩480,000	₩280,000	–	
완성시까지 총계약원가	₩800,000	₩800,000	₩770,000	
누적진행률	40%	65%	100%	
당기진행률	40%	25%	35%	
당기계약수익	₩400,000[*1]	₩250,000[*2]	₩350,000	₩1,000,000
당기계약원가	₩320,000	₩200,000	₩250,000	₩770,000
당기계약손익	이익 ₩80,000	이익 ₩50,000	이익 ₩100,000	이익 ₩230,000

[*1] ₩1,000,000 × 40% = ₩400,000
[*2] ₩1,000,000 × 25% = ₩250,000

(2) 미청구공사(또는 초과청구공사)

구분	20×1년	20×2년
누적계약수익	₩400,000	₩650,000
누적대금청구액	₩350,000	₩700,000
미청구공사(또는 초과청구공사)	미청구공사 ₩50,000	초과청구공사 ₩50,000

10 (주)한국은 건설계약금액 ₩900,000인 도급공사를 수주하였다. 공사기간은 20×1년부터 20×3년까지이다. (주)한국은 진행기준에 의해 수익과 비용을 인식하고, 공사진행률은 발생원가기준에 의한다. 20×2년 계약손익은?

구분	20×1년	20×2년	20×3년
당기발생 계약원가	₩150,000	₩125,000	₩275,000
완성시까지 추가계약원가	₩350,000	₩275,000	₩0

① 이익 ₩15,000
② 손실 ₩15,000
③ 이익 ₩55,000
④ 손실 ₩55,000
⑤ 이익 ₩120,000

11 (주)한국은 건설계약금액 ₩200,000인 도급공사를 수주하였다. 공사기간은 20×1년부터 20×3년까지이다. 다음의 자료를 이용하여 진행기준에 의한 20×2년도 계약이익을 계산하면 얼마인가? (단, 공사진행률은 발생원가기준에 의한다)

구분	20×1년	20×2년	20×3년
실제발생 누적계약원가	₩20,000	₩48,000	₩120,000
완성시까지 총계약원가	₩100,000	₩120,000	₩120,000

① ₩10,000
② ₩12,000
③ ₩20,000
④ ₩24,000
⑤ ₩30,000

12 (주)한국은 20×1년 초에 장기건설계약(건설기간 4년)을 체결하였다. 총공사계약액은 ₩10,000이고 공사원가 관련 자료는 다음과 같다. (주)한국이 발생원가에 기초하여 진행률을 계산하는 경우, 20×3년도에 인식할 공사손익은?

구분	20×1년	20×2년	20×3년	20×4년
당기발생 공사원가	₩1,200	₩2,300	₩2,500	₩2,000
완성에 소요될 추가공사원가 예상액	₩4,800	₩3,500	₩2,000	–

① 손실 ₩1,500
② 손실 ₩700
③ ₩0
④ 이익 ₩700
⑤ 이익 ₩1,500

10 ③

구분	20×1년	20×2년	20×3년	계
누적계약원가	₩150,000	₩275,000	₩550,000	
총계약원가	₩500,000	₩550,000	₩550,000	
누적진행률	30%	50%	100%	
당기진행률	30%	20%	50%	
당기계약수익	₩270,000[*1]	₩180,000[*2]	₩450,000	₩900,000
당기계약원가	₩150,000	₩125,000	₩275,000	₩550,000
당기계약이익	₩120,000	₩55,000	₩175,000	₩350,000

[*1] ₩900,000 × 30% = ₩270,000
[*2] ₩900,000 × 20% = ₩180,000

11 ②

구분	20×1년	20×2년	20×3년	계
실제발생 누적계약원가	₩20,000	₩48,000	₩120,000	
완성시까지 총계약원가	₩100,000	₩120,000	₩120,000	
누적진행률	20%	40%	100%	
당기진행률	20%	20%	60%	
당기계약수익	₩40,000[*1]	₩40,000[*2]	₩120,000	₩200,000
당기계약원가	₩20,000	₩28,000	₩72,000	₩120,000
당기계약이익	₩20,000	₩12,000	₩48,000	₩80,000

[*1] 20×1년 계약수익 = 총건설계약금액 ₩200,000 × 당기진행률 20% = ₩40,000
[*2] 20×2년 계약수익 = 총건설계약금액 ₩200,000 × 당기진행률 20% = ₩40,000

12 ③

구분	20×1년	20×2년	20×3년
총계약금액	₩10,000	₩10,000	₩10,000
당기계약원가	₩1,200	₩2,300	₩2,500
누적계약원가		₩3,500	₩6,000
총계약원가		₩7,000	₩8,000
누적진행률		50%	75%
당기진행률			25%
당기계약수익			₩2,500*
당기계약원가			₩2,500
당기계약손익			₩0

* ₩10,000 × 25% − ₩2,500 = ₩0

제11장 회계변경과 오류수정

(주)한국은 20×1년 초에 영업을 개시하여 재고자산의 단위원가 결정방법으로 가중평균법을 사용하여 왔다. 20×2년도의 매출원가와 매출총이익은 각각 ₩200,000과 ₩100,000이었다. 다음 자료에 의하여 20×1년부터 선입선출법을 사용해 왔다면 20×2년도의 매출총이익은?

구분	20×1년 말	20×2년 말
가중평균법 재고자산	₩22,000	₩25,000
선입선출법 재고자산	₩25,000	₩35,000

① ₩93,000   ② ₩100,000   ③ ₩107,000
④ ₩110,000   ⑤ ₩117,000

해설

가중평균법 매출총이익	100,000
기초재고자산 증가	− 3,000
기말재고자산 증가	+ 10,000
선입선출법 매출총이익	= 107,000

보충

회계정책의 정의	회계정책은 기업이 재무제표를 작성·표시하기 위하여 적용하는 구체적인 원칙, 근거, 관습, 규칙 및 관행을 말한다.
회계정책을 변경할 수 있는 경우	① 한국채택국제회계기준에서 회계정책의 변경을 요구하는 경우 ② 회계정책의 변경을 반영한 재무제표가 거래, 기타 사건 또는 상황이 재무상태, 재무성과 또는 현금흐름에 미치는 영향에 대하여 신뢰성 있고 더 목적적합한 정보를 제공하는 경우
회계정책의 변경에 해당하지 않는 경우	① 과거에 발생한 거래와 실질이 다른 거래, 기타 사건 또는 상황에 대하여 다른 회계정책을 적용하는 경우 ② 과거에 발생하지 않았거나 발생하였어도 중요하지 않았던 거래, 기타 사건 또는 상황에 대하여 새로운 회계정책을 적용하는 경우
회계정책 변경의 예	① 재고자산 측정기준의 변경(선입선출법 ⇄ 가중평균법) ② 유형자산·무형자산 측정기준의 변경(원가모형 ⇄ 재평가모형) ③ 투자부동산 측정기준 변경(원가모형 ⇄ 공정가치모형)
회계정책 변경의 회계처리	**원칙** 새로운 회계정책을 처음부터 적용된 것처럼 조정(소급법) **예외** 과거기간 전체에 대한 회계정책 적용의 누적효과를 실무적으로 결정할 수 없는 경우에는 실무적으로 적용할 수 있는 가장 이른 날부터 새로운 회계정책을 전진적용하여 비교정보를 재작성(전진법)

기본서 p.419~422

정답 ③

01 (주)한국은 20×1년 1월 1일 기계장치를 취득(취득원가 ₩620,000, 내용연수 5년, 잔존가치 ₩20,000)하고 이를 정액법으로 감가상각하였다. 20×3년 1월 1일 감가상각방법을 정액법에서 연수합계법으로 변경하였으나, 내용연수와 잔존가치는 변함이 없다. 20×3년 감가상각비는?

① ₩176,000　　　　　　　② ₩180,000

③ ₩186,000　　　　　　　④ ₩190,000

⑤ ₩196,000

02 (주)한국은 20×1년 1월 1일 기계(내용연수 5년, 잔존가치 ₩100,000)를 ₩600,000에 취득하였다. (주)한국은 해당 기계에 대하여 원가모형을 적용하고 있으며, 감가상각방법으로 정액법을 사용한다. (주)한국은 20×2년 초에 정당한 사유에 의하여 감가상각방법을 연수합계법으로 변경하였고, 잔존가치는 없는 것으로 재추정하였다. 동 기계에 대하여 (주)한국이 20×2년 12월 31일에 인식할 감가상각비는?

① ₩100,000　　　　　　　② ₩125,000

③ ₩200,000　　　　　　　④ ₩250,000

⑤ ₩300,000

정답 및 해설

01 ② (1) 20×3년 감가상각비 = (20×3년 초 변경 직전 장부금액 ₩380,000 − ₩20,000) × 3/6 = ₩180,000
　　　　(2) 20×3년 초 변경 직전 장부금액 = (₩620,000 − ₩20,000) × 3/5 + ₩20,000 = ₩380,000

02 ③ (1) 20×2년 감가상각비 = 20×2년 초 변경 직전 장부금액 ₩500,000 × 4/10 = ₩200,000
　　　　(2) 20×2년 초 변경 직전 장부금액 = (₩600,000 − ₩100,000) × 4/5 + ₩100,000 = ₩500,000

03 (주)한국은 총내용연수 5년, 잔존가치 ₩10,000으로 추정되는 기계를 ₩100,000에 20×1년 1월 1일 취득하였다. 감가상각비는 연수합계법으로 계상하였으며 20×4년 초에 정당한 사유로 감가상각방법은 정액법, 총내용연수는 8년, 잔존가치는 ₩4,000으로 변경하였다. 20×4년 감가상각비는?

① ₩4,500　　　　　　　　　　② ₩4,800

③ ₩5,000　　　　　　　　　　④ ₩5,200

⑤ ₩5,600

04 (주)한국은 20×1년 초 기계장치(취득원가 ₩1,000,000, 내용연수 5년, 잔존가치 ₩0, 정액법 상각)를 취득하여 원가모형을 적용하고 있다. 20×2년 초 (주)한국은 동 기계장치에 대해 자산인식기준을 충족하는 후속원가 ₩325,000을 지출하였다. 이로 인해 내용연수가 2년 연장(20×2년 초 기준 잔존내용연수 6년)되고 잔존가치는 ₩75,000 증가할 것으로 추정하였으며, 감가상각방법은 이중체감법(상각률은 정액법 상각률의 2배)으로 변경하였다. 20×2년도 동 기계장치의 감가상각비는?

① ₩325,000　　　　　　　　　② ₩350,000

③ ₩375,000　　　　　　　　　④ ₩400,000

⑤ ₩425,000

05 (주)한국은 20×1년 초 기계장치(취득원가 ₩1,000,000, 내용연수 5년, 잔존가치 ₩0, 정액법 상각)를 취득하여 원가모형을 적용하고 있다. 20×2년 초 (주)한국은 동 기계장치에 대해 자산인식기준을 충족하는 후속원가 ₩325,000을 지출하였다. 이로 인해 내용연수가 2년 연장되고 잔존가치는 ₩75,000 증가할 것으로 추정하였다. 20×2년도 동 기계장치의 감가상각비는?

① ₩125,000　　　　　　　　　② ₩150,000

③ ₩175,000　　　　　　　　　④ ₩200,000

⑤ ₩225,000

06 (주)한국은 20×1년 초 기계장치(취득원가 ₩200,000, 내용연수 5년, 잔존가치 ₩20,000, 정액법 적용)를 취득하였다. 20×3년 초 내용연수를 6년으로 변경하고, 잔존가치는 ₩30,000으로 변경하였다. 이러한 내용연수 및 잔존가치의 변경은 정당한 회계변경으로 인정된다. (주)한국의 20×4년 초에 동 기계장치를 ₩150,000에 처분하였다. 기계장치의 처분이익은? (단, 원가모형을 적용하며, 감가상각비는 월할계산한다)

① ₩46,500
② ₩47,500
③ ₩49,000
④ ₩50,000
⑤ ₩52,000

정답 및 해설

03 ② (1) 20×4년 감가상각비 = (20×4년 초 변경 직전 장부금액 ₩28,000 − ₩4,000) × 1/5 = ₩4,800
　　　(2) 20×4년 초 변경 직전 장부금액 = (₩100,000 − ₩10,000) × 3/15 + ₩10,000 = ₩28,000

04 ③ (1) 20×2년도 감가상각비 = (20×2년 초 변경 직전 장부금액 ₩800,000 + ₩325,000) × 2/6
　　　　= ₩375,000
　　　(2) 20×2년 초 변경 직전 장부금액 = ₩1,000,000 × 4/5 = ₩800,000

05 ③ (1) 20×2년도 감가상각비 = (20×2년 초 변경 직전 장부금액 ₩800,000 + ₩325,000 − ₩75,000)
　　　　× 1/6 = ₩175,000
　　　(2) 20×2년 초 변경 직전 장부금액 = ₩1,000,000 × 4/5 = ₩800,000

06 ① (1) 20×4년 처분이익 = 처분금액 ₩150,000 − 20×4년 초 처분 직전 장부금액 ₩103,500 = ₩46,500
　　　(2) 20×4년 초 처분 직전 장부금액 = (20×3년 초 변경 직전 장부금액 ₩128,000 − ₩30,000) ×
　　　　3/4 + ₩30,000 = ₩103,500
　　　(3) 20×3년 초 변경 직전 장부금액 = (₩200,000 − ₩20,000) × 3/5 + ₩20,000 = ₩128,000

07 (주)한국은 20×1년 초에 영업을 개시하여 재고자산의 단위원가 결정방법으로 가중평균법을 사용하여 왔다. 20×2년도의 매출원가와 매출총이익은 각각 ₩200,000과 ₩100,000이었다. 다음 자료에 의하여 20×1년부터 선입선출법을 사용해 왔다면 20×2년도의 매출원가는?

구분	20×1년 말	20×2년 말
가중평균법 재고자산	₩22,000	₩25,000
선입선출법 재고자산	₩25,000	₩35,000

① ₩193,000　　　　　　　　　② ₩200,000
③ ₩207,000　　　　　　　　　④ ₩210,000
⑤ ₩217,000

08 (주)한국은 재고자산을 20×1년 말까지 평균법을 적용해 오다가 20×2년 초 선입선출법으로 회계정책을 변경하였다. 다음은 20×1년 말과 20×2년 말의 평가방법 재고자산 금액이다.

구분		20×1년 말	20×2년 말
재고자산 금액	평균법	₩2,800	₩2,200
	선입선출법	₩2,500	₩2,800

평균법을 적용한 20×2년 당기순이익이 ₩2,000일 때, 변경 후 20×2년 당기순이익은? (단, 동 회계정책 변경은 한국채택국제회계기준에서 제시하는 조건을 충족하는 것이며, 선입선출법으로의 회계정책 변경에 대한 소급효과를 모두 결정할 수 있다고 가정한다)

① ₩1,400　　　　　　　　　② ₩2,000
③ ₩2,300　　　　　　　　　④ ₩2,600
⑤ ₩2,900

09 (주)한국은 20×3년에 처음 회계감사를 받았는데, 기말상품재고에 대하여 다음과 같은 오류가 발견되었다. 각 연도별로 (주)한국이 보고한 당기순이익이 다음과 같을 때, 20×3년의 오류 수정 후 당기순이익은?

연도	당기순이익	기말상품재고 오류
20×1년	₩15,000	₩2,000 과소평가
20×2년	₩20,000	₩3,000 과소평가
20×3년	₩25,000	₩2,000 과대평가

① ₩18,000
② ₩20,000
③ ₩22,000
④ ₩25,000
⑤ ₩30,000

정답 및 해설

07 ①

가중평균법 매출원가		200,000
기초재고자산 증가	+	3,000
기말재고자산 증가	−	10,000
선입선출법 매출원가	=	193,000

08 ⑤

평균법 당기순이익		2,000
기초재고자산 감소	+	300
기말재고자산 증가	+	600
선입선출법 당기순이익	=	2,900

09 ②

20×3년 수정 전 당기순이익		25,000
20×2년 기말상품재고 과소	−	3,000
20×3년 기말상품재고 과대	−	2,000
20×3년 수정 후 당기순이익	=	20,000

제12장 재무제표의 표시

재무제표에 대한 설명으로 옳지 않은 것은?

① 자산과 부채를 유동과 비유동 구분법으로 표시하는 경우 이연법인세자산과 이연법인세부채는 비유동자산과 비유동부채로 분류하지 아니한다.

② 유동성 순서에 따른 표시방법을 적용할 경우 모든 자산과 부채는 유동성이 높은 항목부터 표시한다.

③ 신뢰성 있고 더욱 목적적합한 정보를 제공한다면 자산과 부채의 일부는 유동과 비유동 구분법으로, 나머지는 유동성 순서에 따른 표시방법으로 표시하는 것이 허용된다.

④ 수익과 비용의 특별손익항목은 포괄손익계산서뿐만 아니라 주석으로도 표시할 수 없다.

⑤ 비용의 기능별 분류법은 성격별 분류법보다 재무제표이용자에게 더욱 목적적합한 정보를 제공한다.

해설 | 자산과 부채를 유동과 비유동 구분법으로 표시하는 경우 이연법인세자산과 이연법인세부채는 유동자산과 유동부채로 분류하지 아니한다.

보충 | 재무제표

목적	① 재무제표의 목적은 광범위한 정보이용자의 경제적 의사결정에 유용한 기업의 재무상태, 재무성과와 재무상태 변동에 관한 정보를 제공하는 것이다. ② 재무제표는 위탁받은 자원에 대한 경영진의 수탁책임 결과도 보여준다.
유용성	재무제표의 정보는 주석에서 제공되는 정보와 함께 재무제표이용자가 기업의 미래현금흐름, 특히 그 시기와 확실성을 예측하는 데 도움을 준다. ▶ 재무제표 제공정보 ① 자산, ② 부채, ③ 자본, ④ 차익과 차손을 포함한 광의의 수익과 비용, ⑤ 소유주로서의 자격을 행사하는 소유주에 의한 출자와 소유주에 대한 배분, ⑥ 현금흐름
범위	① 재무상태표 ② 포괄손익계산서 ③ 자본변동표 ④ 현금흐름표 ⑤ 주석
명칭	재무제표의 명칭은 다른 명칭을 사용할 수 있다.
비중	각각의 재무제표는 전체 재무제표에서 동등한 비중으로 표시한다.

표시 사항	① 보고기업의 명칭 ② 재무제표가 개별 기업에 대한 것인지 연결실체에 대한 것인지의 여부 ③ 보고기간종료일 또는 보고기간 ④ 표시통화 ⑤ 금액단위 ▶ 금액단위 　재무제표의 표시통화를 천 단위나 백만 단위로 표시할 때 더욱 이해가능성이 제고될 수 있다. 　이러한 표시는 금액 단위를 공시하고 중요한 정보가 누락되지 않는 경우에 허용될 수 있다.

기본서 p.433~434　　　　　　　　　　　　　　　　　　　　　　　　　　　　　　　정답 ①

01 재무제표에 대한 설명으로 옳지 않은 것은?

① 재무제표의 목적은 광범위한 정보이용자의 경제적 의사결정에 유용한 기업의 재무상태, 재무성과와 재무상태 변동에 관한 정보를 제공하는 것이다.

② 기업은 현금흐름 정보를 제외하고는 발생기준 회계를 사용하여 재무제표를 작성한다.

③ 한국채택국제회계기준에서 요구하거나 허용하지 않는 한 자산과 부채, 그리고 수익과 비용은 상계하지 아니한다.

④ 전체 재무제표(비교정보를 포함)는 적어도 분기마다 작성한다.

⑤ 한국채택국제회계기준이 달리 허용하거나 요구하는 경우를 제외하고는 당기 재무제표에 보고되는 모든 금액에 대해 전기 비교정보를 공시한다.

정답 및 해설

01 ④　전체 재무제표(비교정보를 포함)는 적어도 <u>1년마다 작성한다</u>.

02 재무상태표에 관한 설명으로 옳지 않은 것은?

① 기업의 재무상태를 이해하는 데 목적적합한 경우 재무상태표에 항목, 제목 및 중간합계를 추가하여 표시한다.

② 재무상태표의 자산과 부채는 유동자산과 비유동자산 및 유동부채와 비유동부채를 구분하여 표시하는 것을 원칙으로 한다.

③ 유동성 순서에 따른 표시방법이 신뢰성 있고 더욱 목적적합한 정보를 제공하는 경우에는 유동성 순서에 따른 표시방법으로 자산과 부채를 표시한다.

④ 유동성 순서에 따른 표시방법을 적용할 경우 모든 자산과 부채는 유동성의 순서에 따라 표시한다.

⑤ 하나의 재무상태표에서 유동과 비유동 구분법과 유동성 순서에 따른 표시방법을 혼합하여 표시할 수 없다.

03 20×3년 12월 31일 현재 (주)한국의 다음의 재무제표 정보를 이용하여 계산한 유동자산 금액은?

- 20×1년 10월 1일에 3년 만기로 발행한 사채(장부금액 ₩100,000)가 있다.
- 만기가 8개월 남은 정기예금 ₩200,000이 있다.
- 당좌예금 ₩50,000이 있다.
- 만기가 3년 남은 정기적금 ₩500,000이 있다.
- ₩100,000에 취득한 단기매매목적 주식의 기말 공정가치가 ₩150,000이다.

① ₩300,000
② ₩400,000
③ ₩450,000
④ ₩500,000
⑤ ₩900,000

04 포괄손익계산서에 관한 설명으로 옳지 않은 것은?

① 포괄손익계산서는 단일 포괄손익계산서와 두 개의 보고서 중 하나를 선택하여 표시한다.

② 수익과 비용의 어느 항목도 포괄손익계산서, 별개의 포괄손익계산서(표시하는 경우) 또는 주석에 특별손익 항목으로 표시할 수 없다.

③ 한 기간에 인식되는 모든 수익과 비용 항목은 한국채택국제회계기준이 달리 정하지 않는 한 당기손익으로 인식한다.

④ 기업은 비용에 대해서 성격별 또는 기능별 분류방법 중 하나를 선택하여 포괄손익계산서를 작성할 수 있다.

⑤ 비용의 성격별 분류법은 기능별 분류법보다 재무제표이용자에게 더욱 목적적합한 정보를 제공한다.

정답 및 해설

02 ⑤ 자산과 부채의 일부는 유동/비유동 구분법으로, 나머지는 유동성 순서에 따른 표시방법으로 표시하는 것이 허용된다.

03 ②

구분	유동자산	비유동자산	사채
• 20×1년 10월 1일에 3년 만기로 발행한 사채(장부금액 ₩100,000)가 있다.	-	-	₩100,000
• 만기가 8개월 남은 정기예금 ₩200,000이 있다.	₩200,000	-	-
• 당좌예금 ₩50,000이 있다.	₩50,000	-	-
• 만기가 3년 남은 정기적금 ₩500,000이 있다.	-	₩500,000	-
• ₩100,000에 취득한 단기매매목적 주식의 기말 공정가치가 ₩150,000이다.	₩150,000	-	-
합계	₩400,000	₩500,000	₩100,000

04 ⑤ 비용의 기능별 분류법이 성격별 분류법보다 재무제표이용자에게 더욱 목적적합한 정보를 제공한다.

05 포괄손익계산서에 관한 설명으로 옳지 않은 것은?

① 기타포괄손익의 항목과 관련한 법인세비용은 포괄손익계산서나 주석에 공시한다.
② 수익과 비용의 어느 항목도 당기손익과 기타포괄손익을 표시하는 보고서 또는 주석에 특별손익 항목으로 표시할 수 없다.
③ 비용을 기능별로 분류하는 기업은 감가상각비, 기타 상각비와 종업원급여 비용을 포함하여 비용의 성격에 대한 추가 정보를 공시한다.
④ 재분류조정은 해외사업장을 매각할 때와 위험회피예상거래가 당기손익에 영향을 미칠 때 발생한다.
⑤ 기타포괄손익으로 인식한 재평가잉여금의 변동은 후속 기간에 재분류하지 않으며, 자산이 제거될 때 이익잉여금으로 대체될 수 없다.

06 포괄손익계산서 표시에 대한 설명으로 옳지 않은 것은?

① 포괄손익계산서는 단일 포괄손익계산서와 두 개의 보고서 중 하나를 선택하여 표시한다.
② 기타포괄손익의 항목은 관련 법인세비용을 차감한 순액으로 표시하거나, 법인세비용 차감 전 금액으로 표시할 수 있다.
③ 기업은 비용의 성격별 또는 기능별 분류방법 중에서 신뢰성 있고 더욱 목적적합한 정보를 제공할 수 있는 방법을 적용하여 표시한다.
④ 성격별 분류법에서는 적어도 매출원가를 다른 비용과 분리하여 공시한다.
⑤ 기능별 분류법은 비용을 기능별로 배분하는데, 자의적인 배분과 상당한 정도의 판단이 개입될 수 있다.

07 재무상태표와 포괄손익계산서 표시에 대한 설명으로 옳지 않은 것은?

① 재무상태표에 유동과 비유동으로 구분하여 표시하는 경우 이연법인세자산(부채)은 유동자산(부채)으로 분류하지 아니한다.

② 유동성 순서에 따른 표시방법을 적용할 경우 모든 자산과 부채는 유동성의 순서에 따라 표시한다.

③ 수익에서 매출원가 및 판매비와관리비를 차감한 영업이익은 포괄손익계산서 본문에 구분표시한다.

④ 수익과 비용의 어느 항목도 특별손익으로 포괄손익계산서뿐만 아니라 주석으로 표시할 수 없다.

⑤ 비용의 성격별 또는 기능별 분류방법 중에서 목적적합한 정보를 제공할 수 있는 방법을 적용하여 당기손익으로 인식한 비용의 분석내용을 표시한다.

08 포괄손익계산서와 재무상태표에 관한 설명으로 옳지 않은 것은?

① 수익과 비용의 어느 항목도 당기손익과 기타포괄손익을 표시하는 보고서 또는 주석에 특별손익 항목으로 표시할 수 없다.

② 해당 기간에 인식한 모든 수익과 비용의 항목은 단일 포괄손익계산서에만 표시한다.

③ 영업주기는 영업활동을 위한 자산의 취득시점부터 그 자산이 현금이나 현금성자산으로 실현되는 시점까지 소요되는 기간이다.

④ 기업의 정상영업주기가 명확하게 식별되지 않는 경우 그 주기는 12개월인 것으로 가정한다.

⑤ 비용의 성격별 분류방법은 기능별 분류방법보다 자의적인 배분과 상당한 정도의 판단이 더 개입될 수 있다.

정답 및 해설

05 ⑤ 기타포괄손익으로 인식한 재평가잉여금의 변동은 후속 기간에 재분류하지 않으며, 자산이 제거될 때 <u>이익잉여금으로 대체될 수 있다</u>.

06 ④ <u>기능별 분류법에서는 적어도 매출원가를 다른 비용과 분리하여 공시한다</u>.

07 ⑤ 기업은 비용의 성격별 또는 기능별 분류방법 중에서 <u>신뢰성 있고 더욱 목적적합한 정보를 제공할 수 있는 방법</u>을 적용하여 당기손익으로 인식한 비용의 분석내용을 표시한다.

08 ② 해당 기간에 인식한 모든 수익과 비용의 항목은 <u>단일 포괄손익계산서 또는 두 개의 보고서(당기손익 부분을 표시하는 별개의 손익계산서와 포괄손익을 표시하는 보고서) 중 한 가지 방법으로 표시한다</u>.

09 장부 마감시 재무상태표의 이익잉여금으로 대체되는 항목이 아닌 것은?

① 이자비용　　　　　　　　　② 감가상각비
③ 임대료　　　　　　　　　　④ 매출원가
⑤ 재평가잉여금 증가

10 기타포괄손익 항목 중 후속적으로 당기손익으로 재분류되는 항목만으로 짝지은 것은?

ⓐ 재평가잉여금
ⓑ 기타포괄손익－공정가치측정 금융자산(채무상품) 평가손익
ⓒ 해외사업환산손익
ⓓ 현금흐름위험회피 파생상품 평가손익 중 위험회피에 효과적인 부분
ⓔ 확정급여제도의 재측정요소

① ㉠, ㉡　　　　　　　　　　② ㉠, ㉢
③ ㉡, ㉢, ㉣　　　　　　　　④ ㉢, ㉣, ㉤
⑤ ㉡, ㉢, ㉣, ㉤

11 기타포괄손익 항목 중 후속적으로 당기손익으로 재분류되지 않는 항목만으로 짝지은 것은?

ⓐ 재평가잉여금
ⓑ 기타포괄손익－공정가치측정 금융자산(지분상품) 평가손익
ⓒ 해외사업환산손익
ⓓ 현금흐름위험회피 파생상품 평가손익 중 위험회피에 효과적인 부분
ⓔ 확정급여제도의 재측정요소

① ㉠, ㉡　　　　　　　　　　② ㉠, ㉡, ㉤
③ ㉡, ㉢, ㉣　　　　　　　　④ ㉢, ㉣, ㉤
⑤ ㉡, ㉢, ㉣, ㉤

12 재무제표에 대한 설명으로 옳지 않은 것은?

① 자산과 부채를 유동과 비유동 구분법으로 표시하는 경우 이연법인세자산과 이연법인세부채는 비유동자산과 비유동부채로 분류한다.

② 유동성 순서에 따른 표시방법이 신뢰성 있고 더욱 목적적합한 정보를 제공하는 경우에는 유동성 순서에 따른 표시방법으로 자산과 부채를 표시한다.

③ 수익과 비용의 어느 항목도 당기손익과 기타포괄손익을 표시하는 보고서 또는 주석에 특별손익 항목으로 표시할 수 없다.

④ 한 기간에 인식되는 모든 수익과 비용 항목은 한국채택국제회계기준이 달리 정하지 않는 한 당기손익으로 인식한다.

⑤ 비용의 기능별 분류방법은 성격별 분류방법보다 미래현금흐름의 예측에 보다 유용한 정보를 제공한다.

정답 및 해설

09 ⑤ 재평가잉여금 증가는 기타포괄손익 항목으로 <u>기타포괄손익누계액</u>으로 대체되는 항목이다.

▶ 기타포괄손익 항목
- 재평가잉여금의 변동
- 확정급여제도의 재측정요소
- 해외사업장의 재무제표 환산으로 인한 손익
- 기타포괄손익 – 공정가치측정 금융자산의 평가손익
- 현금흐름위험회피수단의 평가손익 중 효과적인 부분

10 ③

기타포괄손익 항목	재분류조정 발생
• 재평가잉여금의 변동	×
• 확정급여제도의 재측정요소	×
• 해외사업장의 재무제표 환산으로 인한 손익	○
• 기타포괄손익–공정가치측정 금융자산(지분상품)의 평가손익	×
• 기타포괄손익–공정가치측정 금융자산(채무상품)의 평가손익	○
• 현금흐름위험회피수단의 평가손익 중 효과적인 부분	○

11 ② 10번 해설 참조

12 ⑤ 비용의 <u>성격별 분류방법은 기능별 분류방법보다</u> 미래현금흐름의 예측에 보다 유용한 정보를 제공한다.

재무제표 표시에 대한 설명으로 옳은 것은?

① 한국채택국제회계기준에 따라 작성된 재무제표는 공정하게 표시된 재무제표로 본다.

② 기업은 현금흐름 정보를 포함하여 발생기준 회계를 사용하여 재무제표를 작성한다.

③ 경영진이 기업을 청산하거나 경영활동을 중단할 의도를 가지고 있더라도 계속기업을 전제로 재무제표를 작성한다.

④ 재고자산에 대한 재고자산평가충당금과 매출채권에 대한 대손충당금과 같은 평가충당금을 차감하여 관련 자산을 순액으로 측정하는 것은 상계표시에 해당한다.

⑤ 상이한 성격이나 기능을 가진 항목은 통합하여 표시하지만, 중요하지 않은 항목은 성격이나 기능이 유사한 항목과 구분하여 표시할 수 있다.

오답체크
② 기업은 현금흐름 정보를 제외하고 발생기준 회계를 사용하여 재무제표를 작성한다.
③ 경영진이 기업을 청산하거나 경영활동을 중단할 의도를 가지고 있다면 계속기업을 전제로 재무제표를 작성하지 아니한다.
④ 재고자산에 대한 재고자산 평가충당금과 매출채권에 대한 대손충당금과 같은 평가충당금을 차감하여 관련 자산을 순액으로 측정하는 것은 상계표시에 해당하지 아니한다.
⑤ 상이한 성격이나 기능을 가진 항목은 구분하여 표시하지만, 중요하지 않은 항목은 성격이나 기능이 유사한 항목과 통합하여 표시할 수 있다.

보충 재무제표 표시 일반사항(8)

공정한 표시와 K-IFRS 준수	원칙	① 재무제표는 기업의 재무상태, 재무성과 및 현금흐름을 공정하게 표시해야 한다. ② 한국채택국제회계기준에 따라 작성된 재무제표는 공정하게 표시된 재무제표로 본다. ③ 부적절한 회계정책은 이에 대하여 공시나 주석 또는 보충자료를 통해 설명하더라도 정당화될 수 없다.
	예외	극히 드문 경우로서 한국채택국제회계기준의 요구사항을 준수하는 것이 오히려 '개념체계'에서 정하고 있는 재무제표의 목적과 상충되어 재무제표이용자의 오해를 유발할 수 있는 경우에는 요구사항을 달리 적용한다.
계속기업	원칙	① 계속기업을 전제로 재무제표를 작성한다. ② 계속기업의 가정이 적절한지의 여부를 평가할 때 경영진은 적어도 보고기간 말로부터 향후 12개월 기간에 대하여 이용 가능한 모든 정보를 고려한다.
	예외	① 경영진이 기업을 청산하거나 경영활동을 중단할 의도를 가지고 있는 경우 ② 청산 또는 경영활동의 중단 외에 다른 현실적 대안이 없는 경우
발생기준 회계	원칙	기업은 발생기준 회계를 사용하여 재무제표를 작성한다. ▶ 발생기준 회계 각 항목이 '개념체계'의 정의와 인식요건을 충족할 때 자산, 부채, 자본, 광의의 수익 및 비용으로 인식
	예외	현금흐름 정보(현금흐름표)는 현금기준으로 작성한다.

구분표시	원칙	① 상이한 성격이나 기능을 가진 항목은 구분하여 표시한다. ② 유사한 항목은 중요성 분류에 따라 재무제표에 구분하여 표시한다.
	예외	① 중요하지 않은 항목은 성격이나 기능이 유사한 항목과 통합하여 표시할 수 있다. ② 재무제표에는 중요하지 않아 구분하여 표시하지 않은 항목이라도 주석에서는 구분 표시해야 할 만큼 충분히 중요할 수 있다.
상계 금지	원칙	한국채택국제회계기준에서 요구하거나 허용하지 않는 한 자산과 부채, 그리고 수익과 비용은 상계하지 아니한다. ▶ 재고자산에 대한 재고자산 평가충당금과 매출채권에 대한 대손충당금과 같은 평가충당금을 차감하여 관련 자산을 순액으로 측정하는 것은 상계표시에 해당하지 아니한다.
	예외	동일 거래에서 발생하는 수익과 관련 비용의 상계표시가 거래나 그 밖의 사건의 실질을 반영한 경우 예 투자자산 및 영업용 자산을 포함한 비유동자산의 처분손익은 처분대금에서 그 자산의 장부금액과 관련 처분비용을 차감 표시 예 외환손익 또는 단기매매 금융상품에서 발생하는 손익과 같이 유사한 거래의 집합에서 발생하는 차익과 차손은 순액으로 표시(단, 차익과 차손이 중요한 경우에는 구분하여 표시)
보고 빈도	원칙	전체 재무제표(비교정보를 포함)는 적어도 1년마다 작성한다.
	예외	① 보고기간 종료일을 변경하여 재무제표의 보고기간이 1년을 초과하거나 미달한 경우 ② 일반적으로 재무제표는 일관성 있게 1년 단위로 작성한다. 그러나 실무적인 이유로 어떤 기업은 예를 들어 52주의 보고기간을 선호한다. 이 기준서는 이러한 보고관행을 금지하지 않는다.
비교표시	원칙	당기 재무제표에 보고되는 모든 금액에 대해 전기 비교정보를 표시한다.
	예외	한국채택국제회계기준이 달리 허용하거나 요구하는 경우
표시의 계속성	원칙	재무제표 항목의 표시와 분류는 매기 동일하여야 한다.
	예외	① 사업내용의 유의적인 변화나 재무제표를 검토한 결과 다른 표시나 분류 방법이 더 적절한 것이 명백한 경우 ② 한국채택국제회계기준에서 표시방법의 변경을 요구하는 경우

기본서 p.434~451

정답 ①

13 재무제표 표시의 일반사항에 관한 설명으로 옳지 않은 것은?

① 재고자산 평가충당금과 대손충당금과 같은 평가충당금을 차감하여 관련 자산을 순액으로 측정하는 것은 상계표시에 해당한다.

② 한국채택국제회계기준을 준수하여 작성된 재무제표는 국제회계기준을 준수하여 작성된 재무제표임을 주석으로 공시할 수 있다.

③ 기업은 현금흐름 정보를 제외하고는 발생기준 회계를 사용하여 재무제표를 작성한다.

④ 부적절한 회계정책은 이에 대하여 공시나 주석 또는 보충자료를 통해 설명하더라도 정당화될 수 없다.

⑤ 한국채택국제회계기준이 달리 허용하거나 요구하는 경우를 제외하고는 당기 재무제표에 보고되는 모든 금액에 대해 전기 비교정보를 표시한다.

14 재무제표의 표시에 관한 설명으로 옳지 않은 것은?

① 재무제표가 한국채택국제회계기준의 요구사항을 모두 충족한 경우가 아니라면 한국채택국제회계기준을 준수하여 작성되었다고 기재하여서는 안 된다.

② 기업이 재무상태표에 유동자산과 비유동자산으로 구분하여 표시하는 경우, 이연법인세자산은 유동자산으로 분류하지 아니한다.

③ 비용을 기능별로 분류하는 기업은 감가상각비, 기타 상각비와 종업원급여 비용을 포함하여 비용의 성격에 대한 추가 정보를 공시한다.

④ 수익과 비용의 어느 항목은 포괄손익계산서 또는 주석에 특별손익 항목으로 별도 표시한다.

⑤ 매출채권에 대한 대손충당금을 차감하여 관련 자산을 순액으로 측정하는 것은 상계표시에 해당하지 아니한다.

15 재무제표 표시에 관한 설명으로 옳은 것은?

① 비용을 성격별로 분류하는 경우에는 적어도 매출원가를 다른 비용과 분리하여 공시해
  야 한다.

② 기타포괄손익의 항목(재분류조정 포함)과 관련한 법인세비용 금액은 포괄손익계산서
  에 직접 표시해야 하며 주석을 통한 공시는 허용하지 않는다.

③ 유동자산과 비유동자산을 구분하여 표시하는 경우라면 이연법인세자산을 유동자산으
  로 분류할 수 있다.

④ 한국채택국제회계기준에서 별도로 허용하지 않는 한, 중요하지 않은 항목이라도 유사
  한 항목과 통합하여 표시해서는 안 된다.

⑤ 경영진은 재무제표를 작성할 때 계속기업으로서의 존속가능성을 평가해야 한다.

정답 및 해설

13 ① 재고자산 평가충당금과 대손충당금과 같은 평가충당금을 차감하여 관련 자산을 순액으로 측정하는 것은
  상계표시에 해당하지 아니한다.

14 ④ 수익과 비용의 어느 항목도 포괄손익계산서 또는 주석에 특별손익 항목으로 별도 표시할 수 없다.

15 ⑤ ① 비용을 기능별로 분류하는 경우에는 적어도 매출원가를 다른 비용과 분리하여 공시해야 한다.
  ② 기타포괄손익의 항목(재분류조정 포함)과 관련한 법인세비용 금액은 포괄손익계산서에 직접 표시하지
    않고 주석을 통한 공시도 허용한다.
  ③ 유동자산과 비유동자산을 구분하여 표시하는 경우라면 이연법인세자산을 유동자산으로 분류할 수 없다.
  ④ 중요하지 않은 항목은 유사한 항목과 통합하여 표시할 수 있다.

16 재무제표 표시에 관한 설명으로 옳은 것은?

① 각각의 재무제표는 전체 재무제표에서 동등한 비중으로 표시한다.

② 한국채택국제회계기준을 준수하여 작성된 재무제표는 국제회계기준을 준수하여 작성된 재무제표임을 주석으로 공시할 수 없다.

③ 환경 요인이 유의적인 산업에 속해 있는 기업이 제공하는 환경보고서는 한국채택국제회계기준의 적용범위에 해당한다.

④ 부적절한 회계정책이라도 공시나 주석 또는 보충자료를 통해 설명하면 정당화될 수 있다.

⑤ 기업이 재무상태표에 유동자산과 비유동자산, 그리고 유동부채와 비유동부채로 구분하여 표시하는 경우, 이연법인세자산(부채)은 유동자산(부채)으로 분류한다.

17 재무제표 표시에 대한 설명으로 옳지 않은 것은?

① 재무제표는 기업의 재무상태, 재무성과 및 현금흐름을 공정하게 표시해야 하며, 한국채택국제회계기준에 따라 작성된 재무제표는 공정하게 표시된 재무제표로 본다.

② 기업은 현금흐름 정보를 제외하고는 발생기준 회계를 사용하여 재무제표를 작성한다.

③ 한국채택국제회계기준에서 요구하거나 허용하지 않는 한 자산과 부채, 그리고 수익과 비용은 상계하지 아니한다.

④ 상이한 성격이나 기능을 가진 항목은 통합하여 표시하지만, 중요하지 않은 항목은 성격이나 기능이 유사한 항목과 구분하여 표시할 수 있다.

⑤ 한국채택국제회계기준이 달리 허용하거나 요구하는 경우를 제외하고는 당기 재무제표에 보고되는 모든 금액에 대해 전기 비교정보를 공시한다.

18 재무제표 표시에 관한 설명으로 옳은 것은?

① 비용을 기능별로 분류하는 것이 성격별 분류보다 더욱 목적적합한 정보를 제공하므로 비용은 기능별로 분류한다.

② 재무상태표에 표시되는 자산과 부채는 반드시 유동자산과 비유동자산, 유동부채와 비유동부채로 구분하여 표시하여야 한다.

③ 수익에서 매출원가 및 판매비와관리비를 차감한 영업이익을 주석으로 표시하여야 한다.

④ 부적절한 회계정책은 이에 대하여 공시나 주석 또는 보충자료를 통해 설명할 수 있다면 정당화될 수 있다.

⑤ 재무제표에는 중요하지 않아 구분하여 표시하지 않은 항목이라도 주석에서는 구분 표시해야 할 만큼 충분히 중요할 수 있다.

정답 및 해설

16 ① ② 한국채택국제회계기준을 준수하여 작성된 재무제표는 국제회계기준을 준수하여 작성된 재무제표임을 <u>주석으로 공시할 수 있다.</u>

③ 환경 요인이 유의적인 산업에 속해 있는 기업이 제공하는 환경보고서는 한국채택국제회계기준의 적용범위에 <u>해당하지 아니한다.</u>

④ 부적절한 회계정책은 공시나 주석 또는 보충자료를 통해 설명하더라도 <u>정당화될 수 없다.</u>

⑤ 기업이 재무상태표에 유동자산과 비유동자산, 그리고 유동부채와 비유동부채로 구분하여 표시하는 경우, 이연법인세자산(부채)은 유동자산(부채)으로 <u>분류하지 아니한다.</u>

17 ④ 상이한 성격이나 기능을 가진 항목은 <u>구분하여 표시</u>하지만, 중요하지 않은 항목은 성격이나 기능이 유사한 항목과 <u>통합하여 표시할 수 있다.</u>

18 ⑤ ① 비용은 <u>성격별 또는 기능별 분류방법</u> 중에서 신뢰성 있고 더욱 목적적합한 정보를 제공할 수 있는 방법을 적용하여 표시한다.

② 재무상태표에 표시되는 자산과 부채는 <u>원칙적으로</u> 유동자산과 비유동자산, 유동부채와 비유동부채로 <u>구분하여 표시한다.</u>

③ 수익에서 매출원가 및 판매비와관리비를 차감한 영업이익을 <u>포괄손익계산서 본문</u>에 표시하여야 한다.

④ 부적절한 회계정책은 이에 대하여 공시나 주석 또는 보충자료를 통해 설명하더라도 <u>정당화될 수 없다.</u>

19 재무상태표 표시에 대한 설명으로 옳지 않은 것은?

① 기업의 재무상태를 이해하는 데 목적적합한 경우 재무상태표에 항목, 제목 및 중간합계를 추가하여 표시한다.

② 매입채무, 종업원 및 그 밖의 영업원가에 대한 미지급비용은 보고기간 후 12개월 후에 결제일이 도래한다면 비유동부채로 분류한다.

③ 유동성 순서에 따른 표시방법을 적용할 경우 모든 자산과 부채는 유동성이 높은 항목부터 표시한다.

④ 재고자산에 대한 재고자산 평가충당금과 매출채권에 대한 대손충당금과 같은 평가충당금을 차감하여 관련 자산을 순액으로 측정하는 것은 상계표시에 해당하지 아니한다.

⑤ 상이한 성격이나 기능을 가진 항목은 구분하여 표시하지만, 중요하지 않은 항목은 성격이나 기능이 유사한 항목과 통합하여 표시할 수 있다.

20 재무상태표의 작성과 표시에 관한 설명으로 옳지 않은 것은?

① 유동자산은 보고기간 후 12개월 이내에 실현될 것으로 예상되지 않는 경우에도 재고자산 및 매출채권과 같이 정상영업주기의 일부로서 판매, 소비 또는 실현되는 자산을 포함한다.

② 기업이 재무상태표에 유동자산과 비유동자산, 유동부채와 비유동부채로 구분하여 표시하는 경우, 이연법인세자산(부채)은 유동자산(부채)으로 분류하지 않는다.

③ 기업이 기존의 대출계약조건에 따라 보고기간 후 적어도 12개월 이상 부채를 차환하거나 연장할 것으로 기대하고 있고, 그런 재량권이 있다면, 보고기간 후 12개월 이내에 만기가 도래한다 하더라도 비유동부채로 분류한다.

④ 유동성 순서에 따른 표시방법을 적용하는 경우 모든 자산과 부채는 유동성 순서에 따라 표시한다.

⑤ 재무상태표에 비유동자산보다 유동자산을, 비유동부채보다는 유동부채를 먼저 표시해야 한다.

정답 및 해설

19 ② 매입채무, 종업원 및 그 밖의 영업원가에 대한 미지급비용은 보고기간 후 12개월 후에 결제일이 도래한다 하더라도 <u>유동부채로 분류한다</u>.

20 ⑤ 재무상태표에 비유동자산보다 유동자산을, 비유동부채보다는 유동부채를 먼저 표시할 수 있고, 유동자산보다 비유동자산를, 유동부채보다 비유동부채를 먼저 표시할 수도 있다.

제13장 현금흐름표

대표예제 42 | 영업활동 현금흐름의 계산 ★★

(주)한국의 20×1년도 당기순이익은 ₩90,000이고 영업활동 현금흐름은 ₩40,000이다. 간접법에 따라 영업활동 현금흐름을 구할 때, 다음의 조정사항 중 미지급비용의 증가(또는 감소)는?

• 매출채권	₩45,000 증가	• 매입채무	₩10,000 증가
• 선급비용	₩15,000 감소	• 선수수익	₩12,000 감소
• 감가상각비	₩18,000 발생	• 미지급비용	?

① 증가 ₩10,000   ② 감소 ₩10,000

③ 증가 ₩36,000   ④ 감소 ₩36,000

⑤ 증가 ₩42,000

해설 |

당기순이익	90,000	영업활동 현금흐름	40,000
매입채무 증가	10,000	매출채권 증가	45,000
선급비용 감소	15,000	선수수익 감소	12,000
감가상각비	18,000	미지급비용 감소	(36,000)
합계	133,000	합계	133,000

보충 | (1) 직접법

발생기준		차이(영업활동 자산과 부채)	현금기준	
	매출수익	매출채권, 선수금		현금유입액
	용역수익	미수수익, 선수수익		현금유입액
−	매출원가	재고자산, 매입채무, 선급금	−	현금유출액
−	용역비용	미지급비용, 선급비용	−	현금유출액
=	영업이익		=	영업활동 현금흐름

(2) 간접법 - 당기순이익 가감항목

현금유출 없는 비용	감가상각비, 무형자산상각비, 사채할인발행차금상각, 손상차손 등
현금유입 없는 수익	사채할증발행차금상각, 손상차손환입 등
투자 · 재무활동 비용	유형자산처분손실, 무형자산처분손실, 투자부동산처분손실, 기타포괄손익－공정가치측정 금융자산처분손실, 사채상환손실 등
투자 · 재무활동 수익	유형자산처분이익, 무형자산처분이익, 투자부동산처분이익, 기타포괄손익－공정가치측정 금융자산처분이익, 사채상환이익 등
영업활동 자산과 부채	매출채권, 선수금, 재고자산, 매입채무, 선급금, 미수수익, 선수수익, 미지급비용, 선급비용, 단기매매금융자산, 제품보증충당부채 등 ▶ 미수금 및 미지급금은 영업활동 자산과 부채가 아님

기본서 p.473~477   정답 ④

01 (주)한국의 20×1년도 현금흐름표상 매출 관련 현금유입액은 ₩1,000,000이다. 다음 추가자료에 의해 20×1년도 포괄손익계산서에 계상되는 매출액은?

구분	20×1년 초	20×1년 말
매출채권	₩200,000	₩250,000
선수금	₩100,000	₩70,000

① ₩920,000   ② ₩980,000
③ ₩1,000,000   ④ ₩1,050,000
⑤ ₩1,080,000

02 (주)한국의 20×2년도 현금흐름표상 매출 관련 현금유입액은 ₩1,000,000이다. 모든 매매는 외상으로 이루어진다면, 다음 추가자료에 의해 20×2년도 포괄손익계산서에 계상되는 매출액은?

구분	20×1년 말	20×2년 말
매출채권	₩180,000	₩120,000
선수금	₩150,000	₩100,000

① ₩900,000   ② ₩990,000
③ ₩1,000,000   ④ ₩1,010,000
⑤ ₩1,250,000

03 다음은 (주)한국의 20×1년도 회계자료의 일부이다. 매출로 인한 현금유입액은?

• 기초매출채권	₩150,000	• 기말매출채권	₩100,000
• 기초손실충당금	₩2,000	• 기말손실충당금	₩3,000
• 당기매출액	₩1,000,000	• 당기손상차손	₩1,000

① ₩1,049,000　　　　　　② ₩1,050,000

③ ₩1,051,000　　　　　　④ ₩1,052,000

⑤ ₩1,053,000

정답 및 해설

01 ⑤

매출액	(1,080,000)	현금유입액	1,000,000
기초매출채권	200,000	기말매출채권	250,000
기말선수금	70,000	기초선수금	100,000

02 ②

매출액	(990,000)	현금유입액	1,000,000
매출채권 감소	60,000	선수금 감소	50,000

03 ②

매출액	1,000,000	현금유입액	1,050,000
매출채권 감소	50,000	손상차손	1,000
손실충당금 증가	1,000		

04 경비용역을 제공하는 (주)한국은 20×1년에 경비용역수익과 관련하여 현금 ₩1,000,000을 수령하였다. 경비용역 제공과 관련한 계정 잔액이 다음과 같을 때, (주)한국의 20×1년 포괄손익계산서상 경비용역수익은?

구분	20×1년 1월 1일	20×1년 12월 31일
미수용역수익	₩700,000	₩800,000
선수용역수익	₩500,000	₩400,000

① ₩800,000

② ₩1,000,000

③ ₩1,100,000

④ ₩1,200,000

⑤ ₩1,400,000

05 다음의 자료를 이용하여 20×1년의 현금흐름표를 작성할 경우 공급자에 대한 현금유출액은?

- 20×1년 보고기간 동안 매출원가는 ₩50,000이다.
- 20×1년 재고자산 및 매입채무 관련 자료

구분	20×1년 초	20×1년 말
재고자산	₩5,000	₩7,000
매입채무	₩2,000	₩3,000

① ₩49,000

② ₩50,000

③ ₩51,000

④ ₩52,000

⑤ ₩53,000

06 (주)한국의 20×2년도 현금흐름표상 매입 관련 현금유출액은 ₩100,000이다. 다음의 추가자료에 의해 20×2년도 포괄손익계산서에 계상되는 매출원가를 계산하면?

구분	20×1년 말	20×2년 말
선급금	₩20,000	₩10,000
매입채무	₩15,000	₩25,000
재고자산	₩15,000	₩20,000

① ₩100,000
② ₩115,000
③ ₩120,000
④ ₩125,000
⑤ ₩130,000

---

04 ④

경비용역수익	(1,200,000)	현금유입액	1,000,000
		미수용역수익 증가	100,000
		선수용역수익 감소	100,000

05 ③

현금유출액	(51,000)	매출원가	50,000
매입채무 증가	1,000	재고자산 증가	2,000

06 ②

현금유출액	100,000	매출원가	(115,000)
선급금 감소	10,000	재고자산 증가	5,000
매입채무 증가	10,000		

07 다음은 (주)한국의 20×1년도 재무제표의 일부 자료이다.

(1) 재무상태표의 일부 자료

계정과목	기초잔액	기말잔액
매출채권(순액)	₩140	₩210
선급영업비용	₩25	₩10
미지급영업비용	₩30	₩50

(2) 포괄손익계산서의 일부 자료
- 매출액   ₩410   • 영업비용   ₩150

위 자료에 기초한 20×1년도 (주)한국의 고객으로부터 유입된 현금흐름(A)과 영업비용으로 유출된 현금흐름(B)은?

	(A)	(B)
①	₩335	₩155
②	₩340	₩115
③	₩340	₩145
④	₩350	₩115
⑤	₩350	₩155

08 다음은 (주)한국의 20×1년도 회계자료의 일부이다. 20×1년도 현금흐름표에 표시될 간접법에 의한 영업활동 현금흐름은?

- 당기순이익   ₩2,000,000
- 미수수익의 순증가액   ₩150,000
- 매입채무의 순증가액   ₩200,000
- 매출채권의 순감소액   ₩500,000
- 미지급비용의 순감소액   ₩300,000

① ₩1,850,000   ② ₩2,250,000
③ ₩2,350,000   ④ ₩2,650,000
⑤ ₩2,750,000

09 (주)한국의 20×1년도 재무제표 자료는 다음과 같다. 20×1년도 영업활동 현금흐름이
₩1,000,000인 경우 당기순이익은?

• 감가상각비	₩100,000	• 건물처분이익	₩200,000
• 매출채권(순액) 증가액	₩80,000	• 재고자산(순액) 감소액	₩50,000

① ₩870,000

② ₩1,080,000

③ ₩1,100,000

④ ₩1,130,000

⑤ ₩1,150,000

정답 및 해설

07 ② (1) 현금유입액

매출액	410	현금유입액	(340)
		매출채권 증가	70

(2) 현금유출액

현금유출액	(115)	영업비용	150
선급영업비용 감소	15		
미지급영업비용 증가	20		

08 ②

당기순이익	2,000,000	영업활동 현금흐름	(2,250,000)
매입채무의 순증가액	200,000	미수수익의 순증가액	150,000
매출채권의 순감소액	500,000	미지급비용의 순감소액	300,000

09 ④

당기순이익	(1,130,000)	영업활동 현금흐름	1,000,000
감가상각비	100,000	건물처분이익	200,000
재고자산(순액) 감소액	50,000	매출채권(순액) 증가액	80,000

---

10 (주)한국의 포괄손익계산서상 당기순이익은 ₩1,000,000이다. 현금흐름과 관련 자료가 다음과 같을 때, 현금흐름표상 영업활동 현금흐름은?

• 감가상각비	₩100,000
• 건물처분이익	₩100,000
• 재고자산의 감소	₩50,000
• 매입채무의 감소	₩100,000
• 건물처분금액	₩500,000

① ₩900,000   ② ₩950,000

③ ₩1,000,000   ④ ₩1,050,000

⑤ ₩1,100,000

11 (주)한국의 포괄손익계산서상 당기순이익은 ₩2,000,000이다. 현금흐름과 관련 자료가 다음과 같을 때, 현금흐름표상 영업활동 현금흐름은?

• 감가상각비	₩100,000
• 토지처분손실	₩150,000
• 사채상환이익	₩100,000
• 재고자산의 감소	₩50,000
• 매입채무의 감소	₩100,000
• 매출채권의 증가	₩150,000
• 미지급금의 증가	₩100,000

① ₩1,950,000   ② ₩2,000,000

③ ₩2,050,000   ④ ₩2,250,000

⑤ ₩2,400,000

12 (주)한국의 현금흐름표상 영업활동 현금흐름은 ₩500,000이다. 현금흐름과 관련 자료가 다음과 같을 때, 포괄손익계산서상 당기순이익은?

• 감가상각비	₩100,000
• 재고자산의 증가	₩50,000
• 매입채무의 증가	₩100,000
• 건물처분이익	₩30,000
• 사채상환손실	₩20,000
• 사채상환금액	₩100,000

① ₩300,000   ② ₩310,000

③ ₩320,000   ④ ₩340,000

⑤ ₩360,000

정답 및 해설

10 ②

당기순이익	1,000,000	영업활동 현금흐름	(950,000)
감가상각비	100,000	건물처분이익	100,000
재고자산의 감소	50,000	매입채무의 감소	100,000

11 ①

당기순이익	2,000,000	영업활동 현금흐름	(1,950,000)
감가상각비	100,000	사채상환이익	100,000
토지처분손실	150,000	매입채무의 감소	100,000
재고자산의 감소	50,000	매출채권의 증가	150,000

12 ⑤

당기순이익	(360,000)	영업활동 현금흐름	500,000
감가상각비	100,000	재고자산의 증가	50,000
매입채무의 증가	100,000	건물처분이익	30,000
사채상환손실	20,000		

13 (주)합격의 20×1년도 현금흐름표상의 영업활동 현금흐름이 ₩100,000이다. 다음의 자료를 이용하여 계산한 20×1년도 포괄손익계산서상의 당기순이익은?

• 감가상각비	₩30,000
• 사채상환금액(사채장부금액 ₩100,000)	₩60,000
• 토지처분금액(토지 장부금액 ₩80,000)	₩30,000
• 매출채권 증가	₩20,000
• 재고자산 감소	₩10,000
• 매입채무 감소	₩20,000

① ₩75,000   ② ₩80,000   ③ ₩85,000
④ ₩90,000   ⑤ ₩95,000

14 (주)한국의 20×1년도 포괄손익계산서상 당기순이익은 ₩100,000이다. 다음 자료를 이용하여 계산한 (주)한국의 20×1년 영업활동 현금흐름은?

• 감가상각비	₩1,500	• 매출채권(순액) 증가	₩4,800
• 사채상환이익	₩700	• 재고자산(순액) 감소	₩2,500
• 미지급이자 증가	₩1,000	• 매입채무 증가	₩3,500
• 미지급법인세 감소	₩2,000	• 단기차입금 감소	₩1,000

① ₩98,000   ② ₩99,000   ③ ₩100,000
④ ₩101,000   ⑤ ₩102,000

정답 및 해설

13 ④

당기순이익	(90,000)	영업활동 현금흐름	(100,000)
감가상각비	30,000	사채상환이익	40,000
토지처분손실	50,000	매출채권 증가	20,000
재고자산 감소	10,000	매입채무 감소	20,000

14 ④

당기순이익	100,000	영업활동 현금흐름	(101,000)
감가상각비	1,500	매출채권(순액) 증가	4,800
재고자산(순액) 감소	2,500	사채상환이익	700
미지급이자 증가	1,000	미지급법인세 감소	2,000
매입채무 증가	3,500		

대표예제 43 유동성 및 안전성비율 ★★

(주)한국은 현재 당좌자산 ₩1,500, 재고자산 ₩500, 유동부채 ₩1,000을 보유하고 있다. 다음 거래를 추가하여 반영할 경우 유동비율은? (단, 유동자산은 당좌자산과 재고자산으로만 구성된다)

- 매출채권 ₩200을 현금 회수하다.
- 상품 ₩300을 현금으로 취득하다.

① 100%　　　　　　　　　　　② 120%

③ 150%　　　　　　　　　　　④ 180%

⑤ 200%

해설 | (1) 거래 영향

구분	당좌자산	재고자산	유동자산	유동부채
매출채권 ₩200을 현금 회수하다.	불변	불변	불변	불변
상품 ₩300을 현금으로 취득하다.	감소 ₩300	증가 ₩300	불변	불변

(2) 비율분석

종전 유동비율	거래	거래 반영 후 유동비율
$\dfrac{₩2,000}{₩1,000} = 200\%$	유동자산 불변 유동부채 불변	$\dfrac{₩2,000}{₩1,000} = 200\%$

보충

유동성	유동비율	$= \dfrac{유동자산}{유동부채}$	
	당좌비율	$= \dfrac{당좌자산}{유동부채}$	$= \dfrac{유동자산 - 재고자산}{유동부채}$
안전성	부채비율	$= \dfrac{부채}{자기자본}$	
	자기자본비율	$= \dfrac{자기자본}{총자산}$	

기본서 p.496, 501~502　　　　　　　　　　　　　　　　　　　　　　　　정답 ⑤

01 (주)한국의 20×1년 말 재무비율 관련 자료가 다음과 같을 때, 부채비율(총부채 ÷ 자기자본)은?

• 유동비율	150%	• 유동부채	₩10,000
• 비유동자산	₩45,000	• 자기자본총계	₩15,000

① 200%   ② 250%
③ 300%   ④ 350%
⑤ 400%

02 종전 부채비율이 80%, 유동비율이 150%일 때, 단기차입금 ₩100,000을 현금으로 상환하였다. 이 거래가 부채비율과 유동비율에 미치는 영향은?

	부채비율	유동비율
①	불변	불변
②	감소	증가
③	증가	감소
④	증가	증가
⑤	감소	감소

03 종전 부채비율이 80%, 유동비율이 150%일 때, 2년 후 만기가 도래하는 장기차입금 ₩100,000을 현금으로 조기상환하였다. 이 거래가 부채비율과 유동비율에 미치는 영향은?

	부채비율	유동비율
①	불변	불변
②	감소	증가
③	증가	감소
④	증가	증가
⑤	감소	감소

04 종전 자기자본비율이 150%, 당좌비율이 80%일 때, 단기차입금 ₩100,000을 현금으로 상환하였다. 이 거래가 자기자본비율과 당좌비율에 미치는 영향은?

	자기자본비율	당좌비율
①	불변	불변
②	감소	증가
③	증가	감소
④	증가	증가
⑤	감소	감소

제14장

정답 및 해설

01 ③ (1) 부채비율 = 부채 ₩45,000 ÷ 자본 ₩15,000 = 300%
(2) 부채 = 자산 ₩60,000 − 자본 ₩15,000 = ₩45,000
(3) 자산 = 유동자산 ₩15,000 + 비유동자산 ₩45,000 = ₩60,000
(4) 유동자산 = 유동부채 ₩10,000 × 유동비율 150% = ₩15,000

02 ②

종전 비율	거래		종전 비율 증감
	(차) 단기차입금　　₩100,000	(대) 현금　　　₩100,000	
부채비율 80%	분모(자본) 불변, 분자(부채) 감소		감소
유동비율 150%	분모(유동부채)와 분자(유동자산) 동액 감소		증가

03 ⑤

종전 비율	거래		종전 비율 증감
	(차) 장기차입금　　₩100,000	(대) 현금　　　₩100,000	
부채비율 80%	분모(자본) 불변, 분자(부채) 감소		감소
유동비율 150%	분모(유동부채) 불변, 분자(유동자산) 감소		감소

04 ③

종전 비율	거래		종전 비율 증감
	(차) 단기차입금　　₩100,000	(대) 현금　　　₩100,000	
자기자본비율 150%	분모(자산) 감소, 분자(자본) 불변		증가
당좌비율 80%	분모(유동부채)와 분자(당좌자산) 동액 감소		감소

제14장 재무제표의 분석　**207**

05 (주)한국은 현재 당좌자산 ₩1,500, 재고자산 ₩500, 유동부채 ₩1,000을 보유하고 있다. 다음 거래를 추가하여 반영할 경우 당좌비율은? (단, 유동자산은 당좌자산과 재고 자산으로만 구성된다)

| • 매출채권 ₩200을 현금 회수하다. | • 상품 ₩300을 현금으로 취득하다. |

① 100%   ② 120%   ③ 150%
④ 180%   ⑤ 200%

고난도

06 (주)한국의 현재 당좌비율은 150%이다. 당좌비율을 증가시킬 수 있는 거래는? (단 모든 거래는 독립적이다)

① 상품 ₩10,000을 외상으로 매입하였다.
② 영업용 차량운반구를 취득하면서 현금 ₩13,000을 지급하였다.
③ 매출채권 ₩12,000을 현금으로 회수하였다.
④ 장기차입금 ₩15,000을 현금으로 상환하였다.
⑤ 사용 중인 건물을 담보로 은행에서 현금 ₩30,000을 장기 차입하였다.

대표예제 44 \ 활동성비율 ★★

다음의 자료에 의한 매출총이익은? (단, 1회계기간 일수는 360일이라고 가정한다)

• 기초매출채권	₩300,000	• 기말매출채권	₩200,000
• 매출채권 회수기간	100일	• 기초재고자산	₩150,000
• 기말재고자산	₩250,000	• 당기 매입액	₩900,000

① ₩100,000   ② ₩110,000   ③ ₩120,000
④ ₩150,000   ⑤ ₩160,000

해설 | (1) 매출총이익 = 매출액 ₩900,000 − 매출원가 ₩800,000 = ₩100,000
　　 (2) 매출액 = 매출채권회전율 3.6회 × 평균재고자산 ₩250,000 = ₩900,000
　　　　• 매출채권회전율 = 1회계기간 일수 360일 ÷ 매출채권 회수기간 100일 = 3.6회
　　　　• 평균매출채권 = (기초매출채권 ₩300,000 + 기말매출채권 ₩200,000) ÷ 2 = ₩250,000
　　 (3) 매출원가 = 기초재고자산 ₩150,000 + 매입액 ₩900,000 − 기말재고자산 ₩250,000 = ₩800,000

보충			
활동성	재고자산회전율	$=$	$\dfrac{\text{매출원가}}{\text{평균재고자산}}$
	매출채권회전율	$=$	$\dfrac{\text{외상매출액}}{\text{평균매출채권}}$
	재고자산 평균회전기간	$=$	$\dfrac{\text{회계기간 일수}}{\text{재고자산회전율}}$
	매출채권 평균회수기간	$=$	$\dfrac{\text{회계기간 일수}}{\text{매출채권회전율}}$
	평균영업주기	$=$ 재고자산 평균보유(회전)기간 + 매출채권 평균회수기간	
	총자산회전율	$=$	$\dfrac{\text{매출액}}{\text{평균총자산}}$
	자기자본회전율	$=$	$\dfrac{\text{매출액}}{\text{평균자기자본}}$

기본서 p.497~498　　　　　　　　　　　　　　　　　　　　　　　　　　　　　　　정답 ①

정답 및 해설

05 ② (1) 거래 영향

구분	당좌자산	재고자산	유동자산	유동부채
매출채권 ₩200을 현금 회수하다.	불변	불변	불변	불변
상품 ₩300을 현금으로 취득하다.	감소 ₩300	증가 ₩300	불변	불변

(2) 비율분석

종전 당좌비율	거래	거래 반영 후 당좌비율
$\dfrac{\text{₩1,500}}{\text{₩1,000}} = 150\%$	당좌자산 감소 ₩300 유동부채 불변	$\dfrac{\text{₩1,500 − ₩300}}{\text{₩1,000}} = 120\%$

06 ⑤

구분	거래 영향	당좌비율 증감
① 상품 ₩10,000을 외상으로 매입하였다.	재고자산 증가, 유동부채 증가	감소
② 영업용 차량운반구를 취득하면서 현금 ₩13,000을 지급하였다.	비유동자산 증가, 당좌자산 감소	감소
③ 매출채권 ₩12,000을 현금으로 회수하였다.	당좌자산 증가, 당좌자산 감소	불변
④ 장기차입금 ₩15,000을 현금으로 상환하였다.	비유동부채 감소, 당좌자산 감소	감소
⑤ 사용 중인 건물을 담보로 은행에서 현금 ₩30,000을 장기 차입하였다.	당좌자산 증가, 비유동부채 증가	증가

07 20×1년도 중 (주)한국은 ₩1,920,000의 재고자산을 매입하였다. 20×1년도의 매출원가는 ₩1,800,000이고 20×1년 12월 31일 현재의 재고는 ₩360,000이었다. 20×1년의 재고자산회전율은?

① 5.0   ② 5.3
③ 6.0   ④ 6.4
⑤ 7.0

08 다음의 자료에 의한 매출채권회전율은?

• 기초매출채권	₩300,000
• 매출채권회수액	₩1,000,000
• 기말매출채권	₩200,000

① 2.5회   ② 3회
③ 3.5회   ④ 3.6회
⑤ 4회

09 다음의 자료에 의한 정상영업주기는? (단, 1회계기간 일수는 360일이라고 가정한다)

• 기초매출채권	₩300,000	• 기말매출채권	₩200,000
• 당기매출채권회수액	₩1,000,000	• 기초재고자산	₩150,000
• 기말재고자산	₩250,000	• 당기매입액	₩1,060,000

① 150일   ② 175일
③ 200일   ④ 225일
⑤ 250일

10 (주)한국의 20×1년 기초재고자산은 ₩3,000, 기말재고자산은 ₩4,200, 매출액은 ₩40,000이다. 당기 재고자산회전율이 6회라면 매출총이익은? (단, 재고자산회전율 계산시 매출원가와 평균재고자산을 이용한다)

① ₩14,800　　　　　　　　② ₩18,000

③ ₩18,400　　　　　　　　④ ₩20,000

⑤ ₩22,000

정답 및 해설

07 ③ (1) 재고자산회전율 = 매출원가 ₩1,800,000 ÷ 평균재고자산 ₩300,000 = 6회
(2) 평균재고자산 = (기초재고자산 ₩240,000 + 기말재고자산 ₩360,000) ÷ 2 = ₩300,000
(3) 기초재고자산 = 매출원가 ₩1,800,000 + 기말재고자산 ₩360,000 − 매입액 ₩1,920,000
　　　= ₩240,000

08 ④ (1) 매출채권회전율 = 외상매출액 ₩900,000 ÷ 평균매출채권 ₩250,000 = 3.6회
(2) 외상매출액 = 회수액 ₩1,000,000 + 기말매출채권 ₩200,000 − 기초매출채권 ₩300,000
　　　= ₩900,000
(3) 평균매출원가 = (₩200,000 + ₩300,000) ÷ 2 = ₩250,000

09 ② (1) 정상영업주기 = 재고자산보유기간 75일 + 매출채권회수기간 100일 = 175일
(2) 재고자산보유기간 = 1회계기간 일수 360일 ÷ 재고자산회전율 4.8회 = 75일
　• 재고자산회전율 = 매출원가 ₩960,000 ÷ 평균재고자산 ₩200,000 = 4.8회
　• 매출원가 = 기초재고자산 ₩150,000 + 매입액 ₩1,060,000 − 기말재고자산 ₩250,000
　　　= ₩960,000
　• 평균재고자산 = (기초재고자산 ₩150,000 + 기말재고자산 ₩250,000) ÷ 2 = ₩200,000
(3) 매출채권회수기간 = 1회계기간 일수 360일 ÷ 매출채권회전율 3.6회 = 100일
　• 매출채권회전율 = 외상매출액 ₩900,000 ÷ 평균매출채권 ₩250,000 = 3.6회
　• 외상매출액 = 회수액 ₩1,000,000 + 기말매출채권 ₩200,000 − 기초매출채권 ₩300,000
　　　= ₩900,000
　• 평균매출채권 = (기초매출채권 ₩200,000 + 기말매출채권 ₩300,000) ÷ 2 = ₩250,000

10 ③ (1) 매출총이익 = 매출액 ₩40,000 − 매출원가 ₩21,600 = ₩18,400
(2) 매출원가 = 재고자산회전율 6회 × 평균재고자산 ₩3,600 = ₩21,600
(3) 평균재고자산 = (기초재고자산 ₩3,000 + 기말재고자산 ₩4,200) ÷ 2 = ₩3,600

(주)한국의 평균총자산액은 ₩40,000, 평균총부채액은 ₩30,000이고, 자기자본순이익률은 40%이며, 총자산회전율(평균총자산 기준)이 2회일 경우, 매출액순이익률은?

① 2% 　 　 　 　 　 　 ② 2.5%

③ 3% 　 　 　 　 　 　 ④ 4%

⑤ 5%

해설 | (1) 자기자본비율 = 자본 ₩10,000 ÷ 자산 ₩40,000 = 0.25
　　 (2) 자본 = 자산 ₩40,000 − 부채 ₩30,000 = ₩10,000
　　 (3) 자기자본순이익률 0.4 = 매출액순이익률(?) × 총자산회전율 2회 ÷ 자기자본비율 0.25
　　 ∴ 매출액순이익률 = 0.05

보충 | 수익성 비율

매출총이익률	① 매출총이익률(매출액 기준) = $\dfrac{\text{매출총이익}}{\text{매출액}}$ ② 매출총이익률(매출원가 기준) = $\dfrac{\text{매출총이익}}{\text{매출원가}}$
매출액순이익률	= $\dfrac{\text{당기순이익}}{\text{매출액}}$
총자산순이익률 (= 총자본순이익률)	= $\dfrac{\text{당기순이익}}{\text{평균총자산}}$ = $\dfrac{\text{당기순이익}}{\text{매출액}} \times \dfrac{\text{매출액}}{\text{평균총자산}}$ = 매출액순이익률 × 총자산회전율
자기자본순이익률	= $\dfrac{\text{당기순이익}}{\text{평균자기자본}}$ = $\dfrac{\text{당기순이익}}{\text{매출액}} \times \dfrac{\text{매출액}}{\text{평균자기자본}}$ = 매출액순이익률 × 자기자본회전율 = 매출액순이익률 × $\dfrac{\text{매출액}}{\text{평균총자산}} \times \dfrac{\text{평균총자산}}{\text{평균자기자본}}$ = 매출액순이익률 × 총자산회전율 × (1 + 부채비율) = 총자산순이익률 × (1 + 부채비율) = 매출액순이익률 × 총자산회전율 ÷ 자기자본비율 = 총자산순이익률 ÷ 자기자본비율

기본서 p.499~510

정답 ⑤

11 다음은 (주)한국의 재무비율이다. 자기자본순이익률은 얼마인가?

| • 매출액이익률 | 5% | • 총자산회전율 | 200% | • 자기자본비율 | 50% |

① 5%   ② 15%

③ 20%   ④ 25%

⑤ 30%

12 다음 자료를 이용하여 계산한 자기자본순이익률은?

• 자산총액	400억
• 자본총액	100억
• 총자산회전율	0.5회
• 매출액순이익률	15%

① 15%   ② 20%

③ 25%   ④ 30%

⑤ 35%

정답 및 해설

11 ③ 자기자본순이익률 = 매출액순이익률 0.05 × 총자산회전율 2 ÷ 자기자본비율 0.5 = 0.2

12 ④ 자기자본순이익률 = 매출액순이익률 0.15 × 총자산회전율 0.5 ÷ 자기자본비율 0.25 = 0.3

13 다음 자료를 이용하여 계산한 자기자본순이익률은?

• 자산총액	300억	• 자본총액	100억
• 총자산회전율	1회	• 매출액순이익률	10%

① 2.5%   ② 5%

③ 10%   ④ 20%

⑤ 30%

14 다음 자료를 이용하여 계산한 당기순이익은?

• 자산총액	400억
• 자본총액	100억
• 총자산회전율	0.5회
• 매출액순이익률	15%

① 10억   ② 20억

③ 30억   ④ 40억

⑤ 50억

15 다음 자료를 이용하여 계산한 매출액순이익률은? (단, 총자산과 총부채는 기초금액과 기말금액이 동일한 것으로 가정한다)

• 총자산	₩5,000,000
• 총자산회전율	0.5회
• 자기자본이익률	30%
• 부채비율	200%

① 5%   ② 8%

③ 10%   ④ 15%

⑤ 20%

정답 및 해설

13 ⑤   자기자본순이익률 = 매출액순이익률 0.1 × 총자산회전율 1 ÷ 자기자본비율 1/3 = 0.3

14 ③   (1) 당기순이익 = 매출액 200억 × 매출액순이익률 0.15 = 30억
(2) 매출액 = 자산총액 400억 × 총자산회전율 0.5회 = 200억

15 ⑤

$$자기자본순이익률 = \frac{순이익}{자기자본} = \frac{순이익}{매출액} \times \frac{매출액}{총자산} \times \frac{총자산}{자기자본}$$

= 매출액순이익률(x) × 총자산회전율 × (1 + 부채비율)
= x × 0.5회 × (1 + 2) = 30%
∴ 매출액순이익률(x) = 20%

제15장 재무보고를 위한 개념체계

재무보고를 위한 개념체계에 관한 설명으로 옳지 않은 것은?

① 검증가능성은 합리적인 판단력이 있고 독립적인 서로 다른 관찰자가 어떤 서술이 표현충실성에 있어, 의견이 완전히 일치할 수 있다는 것을 의미한다.

② 일반적으로 정보는 오래될수록 유용성이 낮아진다.

③ 정보를 명확하고 간결하게 분류하고, 특징지으며, 표시하면 이해 가능하게 된다.

④ 본질적으로 복잡하여 쉽게 이해할 수 없는 현상에 대한 정보를 재무보고서에서 제외하면 그 보고서는 불완전하여 잠재적으로 오도할 수 있다.

⑤ 원가는 재무보고로 제공될 수 있는 정보에 대한 포괄적 제약요인이다.

해설 | 검증가능성은 합리적인 판단력이 있고 독립적인 서로 다른 관찰자가 어떤 서술이 표현충실성에 있어, 비록 반드시 완전히 의견이 일치하지는 않더라도 합의에 이를 수 있다는 것을 의미한다.

보충 | 개념체계의 주요 내용

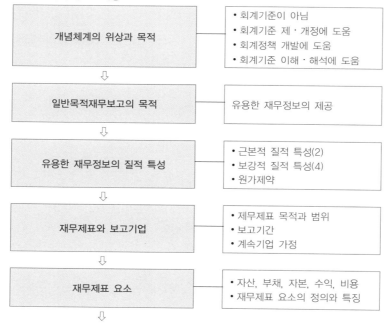

개념체계의 위상과 목적	• 회계기준이 아님 • 회계기준 제 · 개정에 도움 • 회계정책 개발에 도움 • 회계기준 이해 · 해석에 도움
일반목적재무보고의 목적	유용한 재무정보의 제공
유용한 재무정보의 질적 특성	• 근본적 질적 특성(2) • 보강적 질적 특성(4) • 원가제약
재무제표와 보고기업	• 재무제표 목적과 범위 • 보고기간 • 계속기업 가정
재무제표 요소	• 자산, 부채, 자본, 수익, 비용 • 재무제표 요소의 정의와 특징

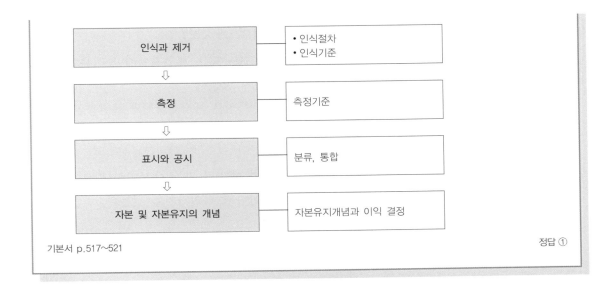

기본서 p.517~521

정답 ①

01 일반목적재무보고에 관한 설명으로 옳지 않은 것은?

① 일반목적재무보고서는 현재 및 잠재적 투자자, 대여자와 그 밖의 채권자가 필요로 하는 모든 정보를 제공한다.

② 현재 및 잠재적 투자자, 대여자 및 그 밖의 채권자가 주요 이용자이다.

③ 보고기업의 경제적 자원 및 보고기업에 대한 청구권에 관한 정보를 제공한다.

④ 한 기간의 보고기업의 현금흐름에 대한 정보는 이용자들이 기업의 미래 순현금유입 창출능력을 평가하는 데 도움이 된다.

⑤ 보고기업의 경제적 자원에 대한 경영진의 수탁책임을 평가하는 데에도 유용하다.

정답 및 해설

01 ① 일반목적재무보고서는 현재 및 잠재적 투자자, 대여자와 그 밖의 채권자가 필요로 하는 <u>모든 정보를 제공하지는 않으며 제공할 수도 없다</u>.

02 재무보고를 위한 개념체계에 관한 설명으로 옳지 않은 것은?

① 유용한 재무정보의 질적 특성은 재무제표에서 제공되는 재무정보에만 적용되며, 그 밖의 방법으로 제공되는 재무정보에는 적용되지 않는다.

② 재무정보가 유용하기 위한 정보의 근본적 질적 특성은 목적적합성과 표현충실성이다.

③ 비교가능성, 검증가능성, 적시성 및 이해가능성은 정보의 유용성을 보강시키는 질적 특성이다.

④ 재무정보가 예측가치를 갖기 위해서 그 자체가 예측치 또는 예상치일 필요는 없다.

⑤ 재무정보가 과거 평가에 대해 피드백을 제공한다면 확인가치를 갖는다.

03 재무보고를 위한 개념체계의 재무정보의 질적 특성에 관한 설명으로 옳지 않은 것은?

① 중요성은 개별 기업 특유한 측면의 목적적합성을 의미한다.

② 회계기준위원회는 중요성에 대한 획일적인 계량 임계치를 정하거나 특정한 상황에서 무엇이 중요한 것인지를 미리 결정할 수 있다.

③ 완벽한 표현충실성을 위해서는 서술은 완전하고, 중립적이며, 오류가 없어야 할 것이다.

④ 중립적 서술은 재무정보의 선택이나 표시에 편의가 없는 것이다.

⑤ 중립적 정보는 목적이 없거나 행동에 대한 영향력이 없는 정보를 의미하지 않는다.

04 재무보고를 위한 개념체계의 재무정보의 질적 특성에 관한 설명으로 옳지 않은 것은?

① 중립성은 신중을 기함으로써 뒷받침된다. 신중성은 불확실한 상황에서 판단할 때 주의를 기울이는 것이다.

② 신중을 기한다는 것은 자산과 수익이 과대평가되지 않고 부채와 비용이 과소평가되지 않는 것을 의미한다.

③ 신중을 기한다는 것은 자산이나 수익의 과소평가나 부채나 비용의 과대평가를 허용한다.

④ 표현충실성은 모든 면에서 정확한 것을 의미하지는 않는다.

⑤ 오류가 없다는 것은 모든 면에서 완벽하게 정확하다는 것을 의미하지는 않는다.

05 재무보고를 위한 개념체계의 재무정보의 질적 특성에 관한 설명으로 옳지 않은 것은?

① 경제적 현상에 대한 유용한 정보를 제공한다는 재무보고의 목적을 달성하기 위해 근본적 질적 특성간 절충('trade-off')이 필요할 수도 있다.

② 어떤 현상에 대한 가장 목적적합한 정보가 매우 불확실한 추정치일 수 있다.

③ 비교가능성은 이용자들이 항목간의 유사점과 차이점을 식별하고 이해할 수 있게 하는 질적 특성이다.

④ 일관성은 목표이고 비교가능성은 그 목표를 달성하는 데 도움을 준다.

⑤ 정보가 비교 가능하기 위해서는 비슷한 것은 비슷하게 보여야 하고 다른 것은 다르게 보여야 한다.

제15장

정답 및 해설

02 ① 유용한 재무정보의 질적 특성은 그 밖의 방법으로 제공되는 재무정보뿐만 아니라 <u>재무제표에서 제공되는 재무정보에도 적용된다.</u>

03 ② 회계기준위원회는 중요성에 대한 획일적인 계량 임계치를 정하거나 특정한 상황에서 무엇이 중요한 것인지를 <u>미리 결정할 수 없다.</u>

04 ③ 신중을 기한다는 것은 자산이나 수익의 과소평가나 부채나 비용의 과대평가를 <u>허용하지 않는다.</u>

05 ④ <u>비교가능성은 목표이고 일관성은 그 목표를 달성하는 데 도움을 준다.</u>

제15장 재무보고를 위한 개념체계 **219**

06 재무보고를 위한 개념체계의 재무정보의 질적 특성에 관한 설명으로 옳지 않은 것은?

① 동일한 경제적 현상에 대해 대체적인 회계처리방법을 허용하면 비교가능성이 감소한다.
② 검증가능성은 정보가 나타내고자 하는 경제적 현상을 충실히 표현하는지를 이용자들이 확인하는 데 도움을 준다.
③ 검증가능성은 합리적인 판단력이 있고 독립적인 서로 다른 관찰자가 어떤 서술이 표현충실성에 있어, 비록 반드시 완전히 의견이 일치하지는 않더라도 합의에 이를 수 있다는 것을 의미한다.
④ 계량화된 정보가 검증 가능하기 위해서 단일점 추정치이어야 한다.
⑤ 검증은 직접 또는 간접으로 이루어질 수 있다.

07 재무보고를 위한 개념체계의 재무정보의 질적 특성에 관한 설명으로 옳지 않은 것은?

① 일반적으로 정보는 오래될수록 유용성이 높아진다.
② 정보를 명확하고 간결하게 분류하고, 특징지으며, 표시하는 것은 정보를 이해 가능하게 한다.
③ 보강적 질적 특성은 정보가 목적적합하지 않거나 나타내고자 하는 바를 충실하게 표현하지 않으면 개별적으로든 집단적으로든 그 정보를 유용하게 할 수 없다.
④ 보강적 질적 특성을 적용하는 것은 어떤 규정된 순서를 따르지 않는 반복적인 과정이다.
⑤ 때로는 하나의 보강적 질적 특성이 다른 질적 특성의 극대화를 위해 감소되어야 할 수도 있다.

08 재무보고를 위한 개념체계에 관한 설명으로 옳지 않은 것은?

① 원가는 정보의 질적 특성이 아니다.
② 원가는 재무보고로 제공될 수 있는 정보에 대한 포괄적 제약요인이다.
③ 원가는 재무정보 제공자 및 이용자뿐만 아니라 회계기준 제정기구가 고려해야 한다.
④ 재무제표는 일반적으로 보고기업이 계속기업이며 예측 가능한 미래에 영업을 계속할 것이라는 가정하에 작성된다.
⑤ 보고기업은 반드시 법적 실체이어야 한다.

대표예제 47 | 유용한 재무정보의 질적 특성 ★

재무정보의 질적 특성 중 목적적합성에 관한 설명으로 옳은 것은?

① 재무정보가 예측가치를 갖기 위해서는 그 자체가 예측치 또는 예상치이어야 한다.

② 충실하게 표현된 재무정보는 정보이용자의 의사결정에 차이가 나도록 할 수 있다.

③ 재무정보가 과거 평가에 대해 피드백을 제공한다면 예측가치를 갖는다.

④ 정보가 누락되거나 잘못 기재된 경우 특정 보고기업의 재무정보에 근거한 정보이용자의 의사결정에 영향을 줄 수 있다면 그 정보는 중요한 것이다.

⑤ 재무정보의 예측가치와 확인가치는 상호 연관되어 있지 않다.

오답
체크 | ① 재무정보가 예측가치를 갖기 위해서 그 자체가 예측치 또는 예상치일 필요는 없다.
② 목적적합한 재무정보는 정보이용자의 의사결정에 차이가 나도록 할 수 있다.
③ 재무정보가 과거 평가에 대해 피드백을 제공한다면 확인가치를 갖는다.
⑤ 재무정보의 예측가치와 확인가치는 상호 연관되어 있다.

보충 | 유용한 재무정보의 질적 특성

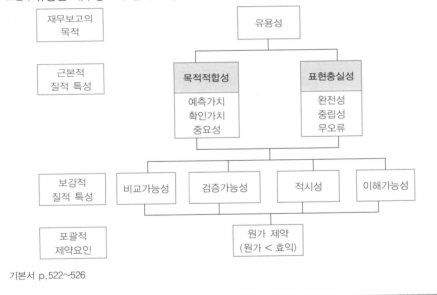

기본서 p.522~526

정답 ④

정답 및 해설

06 ④ 계량화된 정보가 검증 가능하기 위해서 <u>단일점 추정치이어야 할 필요는 없다</u>.

07 ① 일반적으로 정보는 오래될수록 <u>유용성이 낮아진다</u>.

08 ⑤ 보고기업이 반드시 <u>법적 실체일 필요는 없다</u>.

09 다음 중 재무제표가 갖추어야 할 보강적 질적 특성에 해당하지 않는 것은?

① 목적적합성   ② 적시성

③ 이해가능성   ④ 검증가능성

⑤ 비교가능성

10 재무정보의 질적 특성에 관한 설명으로 옳지 않은 것은?

① 적시성은 의사결정에 영향을 미칠 수 있도록 의사결정자가 정보를 제때에 이용 가능하게 하는 것을 의미한다.

② 중요성은 정보가 누락된 경우 정보이용자의 의사결정에 영향을 줄 수 있다면 그 정보는 중요하다는 것을 의미한다.

③ 이해가능성은 정보이용자가 항목간의 유사점과 차이점을 식별하고 이해할 수 있게 하는 질적 특성이다.

④ 검증가능성은 정보가 나타내고자 하는 경제적 현상을 충실히 표현하는지를 정보이용자가 확인하는 데 도움을 준다.

⑤ 표현충실성은 모든 면에서 정확한 것을 의미하지는 않는다.

11 유용한 재무정보의 질적 특성에 관한 설명으로 옳지 않은 것은?

① 명확하고 간결하게 분류되고 특징지어져 표시된 정보는 비교가능성이 높다.

② 어떤 재무정보가 예측가치나 확인가치 또는 이 둘 모두를 갖는다면 그 재무정보는 이용자의 의사결정에 차이가 나게 할 수 있다.

③ 검증가능성은 정보가 나타내고자 하는 경제적 현상을 충실히 표현하는지를 정보이용자가 확인하는 데 도움을 주는 보강적 질적 특성이다.

④ 적시성은 정보이용자가 의사결정을 내릴 때 사용되어 그 결정에 영향을 줄 수 있도록 제때에 이용 가능함을 의미한다.

⑤ 어떤 정보의 누락이나 오기로 인해 정보이용자의 의사결정이 바뀔 수 있다면 그 정보는 중요한 정보이다.

12 재무정보가 유용하기 위해서는 나타내고자 하는 현상을 충실하게 표현하여야 한다. 다음 표현충실성에 관한 설명으로 옳지 않은 것은?

① 정보를 누락하거나 잘못 기재하거나 불분명하게 하여, 이를 기초로 내리는 주요 이용자들의 의사결정에 영향을 줄 것으로 합리적으로 예상할 수 있다면 그 정보는 중요한 것이다.

② 완벽하게 충실한 표현을 하기 위해서는 서술은 완전하고, 중립적이며, 오류가 없어야 할 것이다.

③ 완전한 서술은 필요한 기술과 설명을 포함하여 정보이용자가 서술되는 현상을 이해하는 데 필요한 모든 정보를 포함하는 것이다.

④ 중립적 서술은 재무정보의 선택이나 표시에 편의가 없는 것이다.

⑤ 오류가 없다는 것은 현상의 기술에 오류나 누락이 없고, 보고 정보를 생산하는 데 사용되는 절차의 선택과 적용시 절차상 오류가 없음을 의미한다.

제1편 재무회계

제15장

정답 및 해설

09 ①

근본적 질적 특성(2)	목적적합성과 표현충실성
보강적 질적 특성(4)	비교가능성, 검증가능성, 적시성, 이해가능성

10 ③ 비교가능성은 정보이용자가 항목간의 유사점과 차이점을 식별하고 이해할 수 있게 하는 질적 특성이다.

11 ① 명확하고 간결하게 분류되고 특징지어져 표시된 정보는 이해가능성이 높다.

12 ① 중요성에 대한 설명으로서 목적적합성의 하부속성이다.

재무보고를 위한 개념체계의 재무제표 요소에 관한 설명으로 옳은 것은?

① 자본은 기업의 자산에서 모든 부채를 가산한 후의 잔여지분이다.

② 자본의 총장부금액은 직접 측정한다.

③ 자본의 총장부금액은 인식된 모든 자산의 장부금액에서 인식된 모든 부채의 장부금액을 차감한 금액과 일치하지 않는다.

④ 수익은 자산의 증가 또는 부채의 감소로서 자본의 증가를 가져오며, 자본청구권 보유자의 출자와 관련된 것을 포함한다.

⑤ 비용은 자산의 감소 또는 부채의 증가로서 자본의 감소를 가져오며, 자본청구권 보유자에 대한 분배와 관련된 것을 제외한다.

오답 체크
① 자본은 기업의 자산에서 모든 부채를 차감한 후의 잔여지분이다.
② 자본의 총장부금액은 직접 측정하지 않는다.
③ 자본의 총장부금액은 인식된 모든 자산의 장부금액에서 인식된 모든 부채의 장부금액을 차감한 금액과 동일하다.
④ 수익은 자산의 증가 또는 부채의 감소로서 자본의 증가를 가져오며, 자본청구권 보유자의 출자와 관련된 것을 제외한다.

보충

구분	요소	내용
경제적 자원	자산	자산은 과거사건의 결과로 기업이 통제하는 현재의 경제적 자원이다.
청구권	부채	부채는 과거사건의 결과로 기업이 경제적 자원을 이전해야 하는 현재의무이다.
	자본	자본은 기업의 자산에서 모든 부채를 차감한 후의 잔여지분이다.
재무성과를 반영하는 경제적 자원 및 청구권의 변동	수익	수익은 자산의 증가 또는 부채의 감소로서 자본의 증가를 가져오며, 자본청구권 보유자의 출자와 관련된 것을 제외한다.
	비용	비용은 자산의 감소 또는 부채의 증가로서 자본의 감소를 가져오며, 자본청구권 보유자에 대한 분배와 관련된 것을 제외한다.
그 밖의 경제적 자원 및 청구권의 변동	–	자본청구권 보유자에 의한 출자와 그들에 대한 분배
	–	자본의 증가나 감소를 초래하지 않는 자산이나 부채의 교환

기본서 p.529~550   정답 ⑤

13 다음 중 유입가치로서 기업간 비교가능성을 향상시킬 수 있는 측정기준을 모두 고른 것은?

㉠ 역사적 원가	㉡ 공정가치
㉢ 사용가치	㉣ 이행가치
㉤ 현행원가	

① ㉡   ② ㉤

③ ㉡, ㉤   ④ ㉢, ㉣

⑤ ㉢, ㉣, ㉤

14 재무제표 요소의 정의에 관한 설명으로 옳지 않은 것은?

① 자산은 과거사건의 결과로 기업이 통제하는 현재의 경제적 자원이다.

② 부채는 과거사건의 결과로 기업이 경제적 자원을 이전해야 하는 미래의무이다.

③ 자본은 기업의 자산에서 모든 부채를 차감한 후의 잔여지분이다.

④ 수익은 자산의 증가 또는 부채의 감소로서 자본의 증가를 가져온다.

⑤ 비용은 자산의 감소 또는 부채의 증가로서 자본의 감소를 가져온다.

정답 및 해설

13 ②

측정기준	유입가치/유출가치	기업간 비교가능성
㉠ 역사적 원가	유입가치	감소
㉡ 공정가치	유출가치	증가
㉢ 사용가치	유출가치	감소
㉣ 이행가치	유출가치	감소
㉤ 현행원가	유입가치	증가

14 ②   부채는 과거사건의 결과로 기업이 경제적 자원을 이전해야 하는 <u>현재의무</u>이다.

15 재무보고를 위한 개념체계의 자산에 관한 설명으로 옳지 않은 것은?

① 자산은 과거사건의 결과로 기업이 통제하는 현재의 경제적 자원이다.

② 경제적 자원은 경제적 효익을 창출할 잠재력을 지닌 권리이다.

③ 경제적 자원은 그 잠재력을 포함한 현재의 권리이며, 그 권리가 창출할 수 있는 미래 경제적 효익이 아니다.

④ 기업의 모든 권리가 그 기업의 자산이 되는 것은 아니다.

⑤ 기업은 기업 스스로부터 경제적 효익을 획득하는 권리를 가질 수 있다.

16 재무보고를 위한 개념체계의 자산에 관한 설명으로 옳지 않은 것은?

① 경제적 효익을 창출할 가능성이 낮더라도 권리가 경제적 자원의 정의를 충족할 수 있고, 따라서 자산이 될 수 있다.

② 지출의 발생과 자산의 취득은 밀접하게 관련되어 있으므로 양자는 반드시 일치한다.

③ 경제적 자원의 통제는 일반적으로 법적 권리를 행사할 수 있는 능력에서 비롯된다.

④ 기업이 경제적 자원을 통제하기 위해서는 해당 자원의 미래경제적 효익이 다른 당사자가 아닌 그 기업에게 직접 또는 간접으로 유입되어야 한다.

⑤ 본인이 통제하는 경제적 자원을 대리인이 관리하고 있는 경우, 그 경제적 자원은 대리인의 자산이 아니다.

17 재무보고를 위한 개념체계의 부채에 관한 설명으로 옳지 않은 것은?

① 부채는 과거사건의 결과로 기업이 경제적 자원을 이전해야 하는 현재의무이다.

② 많은 의무가 계약, 법률 또는 이와 유사한 수단에 의해 성립된다.

③ 기업의 실무 관행, 경영방침이나 성명(서)에서 의무가 발생할 수도 있다.

④ 경제적 자원의 이전가능성이 낮으면 의무가 부채의 정의를 충족할 수 없다.

⑤ 본인이 통제하는 경제적 자원을 제3자에게 이전할 의무가 대리인에게 있는 경우, 그 의무는 대리인의 부채가 아니다.

18 재무보고를 위한 개념체계의 측정기준에 관한 설명으로 옳지 않은 것은?

① 자산의 역사적 원가는 거래원가를 포함한다.
② 자산의 현행원가는 거래원가를 포함하지 않는다.
③ 공정가치는 시장참여자의 가정을 반영한다.
④ 사용가치와 이행가치는 기업 특유의 가정을 반영한다.
⑤ 사용가치와 이행가치는 직접 관측될 수 없으며 현금흐름기준 측정기법으로 결정된다.

19 재무보고를 위한 개념체계의 측정기준에 관한 설명으로 옳지 않은 것은?

① 자산의 역사적 원가는 자산을 취득 또는 창출하기 위하여 지급한 대가와 거래원가를 포함한다.
② 자산의 현행원가는 측정일 현재 동등한 자산의 원가로서 측정일에 지급할 대가와 그 날에 발생할 거래원가를 포함한다.
③ 자산의 공정가치는 측정일에 시장참여자 사이의 정상거래에서 자산을 매수할 때 지급하게 될 가격이다.
④ 자산의 사용가치는 기업이 자산의 사용과 궁극적인 처분으로 얻을 것으로 기대하는 현금흐름 또는 그 밖의 경제적 효익의 현재가치이다.
⑤ 역사적 원가와 현행원가는 유입가치이고, 공정가치와 사용가치 및 이행가치는 유출가치이다.

정답 및 해설

15 ⑤ 기업은 기업 스스로부터 경제적 효익을 획득하는 <u>권리를 가질 수는 없다</u>.

16 ② 지출의 발생과 자산의 취득은 밀접하게 관련되어 있으나 <u>양자가 반드시 일치하는 것은 아니다</u>.

17 ④ 경제적 자원의 <u>이전가능성이 낮더라도</u> 의무가 부채의 <u>정의를 충족할 수 있다</u>.

18 ② 자산의 현행원가는 <u>거래원가를 포함한다</u>.

19 ③ 공정가치는 측정일에 시장참여자 사이의 정상거래에서 자산을 <u>매도할 때 받거나 부채를 이전할 때 지급하게 될 가격이다</u>.

10개년 출제비중분석

20%

제2편
출제비중

장별 출제비중

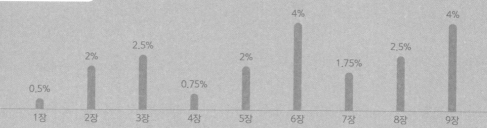

	0.5%	2%	2.5%	0.75%	2%	4%	1.75%	2.5%	4%
	1장	2장	3장	4장	5장	6장	7장	8장	9장

제2편

원가 · 관리회계

제1장 원가회계의 기초

대표예제 49 **원가의 개념 및 분류**

원가에 대한 설명으로 옳지 않은 것은?

① 직접원가란 특정 제품의 제조를 위해서만 소비되어 직접 그 특정 제품에 부과할 수 있는 원가를 말한다.
② 변동원가란 조업도의 변동에 따라 단위당 원가가 변동하는 원가를 말한다.
③ 고정원가란 일정 조업도의 변동에 관계없이 원가총액이 일정하게 발생하는 원가를 말한다.
④ 기회원가란 선택 가능한 대체안 중에서 한 대체안을 선택한 경우 포기한 대체안에서 상실되는 효익을 말한다.
⑤ 전환원가란 직접노무원가와 제조간접원가를 합한 원가를 말한다.

해설 | 변동원가란 조업도의 변동에 따라 원가 총액은 변동하고 단위당 원가는 불변인 원가를 말한다.
보충 | 원가의 구성

직접재료원가	제조직접원가 (= 기초원가, 기본원가)	제조원가 (= 제품원가)	판매원가 (= 총원가)	판매가격
직접노무원가				
직접제조경비원가				

위 구성: 직접재료원가·직접노무원가·직접제조경비원가 → 제조직접원가(= 기초원가, 기본원가) → 제조간접원가 → 제조원가(= 제품원가) → 판매비와관리비(= 기간원가) → 판매원가(= 총원가) → 판매이익(= 영업이익) → 판매가격

기본서 p.566~570

정답 ②

01 원가에 관한 설명으로 옳지 않은 것은?

① 가공원가(전환원가)는 직접노무원가와 제조간접원가를 합한 금액이다.

② 연간 발생할 것으로 기대되는 총변동원가는 관련범위 내에서 일정하다.

③ 당기제품제조원가는 당기에 완성되어 제품으로 대체된 완성품의 제조원가이다.

④ 기초고정원가는 현재의 조업도 수준을 유지하는 데 기본적으로 발생하는 고정원가이다.

⑤ 회피가능원가는 특정한 의사결정에 의하여 원가의 발생을 회피할 수 있는 원가로서 의사결정과 관련이 있는 원가이다.

02 원가에 대한 설명으로 옳은 것은?

① 직접원가란 특정 제품의 제조를 위해서만 소비되어 직접 그 특정 제품에 부과할 수 있는 원가를 말한다.

② 변동원가란 조업도의 변동에 따라 단위당 원가가 변동하는 원가를 말한다.

③ 고정원가란 일정 조업도의 변동에 관계없이 원가 총액이 증가하는 원가를 말한다.

④ 회피가능원가는 특정한 의사결정에 의하여 원가의 발생을 회피할 수 있는 원가로서 의사결정과 관련이 없는 원가이다.

⑤ 전환원가란 직접재료원가와 직접노무원가를 합한 원가를 말한다.

정답 및 해설

01 ② 총고정원가가 관련범위 내에서 일정하고, 총변동원가는 증가한다.

02 ① ② 변동원가란 조업도의 변동에 따라 원가 총액은 변동하고 단위당 원가는 불변인 원가를 말한다.
③ 고정원가란 일정 조업도의 변동에 관계없이 원가 총액이 일정하게 발생하는 원가를 말한다.
④ 회피가능원가는 특정한 의사결정에 의하여 원가의 발생을 회피할 수 있는 원가로서 의사결정과 관련이 있는 원가이다.
⑤ 전환원가란 직접노무원가와 제조간접원가를 합한 원가를 말한다.

03 다음은 (주)한국의 20×1년 중에 발생한 원가 및 비용에 관한 자료이다. 이 자료를 이용하여 계산한 전환원가는?

• 직접재료원가	₩60,000	• 간접재료원가	₩15,000
• 직접노무원가	₩5,000	• 간접노무원가	₩7,500
• 공장건물 감가상각비	₩10,000	• 영업사원급여	₩12,000
• 공장 수도광열비	₩7,000	• 본사비품 감가상각비	₩10,500

① ₩44,500   ② ₩54,500

③ ₩59,500   ④ ₩75,000

⑤ ₩97,500

04 원가가산 가격결정방법에 의해서 판매가격을 결정하는 경우 (　　　)에 들어갈 금액으로 옳은 것은? (단, 영업이익은 총원가의 30%이고, 판매비와관리비는 제조원가의 50%이다)

	영업이익 (마)	
판매비와관리비 (다)	총원가 (바)	판매가격 ₩58,500
제조간접원가 (가)	제조원가 (라)	
직접재료원가 ₩12,500 / 직접노무원가 ₩12,500	기초원가 (나)	

	(가)	(나)	(다)	(라)	(마)	(바)
①	₩5,000	₩25,000	₩15,000	₩30,000	₩13,500	₩45,000
②	₩5,000	₩25,000	₩17,500	₩35,000	₩10,500	₩48,000
③	₩10,000	₩25,000	₩15,000	₩30,000	₩13,500	₩45,000
④	₩10,000	₩25,000	₩17,500	₩35,000	₩10,500	₩48,000
⑤	₩10,000	₩25,000	₩17,500	₩30,000	₩10,500	₩48,000

03 ①

구분	제품원가(제조원가)	기간원가(비제조원가)	전환원가	기본원가
직접재료원가 ₩60,000	₩60,000	–	–	₩60,000
직접노무원가 ₩5,000	₩5,000	–	₩5,000	₩5,000
공장건물 감가상각비 ₩10,000	₩10,000	–	₩10,000	–
공장 수도광열비 ₩7,000	₩7,000	–	₩7,000	–
간접재료원가 ₩15,000	₩15,000	–	₩15,000	–
간접노무원가 ₩7,500	₩7,500	–	₩7,500	–
영업사원급여 ₩12,000	–	₩12,000	–	–
본사비품 감가상각비 ₩10,500	–	₩10,500	–	–
합계	₩104,500	₩22,500	₩44,500	₩65,000

04 ①　(나) 기초원가 = 직접재료원가 ₩12,500 + 직접노무원가 ₩12,500 = ₩25,000

　　　(바) 총원가 = 판매가격 ₩58,500 ÷ (1 + 0.3) = ₩45,000

　　　(마) 영업이익 = 판매가격 ₩58,500 - 총원가 ₩45,000 = ₩13,500

　　　　　　　　　 (또는 총원가 ₩45,000 × 0.3)

　　　(라) 제조원가 = 총원가 ₩45,000 ÷ (1 + 0.5) = ₩30,000

　　　(다) 판매비와관리비 = 총원가 ₩45,000 - 제조원가 ₩30,000 = ₩15,000

　　　　　　　　　 (또는 제조원가 ₩30,000 × 0.5)

　　　(가) 제조간접원가 = 제조원가 ₩30,000 - 기초원가 ₩25,000 = ₩5,000

대표예제 50 원가의 흐름 ★

(주)한국의 20×1년 재고자산의 기초 및 기말 잔액은 다음과 같다.

구분	20×1년 1월 1일	20×1년 12월 31일
직접재료	₩2,000	₩4,000
재공품	₩8,000	₩10,000
제품	₩12,000	₩15,000

(주)한국의 20×1년 제조 관련 추가자료는 다음과 같다. (주)한국의 20×1년 당기제품제조원가는?

- 20×1년 중 직접재료 매입액은 ₩22,000이다.
- 20×1년에 발생한 직접노무원가는 기본원가(prime cost)의 50%이다.
- 20×1년에 발생한 제조간접원가는 전환원가(conversion cost)의 80%이다.

① ₩70,000
② ₩74,000
③ ₩118,000
④ ₩122,000
⑤ ₩125,000

해설 |

재공품			
기초재공품	8,000	당기제품제조원가	118,000
직접재료원가	20,000*1		
직접노무원가	20,000*2		
제조간접원가	80,000*3	기말재공품	10,000

*1 직접재료원가 = 기초직접재료원가 ₩2,000 + 매입액 ₩22,000 − 기말직접재료원가 ₩4,000
       = ₩20,000
*2 직접노무원가 = 직접재료원가 ₩20,000 ÷ 0.5 × 0.5 = ₩20,000
*3 제조간접원가 = (직접노무원가 ₩20,000 + 제조간접원가) × 0.8 = ₩16,000 ÷ 0.2
       = ₩80,000
   ▶ 제조간접원가(x) = (₩20,000 + x) × 0.8
              x = ₩16,000 + 0.8x
          0.2x = ₩16,000
              x = ₩80,000

보충

재료	
기초재료	당기소비액
당기매입액	기말재료

재공품	
기초재공품 직접재료원가 직접노무원가 제조간접원가	당기제품 기말재공품

제품	
기초제품	매출원가
당기제품	기말제품

노무원가	
당기발생액	당기소비액

제조경비원가	
당기발생액	당기소비액

기본서 p.579~585 정답 ③

01 다음 자료에 의한 매출원가는?

- 기초제품재고액 ₩17,000
- 기초재공품재고액 ₩3,000
- 당기제품제조원가 ₩280,000
- 기말제품재고액 ₩15,000
- 기말재공품재고액 ₩6,000

① ₩260,000 ② ₩270,000
③ ₩279,000 ④ ₩280,000
⑤ ₩282,000

01 ⑤				
기초제품재고액	17,000	매출원가	(282,000)
당기제품제조원가	280,000	기말제품	15,000

제2장 원가흐름과 집계 235

02 다음 자료에 의한 당기제품제조원가는?

직접재료구입액	₩1,000
직접노무원가	₩3,000
제조간접원가	₩8,000

구분	기초재고액	기말재고액
직접재료	₩3,000	₩1,000
재공품	₩10,000	₩8,000

① ₩15,000   ② ₩16,000

③ ₩17,000   ④ ₩18,000

⑤ ₩19,000

03 (주)한국은 실제원가계산을 적용하고 있으며, 20×1년의 기초 및 기말재고자산은 다음과 같다.

기초원재료	₩20,000	기말원재료	₩50,000
기초재공품	₩50,000	기말재공품	₩80,000
기초제품	₩100,000	기말제품	₩130,000

당기 매입한 원재료는 ₩500,000이고 당기 발생한 직접노무원가와 제조간접원가는 각각 ₩200,000과 ₩300,000이다. 20×1년의 매출원가는?

① ₩880,000   ② ₩890,000

③ ₩900,000   ④ ₩910,000

⑤ ₩920,000

04 20×1년 (주)한국의 제조와 관련된 원가가 다음과 같을 때 직접노무원가는?

• 당기제품제조원가	₩1,400,000
• 기본원가(prime cost)	₩1,200,000
• 가공원가(전환원가)	₩1,100,000
• 기초재공품	₩100,000
• 기말재공품	₩200,000

① ₩400,000   ② ₩500,000

③ ₩600,000   ④ ₩800,000

⑤ ₩900,000

정답 및 해설

02 ②

직접재료구입액	1,000		
직접노무원가	3,000		
제조간접원가	8,000		
직접재료 감소	2,000		
재공품 감소	2,000	당기제품제조원가	(16,000)

03 ④

원재료매입액	500,000	원재료 증가	30,000
직접노무원가	200,000	재공품 증가	30,000
제조간접원가	300,000	제품 증가	30,000
		매출원가	(910,000)

04 ④ (1) 직접노무원가 = 기본원가 ₩1,200,000 + 가공원가 ₩1,100,000 − 당기총제조원가 ₩1,500,000
               = ₩800,000
     (2) 당기총제조원가 = 당기제품제조원가 ₩1,400,000 + 기말재공품원가 ₩200,000 −
                   기초재공품원가 ₩100,000
              = ₩1,500,000

05 다음은 (주)한국의 원가자료이다. 당기매출원가는?

(1) 당기 발생원가
- 직접재료구입액 ₩20,000
- 직접노무원가 ₩60,000
- 감가상각비(공장설비) ₩100,000
- 감가상각비(영업용 화물차) ₩80,000
- 공장감독자 급여 ₩20,000
- 판매사원 급여 ₩10,000
- 기타 제조간접원가 ₩40,000

(2) 재고자산

구분	기초재고액	기말재고액
직접재료	₩60,000	₩20,000
재공품	₩200,000	₩160,000
제품	₩300,000	₩350,000

① ₩220,000   ② ₩270,000
③ ₩280,000   ④ ₩300,000
⑤ ₩320,000

06 (주)한국의 20×1년 기초 및 기말재고자산은 다음과 같다.

구분	기초	기말
직접재료	₩10,000	₩15,000
재공품	₩40,000	₩50,000

(주)한국은 20×1년 중 직접재료 ₩35,000을 매입하였고, 직접노무원가 ₩45,000을 지급하였으며, 제조간접원가 ₩40,000이 발생하였다. (주)한국의 20×1년 당기제품제조원가는? (단, 20×1년 초 직접노무원가 선급금액은 ₩15,000이고, 20×1년 말 직접노무원가 미지급액은 ₩20,000이다)

① ₩110,000   ② ₩120,000
③ ₩125,000   ④ ₩140,000
⑤ ₩150,000

07 다음 자료에 의하여 매출액을 계산하면 얼마인가?

• 기초재공품	₩280,000	• 기말재공품	₩380,000
• 기초제품	₩450,000	• 기말제품	₩520,000
• 당기총제조원가	₩3,400,000	• 원가에 대한 이익률	30%

① ₩2,261,000 ② ₩3,230,000
③ ₩4,100,000 ④ ₩4,199,000
⑤ ₩4,200,000

정답 및 해설

05 ②

직접재료구입액	20,000	제품 증가	50,000
직접노무원가	60,000		
감가상각비(공장설비)	100,000		
공장감독자 급여	20,000		
기타 제조간접원가	40,000		
직접재료 감소	40,000		
재공품 감소	40,000	매출원가	(270,000)

06 ④

직접재료 매입액	35,000	직접재료 증가	5,000
직접노무원가 지급액	45,000	재공품 증가	10,000
제조간접원가 발생액	40,000		
기초 직접노무원가 선급액	15,000		
기말 직접노무원가 미지급액	20,000	당기제품제조원가	(140,000)

07 ④ (1) 매출액 = 매출원가 ₩3,230,000 × (1 + 원가이익률 0.3) = ₩4,199,000
(2) 매출원가

당기총제조원가	3,400,000	재공품 증가	100,000
		제품 증가	70,000
		매출원가	(3,230,000)

08 다음은 (주)한국의 20×1년도 5월의 원가자료이다. 매출액을 계산하면?

• 기초재공품	₩20,000	• 기말재공품	₩30,000
• 기초제품	₩30,000	• 기말제품	₩40,000
• 직접재료원가	₩90,000	• 직접노무원가	₩80,000
• 제조간접원가	₩50,000	• 원가이익률	25%

① ₩200,000

② ₩220,000

③ ₩230,000

④ ₩240,000

⑤ ₩250,000

09 단일제품을 생산하는 (주)한국은 매출원가의 20%를 이익으로 가산하여 제품을 판매하고 있다. 당기의 생산 및 판매 자료가 다음과 같다면, (주)한국의 당기 직접재료매입액과 영업이익은?

• 재고자산

구분	기초재고	기말재고
직접재료	₩17,000	₩13,000
재공품	₩20,000	₩15,000
제품	₩18,000	₩23,000

• 기본(기초)원가	₩85,000
• 가공(전환)원가	₩98,000
• 매출액	₩180,000
• 판매관리비	₩10,000

	직접재료매입액	영업이익
①	₩46,000	₩15,000
②	₩48,000	₩15,000
③	₩48,000	₩20,000
④	₩52,000	₩20,000
⑤	₩52,000	₩26,000

고난도

10 다음은 (주)한국의 20×1년 영업자료에서 추출한 정보이다. 직접노무원가가 기본원가 (prime cost)의 50%일 경우, 당기제품제조원가는?

• 기초직접재료	₩200	• 기말직접재료	₩100
• 보험료−본사사옥	₩200	• 보험료−공장설비	₩100
• 감가상각비−본사사옥	₩100	• 감가상각비−공장설비	₩50
• 기타 제조간접원가	₩300	• 기초재공품	₩1,500
• 기말재공품	₩1,000	• 직접재료매입액	₩500

① ₩1,850
② ₩1,950
③ ₩2,050
④ ₩2,150
⑤ ₩2,250

정답 및 해설

08 ⑤ (1) 매출액 = 매출원가 ₩200,000 × (1 + 원가이익률 0.25) = ₩250,000

(2) 매출원가

직접재료원가	90,000	재공품 증가	10,000
직접노무원가	80,000	제품 증가	10,000
제조간접원가	50,000	매출원가	(200,000)

09 ③ (1) 직접재료매입액

직접재료 감소	4,000	제품 증가	5,000
재공품 감소	5,000	매출원가	150,000*
가공원가	98,000		
직접재료매입액	(48,000)		

* 매출원가 = 매출액 ₩180,000 ÷ (1 + 0.2) = ₩150,000

(2) 영업이익 = 매출액 ₩180,000 − 매출원가 ₩150,000 − 판매관리비 ₩10,000 = ₩20,000

10 ④

직접재료			
기초재료	200	소비	600*¹
매입	500	기말재료	100

재공품			
기초재공품	1,500	당기제품제조원가	2,150
직접재료원가	600*¹		
직접노무원가	600*³		
제조간접원가	450*²	기말재공품	1,000

*² 제조간접원가 = 보험료−공장설비 ₩100 + 감가상각비−공장설비 ₩50 + 기타 제조간접원가 ₩300
= ₩450

*³ 직접노무원가 = 직접재료원가 ₩600 ÷ 0.5 × 0.5 = ₩600

11 다음은 (주)한국의 20×1년 발생원가 및 비용에 관한 자료이다. 가공(전환)원가는 얼마인가?

• 직접재료원가	₩24,000
• 공장 소모품비	₩5,000
• 본사건물 감가상각비	₩10,000
• 공장건물 감가상각비	₩7,500
• 간접노무원가	₩4,500
• 직접노무원가	₩10,000
• 판매매장 임대료	₩7,000
• 영업사원 급여	₩5,000

① ₩15,000   ② ₩19,500
③ ₩22,500   ④ ₩27,000
⑤ ₩34,000

12 다음 자료에 의하여 계산한 기본원가와 가공원가는?

• 직접재료원가	₩20,000
• 직접노무원가	₩15,000
• 변동제조간접원가	₩4,000
• 고정제조간접원가	₩7,000

	기본원가	가공원가		기본원가	가공원가
①	₩20,000	₩26,000	②	₩35,000	₩11,000
③	₩35,000	₩20,000	④	₩35,000	₩26,000
⑤	₩39,000	₩7,000			

정답 및 해설

11 ④ 가공원가(전환원가) = 직접노무원가 + 제조간접원가(간접노무원가 + 공장 소모품비 + 공장건물 감가상각비)
= ₩10,000 + (₩4,500 + ₩5,000 + ₩7,500) = ₩27,000

12 ④ • 기본원가 = 직접재료원가 + 직접노무원가 = ₩20,000 + ₩15,000 = ₩35,000
• 가공원가 = 직접노무원가 + 제조간접원가 = ₩15,000 + (₩4,000 + ₩7,000) = ₩26,000

제3장 원가배분

대표예제 51 | 보조부문원가의 배분 ★★

(주)한국은 보조부문에 수선부와 전력부가 있고, 제조부문에 A와 B가 있다. 수선부와 전력부에서 발생한 원가는 각각 ₩10,000과 ₩9,000이다. 보조부문이 제공한 용역이 다음과 같다.

사용 제공	보조부문		제조부문	
	수선부	전력부	A	B
수선부(시간)	─	₩200	₩500	₩300
전력부(kwh)	₩500	─	₩1,000	₩500

(주)한국의 보조부문원가를 직접배부법으로 배부하는 경우, 제조부문 A에 배부되는 보조부문의 원가는?

① ₩11,250
② ₩12,000
③ ₩12,250
④ ₩14,000
⑤ ₩15,250

해설 | 수선부 ⇨ 제조부문 A   ₩10,000 × 500시간/800시간 = ₩6,250
전력부 ⇨ 제조부문 A   ₩9,000 × 1,000kWh/1,500kWh = ₩6,000
　　　합계　　　　　　　　　　　　　　　　　　₩12,250

보충 | 보조부문원가의 배부방법

직접배부법	보조부문 상호간의 용역의 수수를 무시하고 보조부문원가를 직접 각 제조부문에 배부하는 방법
단계배부법	보조부문 상호간의 용역의 수수를 한쪽 방향으로만 인정하여 보조부문원가를 배부하는 방법
상호배부법	보조부문 상호간의 용역의 수수를 양방향 모두 인정하여 보조부문원가를 배부하는 방법('연립방정식'으로 계산)

기본서 p.605~608

정답 ③

01 (주)한국은 두 개의 보조부문 S1, S2와 두 개의 제조부문 P1, P2를 통해 제품을 생산하고 있다. S1과 S2의 부문원가는 각각 ₩60,000과 ₩30,000이다. 다음 각 부문간의 용역수수 관계를 이용하여 보조부문원가를 직접배부법으로 제조부문에 배부할 때 P2에 배부될 보조부문원가는? (단, S1은 기계시간, S2는 kW에 비례하여 배부한다)

사용 제공	보조부문		제조부문	
	S1	S2	P1	P2
S1	5기계시간	8기계시간	30기계시간	18기계시간
S2	80kW	50kW	160kW	240kW

① ₩18,000   ② ₩22,500

③ ₩37,500   ④ ₩40,500

⑤ ₩55,500

02 다음은 (주)한국의 각 부문에서 발생한 제조간접원가의 자료이다.

구분	보조부문		제조부문		합계
	A	B	X	Y	
부문원가	₩1,000	₩2,000	₩6,000	₩4,000	₩13,000
A부문 사용비율	—	20%	30%	50%	100%
B부문 사용비율	30%	—	35%	35%	100%

단계배부법을 이용하여 보조부문원가를 배부하는 경우 제조부문 X의 총제조간접원가는? (단, 보조부문 A의 원가부터 배부한다)

① ₩5,600   ② ₩6,400

③ ₩7,400   ④ ₩7,900

⑤ ₩8,200

03 보조부문인 수선부와 전력부에서 발생한 원가는 각각 ₩20,000과 ₩12,000이며, 단계배부법으로 제조부문인 A공정과 B공정에 배부한다. 보조부문이 제공한 용역이 다음과 같을 때, 보조부문에서 A공정에 배부되는 금액은? (다만, 수선보조부문 원가부터 배부한다)

제공＼사용	보조부문		제조부문		합 계
	수선부	전력부	A공정	B공정	
수선부	2,500시간	4,000시간	4,000시간	2,000시간	12,500시간
전력부	8,000kWh	4,000kWh	4,000kWh	4,000kWh	20,000kWh

① ₩13,000
② ₩14,000
③ ₩16,000
④ ₩18,000
⑤ ₩20,000

정답 및 해설

01 ④

제공＼사용	보조부문		제조부문	
	₩60,000	₩30,000	P1	P2
S1	5기계시간	8기계시간	30기계시간	18기계시간
S2	80kW	50kW	160kW	240kW

P2 = (0.375 × S1) + (0.6 × S2)
  = (0.375 × ₩60,000) + (0.6 × ₩30,000)
  = ₩40,500

02 ③

X부문 원가	₩6,000
보조부문 A ⇨ X부문　₩1,000 × 30/100 =	₩300
보조부문 B ⇨ X부문　(₩2,000 + ₩200*) × 35/70 =	₩1,100
합계	₩7,400

* (보조부문 A ⇨ 보조부문 B) = ₩1,000 × 20/100 = ₩200

03 ④

(1) 자가소비용역 무시

제공＼사용	보조부문		제조부문		합계
	수선부	전력부	A공정	B공정	
수선부	–	4,000시간	4,000시간	2,000시간	10,000시간
전력부	8,000kWh	–	4,000kWh	4,000kWh	16,000kWh

(2) 보조부문에서 A공정에 배부되는 금액

수선부 ⇨ A공정　₩20,000 × 4,000시간/10,000시간 =	₩8,000
전력부 ⇨ A공정　(₩12,000 + ₩8,000*) × 4,000kWh/8,000kWh =	₩10,000
합계	₩18,000

* (수선부 ⇨ 전력부) = ₩20,000 × 4,000시간/10,000시간 = ₩8,000

04 다음은 (주)한국의 각 부문에서 발생한 제조간접원가의 자료이다.

구분	보조부문		제조부문		합계
	동력부	수선부	X	Y	
부문원가	₩10,000	₩20,000	₩60,000	₩40,000	₩130,000
동력부문 사용비율	–	20%	30%	50%	100%
수선부문 사용비율	30%	–	35%	35%	100%

단계배부법을 이용하여 보조부문원가를 배부하는 경우 제조부문 X의 총제조간접원가는? (단, 수선보조부문의 원가부터 배부한다)

① ₩69,000
② ₩70,000
③ ₩71,000
④ ₩72,000
⑤ ₩73,000

05 (주)한국은 두 개의 제조부문(P1, P2)과 두 개의 보조부문(S1, S2)을 두고 있다. 각 부문간의 용역수수관계는 다음과 같다.

사용부문 제공부문	보조부문		제조부문	
	S1	S2	P1	P2
S1 제공비율	–	50%	20%	30%
S2 제공비율	20%	–	40%	20%
부문발생원가	₩270,000	₩450,000	₩250,000	₩280,000

(주)한국은 보조부문의 원가를 단계배부법으로 배부하고 있다. 보조부문의 원가를 배부한 후의 제조부문 P1의 총원가는? (단, 보조부문 S1부터 배부한다)

① ₩250,000
② ₩336,000
③ ₩390,000
④ ₩505,600
⑤ ₩694,000

06 (주)한국은 두 개의 제조부문(P1, P2)과 두 개의 보조부문(S1, S2)을 두고 있다. 각 부문간의 용역수수관계는 다음과 같다.

구분	보조부문		제조부문	
	S1	S2	P1	P2
부문원가	₩270,000	₩450,000	₩250,000	₩280,000
S1	−	50%	20%	?
S2	20%	−	?	?

(주)한국은 보조부문의 원가를 상호배부법으로 배부하고 있다. 보조부문의 원가를 배부한 후의 제조부문 P1의 총원가가 ₩590,000이라면, 보조부문 S2가 제조부문 P1에 제공한 용역제공비율은?

① 20% ② 25% ③ 30%

④ 35% ⑤ 40%

정답 및 해설

04 ⑤

X부문 원가		₩60,000
수선부문 ⇨ X부문	₩20,000 × 35/100 =	₩7,000
동력부문 ⇨ X부문	(₩10,000 + ₩6,000*) × 30/80 =	₩6,000
합계		₩73,000

* (수선부문 ⇨ 동력부문) = ₩20,000 × 30/100 = ₩6,000

05 ⑤

P1부문 원가		₩250,000
S1 ⇨ P1부문	₩270,000 × 20/100 =	₩54,000
S2 ⇨ P1부문	(₩450,000 + ₩135,000*) × 40/60 =	₩390,000
합계		₩694,000

* (S1 ⇨ S2) = ₩270,000 × 50/100 = ₩135,000

06 ⑤

구분	보조부문		제조부문	
	₩400,000	S2	₩590,000	P2
부문원가	₩270,000	₩450,000	₩250,000	₩280,000
S1	−	50%	20%	?
S2	20%	−	?	?

S1 = ₩270,000 + 0.2 × (₩450,000 + 0.5S1)
S1 = ₩270,000 + ₩90,000 + 0.1S1 0.9S1 = ₩360,000 S1 = ₩400,000
S2 = ₩450,000 + 0.5 × (₩270,000 + 0.2S2)
S2 = ₩450,000 + ₩135,000 + 0.1S2 0.9S2 = ₩585,000 S2 = ₩650,000
P1 = ₩250,000 + (0.2 × ₩400,000) + (x × ₩650,000) = ₩590,000
  ₩650,000 × x = ₩260,000 ∴ x = 40%

07 다음은 (주)한국의 부문원가를 배부하기 위한 배부기준과 원가자료이다.

구분	보조부문		제조부문	
	S1	S2	P1	P2
기계시간	-	200	400	400
전력량(kWh)	100	-	300	200
점유면적(m²)	10	20	30	40
부문개별원가	₩240,000	₩160,000	₩400,000	₩600,000
부문공통원가	₩100,000			

부문공통원가는 점유면적을 기준으로 배부한다. 보조부문원가는 S1은 기계시간, S2는 전력량을 기준으로 직접배부법을 사용하여 제조부문에 배부한다. 제조부문 P1의 배부 후 총원가는?

① ₩663,000
② ₩674,000
③ ₩682,000
④ ₩686,000
⑤ ₩694,000

07 ①

구분	보조부문		제조부문	
	S1	S2	P1	P2
기계시간	-	200	400	400
전력량(kWh)	100	-	300	200
점유면적(m²)	10	20	30	40
부문개별원가	₩240,000	₩160,000	₩400,000	₩600,000
부문공통원가 (점유면적기준)	₩100,000 × 10/100 = ₩10,000	₩100,000 × 20/100 = ₩20,000	₩100,000 × 30/100 = ₩30,000	₩100,000 × 40/100 = ₩40,000
부문총원가	₩250,000	₩180,000	₩430,000	₩640,000
보조부문원가 배부 (직접배부법)	- ₩250,000 (기계시간 기준)		₩250,000 × 400/800 = ₩125,000	₩250,000 × 400/800 = ₩125,000
		- ₩180,000 (전력량 기준)	₩180,000 × 300/500 = ₩108,000	₩180,000 × 200/500 = ₩72,000
배부 후 제조부문원가	-	-	₩663,000	₩837,000

제4장 개별원가계산 및 활동기준원가계산

| 대표예제 52 | 개별원가의 흐름 ★ |

(주)한국은 정상개별원가계산을 채택하고 있으며, 제조간접원가 배부차이를 총원가비례배분법에 의해 기말재고자산과 매출원가에 배부한다. 다음은 당기 말 제조간접원가 배부차이를 조정하기 전 각 계정의 잔액이다.

- 재고자산
  - 원재료 ₩250,000
  - 재공품 ₩90,000
  - 제품 ₩230,000
- 매출원가 ₩680,000

당기에 발생한 제조간접원가 배부차이가 ₩150,000(과소배부)일 경우, 배부차이 조정 후 기말재고자산은?

① ₩258,400
② ₩368,000
③ ₩608,000
④ ₩618,000
⑤ ₩638,400

해설

조정 전 기말재고자산		조정	조정 후 기말재고자산	
원재료	₩250,000	–	원재료	₩250,000
재공품	₩90,000	+ ₩13,500*1	재공품	₩103,500
제품	₩230,000	+ ₩34,500*2	제품	₩264,500
계	₩570,000		계	₩618,000

*1 ₩150,000 × ₩90,000/(₩90,000 + ₩230,000 + ₩680,000) = ₩13,500
*2 ₩150,000 × ₩230,000/(₩90,000 + ₩230,000 + ₩680,000) = ₩34,500

01 다음은 (주)한국의 당기원가자료이다. 당기총제조간접원가는 ₩50,000이고 직접재료원가를 기준으로 배부한다. 제조지시서 #1과 #2는 당기에 완성되었으나, #3은 미완성된 상태이다. (주)한국의 기말재공품원가는?

구분	제조지시서 #1	제조지시서 #2	제조지시서 #3
직접재료원가	₩50,000	₩30,000	₩20,000
직접노무원가	₩20,000	₩20,000	₩10,000

① ₩40,000 ② ₩65,000 ③ ₩95,000
④ ₩160,000 ⑤ ₩180,000

02 다음은 (주)한국의 당기원가자료이다. 당기총제조간접원가는 ₩50,000이고 직접노무원가를 기준으로 배부한다. 제조지시서 #1과 #2는 당기에 완성되었으나, #3은 미완성된 상태이다. (주)한국의 기초제품과 기말제품이 각각 ₩70,000과 ₩50,000일 때 매출원가는?

구분	제조지시서 #1	제조지시서 #2	제조지시서 #3
직접재료원가	₩50,000	₩30,000	₩20,000
직접노무원가	₩20,000	₩20,000	₩10,000

① ₩180,000 ② ₩190,000 ③ ₩200,000
④ ₩210,000 ⑤ ₩220,000

정답 및 해설

01 ①

(1) 제조간접원가 배부율 = $\dfrac{\text{제조간접원가 총액}}{\text{배부기준 합계}} = \dfrac{₩50,000}{₩100,000} = ₩0.5$

(2) 제조간접원가 배부액 = 각 제품배부기준 × 제조간접원가 배부율

제조지시서 #1	= ₩50,000 × ₩0.5 = ₩25,000
제조지시서 #2	= ₩30,000 × ₩0.5 = ₩15,000
제조지시서 #3	= ₩20,000 × ₩0.5 = ₩10,000

(3) 원가계산표

구분	제조지시서 #1	제조지시서 #2	제조지시서 #3	계
직접재료원가	₩50,000	₩30,000	₩20,000	₩100,000
직접노무원가	₩20,000	₩20,000	₩10,000	₩50,000
제조간접원가	₩25,000	₩15,000	₩10,000	₩50,000
계	₩95,000	₩65,000	₩40,000	₩200,000
	당기제품제조원가 ₩160,000		기말재공품원가 ₩40,000	

02 ①

(1) 매출원가

기초제품	70,000	매출원가	(180,000)
당기제품제조원가	160,000	기말제품	50,000

(2) 당기제품제조원가

구분	제조지시서 #1	제조지시서 #2	제조지시서 #3	계
직접재료원가	₩50,000	₩30,000	₩20,000	₩100,000
직접노무원가	₩20,000	₩20,000	₩10,000	₩50,000
제조간접원가	₩20,000*1	₩20,000*2	₩10,000*3	₩50,000
계	₩90,000	₩70,000	₩40,000	
	당기제품제조원가 ₩160,000		기말재공품	

*1 ₩50,000 × ₩20,000/₩50,000 = ₩20,000

*2 ₩50,000 × ₩20,000/₩50,000 = ₩20,000

*3 ₩50,000 × ₩10,000/₩50,000 = ₩10,000

03 (주)한국은 20×1년 초 영업을 개시하여 선박을 제조·판매하고 있으며, 직접노무시간을 기준으로 제조간접원가를 예정배부하는 정상개별원가계산을 적용하고 있다. 제조 및 판매와 관련된 자료는 다음과 같다.

- 연간 제조간접원가 예산 ₩360,000
- 연간 예정조업도 40,000직접노무시간
- 실제 발생한 제조간접원가 ₩362,500
- 실제 직접노무시간 42,500시간

(주)한국의 20×1년 제조간접원가 배부차이는?

① ₩20,000(과대)
② ₩20,000(과소)
③ ₩15,000(과대)
④ ₩15,000(과소)
⑤ ₩10,000(과대)

04 (주)한국은 정상개별원가계산제도를 적용하고 있다. (주)한국의 제조간접원가의 배부기준은 기계가동시간이며, 20×1년 제조간접원가 예산은 ₩400,000이고, 기계가동시간은 40,000시간이었다. 20×1년 8월 작업별 기계가동시간은 다음과 같다.

구분	#201	#202	합계
기계가동시간	1,200시간	2,000시간	3,200시간

20×1년 8월 제조간접원가 실제발생액이 ₩34,000일 때, 제조간접원가 배부차이는?

① ₩2,000 과소배부
② ₩2,000 과대배부
③ ₩32,000 과소배부
④ ₩32,000 과대배부
⑤ ₩0

05 제조간접원가 연간 예산이 ₩100,000이고, 기계작업시간 연간 예산이 400시간일 때, 만일 기말에 실제 기계작업시간이 600시간, 실제제조간접원가 발생액이 ₩160,000인 것으로 판명되었다면, 제조간접원가 배부차이는?

① 과소배부 ₩20,000
② 과대배부 ₩20,000
③ 과소배부 ₩10,000
④ 과대배부 ₩10,000
⑤ 배부차이 없음

정답 및 해설

03 ① 제조간접원가 예정배부표

	제조간접원가 예산	₩360,000
÷	예정조업도	40,000시간
=	예정배부율	₩9/시간
×	실제 직접노무시간	42,500시간
=	제조간접원가 예정배부액	₩382,500
−	제조간접원가 실제발생액	₩362,500
=	배부차이	₩20,000(과대배부)

04 ①

	연간 제조간접원가(예산)	₩400,000
÷	연간 기계작업시간(예산)	40,000시간
=	예정배부율	₩10/시간
×	실제 기계작업시간	3,200시간
=	예정배부액	₩32,000
−	실제발생액	₩34,000
=	배부차이	₩2,000(과소배부)

05 ③

	연간 제조간접원가(예산)	₩100,000
÷	연간 기계작업시간(예산)	400시간
=	예정배부율	₩250/시간
×	실제 기계작업시간	600시간
=	예정배부액	₩150,000
−	실제발생액	₩160,000
=	배부차이	₩10,000(과소배부)

06 (주)한국은 제조간접원가를 기계작업시간 기준으로 예정배부하고 있다. 20×1년 실제 기계작업시간은?

• 제조간접원가(예산)	₩928,000
• 제조간접원가(실제)	₩960,000
• 제조간접원가 배부액	₩840,710
• 기계작업시간(예산)	80,000시간

① 70,059시간   ② 71,125시간
③ 72,475시간   ④ 73,039시간
⑤ 74,257시간

07 (주)한국은 정상개별원가계산제도를 채택하고 있다. (주)한국의 제조간접원가 연간 예산이 ₩1,000,000이고, 연간 정상기계작업시간은 50,000시간이다. 기말에 실제제조간접원가 발생액이 ₩1,100,000인 것으로 판명되었다. 제조간접원가 과대배부차이가 ₩100,000이라면 실제 기계작업시간은?

① 20,000시간   ② 30,000시간
③ 40,000시간   ④ 50,000시간
⑤ 60,000시간

08 (주)한국은 기계시간 기준으로 제조간접원가를 예정배부하는 정상원가계산방법을 적용한다. 20×1년에 실제 제조간접원가는 ₩787,500이 발생되었고, 기계시간당 ₩25로 제조간접원가를 예정배부한 결과 ₩37,500만큼 과대배부되었다. 20×1년 실제조업도가 예정조업도의 110%인 경우, (주)한국의 제조간접원가 예산액은?

① ₩715,000   ② ₩725,000
③ ₩750,000   ④ ₩800,000
⑤ ₩825,000

09 (주)한국은 정상개별원가계산을 채택하고 있으며, 제조간접원가 배부차이를 총원가비례 배부법에 의해 기말재고자산과 매출원가에 배부한다. 다음은 당기 말 제조간접원가 배부차이를 조정하기 전 각 계정의 잔액이 다음과 같을 때, 당기에 발생한 제조간접원가 배부차이가 ₩150,000(과소배부)일 경우, 배부차이 조정 후 매출원가는?

- 재고자산
  원재료 ₩250,000 재공품 ₩90,000 제품 ₩230,000
- 매출원가 ₩680,000

① ₩558,400 ② ₩568,000
③ ₩578,000 ④ ₩680,000
⑤ ₩782,000

정답 및 해설

06 ③

제조간접원가(예산)	₩928,000	
÷ 기계작업시간(예산)	80,000시간	
= 예정배부율	₩11.6/시간	
× 실제 기계작업시간	72,475시간	⇐ ₩840,710 ÷ ₩11.6/시간
= 제조간접원가 배부액	₩840,710	

07 ⑤

연간 제조간접원가(예산)	₩1,000,000	
÷ 연간 정상기계작업시간	50,000시간	
= 예정배부율	₩20/시간	
× 실제 기계작업시간	(60,000시간)	② ⇐ ₩1,200,000 ÷ ₩20/시간
= 예정배부액	₩1,200,000	① ⇐ ₩1,100,000 + ₩100,000
− 실제발생액	₩1,100,000	
= 배부차이	₩100,000(과대배부)	

08 ③

연간 제조간접원가(예산)	(₩750,000)	④ ⇐ 30,000시간 × ₩25/시간
÷ 연간 기계작업시간(예산)	30,000시간	③ ⇐ 33,000시간 ÷ 110%
= 예정배부율	₩25/시간	
× 실제 기계작업시간	33,000시간	② ⇐ ₩825,000 ÷ ₩25/시간
= 예정배부액	₩825,000	① ⇐ ₩787,500 + ₩37,500
− 실제발생액	₩787,500	
= 배부차이	₩37,500(과대배부)	

09 ⑤

조정 전 매출원가	조정	조정 후 매출원가
₩680,000	+ ₩102,000*	₩782,000

* ₩150,000 × ₩680,000/(₩90,000 + ₩230,000 + ₩680,000) = ₩102,000

제품 A와 B를 생산·판매하고 있는 (주)한국의 20×1년 제조간접원가를 활동별로 추적한 자료는 다음과 같다.

구분	원가동인	제품 A	제품 B	추적가능원가
자재주문	주문횟수	20회	35회	₩55
품질검사	검사횟수	10회	18회	₩84
기계수리	기계가동시간	80시간	100시간	₩180

제조간접원가를 활동기준으로 배부하였을 경우 제품 A와 B에 배부될 원가는?

	제품 A	제품 B
①	₩100	₩219
②	₩130	₩189
③	₩150	₩169
④	₩189	₩130
⑤	₩219	₩100

해설

구분	제품 A	제품 B
자재주문	₩55 × 20회/55회 = ₩20	₩55 × 35회/55회 = ₩35
품질검사	₩84 × 10회/28회 = ₩30	₩84 × 18회/28회 = ₩54
기계수리	₩180 × 80시간/180시간 = ₩80	₩180 × 100시간/180시간 = ₩100
계	₩130	₩189

보충 | 전통적 원가계산과 활동기준원가계산의 비교

구분	전통적 원가계산	활동기준원가계산
제조간접원가 집계 단위	공장 전체 또는 부문	활동
배부기준의 수	공장 전체 배부율 또는 단일 소수의 제조간접원가 배부율	활동별로 다양한 제조간접원가 배부율 존재
배부기준의 성격	재무적 측정치(예 직접노동시간, 직접노무원가 등)	활동별 원가동인을 제조간접원가 배부기준으로 하며, 비재무적 측정치(예 제품 수, 검사횟수, 작업시간 등)를 주로 사용함
배부기준의 인과관계	인과관계가 약함	인과관계가 강함
원가배부의 정확성	상대적으로 낮음	상대적으로 높음

기본서 p.631~632　　　　　　　　　　　　　　　　　　　　　　　　　정답 ②

10 활동기준원가계산(ABC)의 절차를 나타낸 것으로 옳은 것은?

> ㉠ 활동중심점의 설정   ㉡ 원가동인의 선택
> ㉢ 활동분석   ㉣ 제조간접원가의 배부
> ㉤ 활동별 제조간접원가 배부율의 계산

① ㉢ ⇨ ㉠ ⇨ ㉡ ⇨ ㉤ ⇨ ㉣
② ㉢ ⇨ ㉠ ⇨ ㉣ ⇨ ㉡ ⇨ ㉤
③ ㉢ ⇨ ㉠ ⇨ ㉤ ⇨ ㉡ ⇨ ㉣
④ ㉢ ⇨ ㉡ ⇨ ㉠ ⇨ ㉣ ⇨ ㉤
⑤ ㉢ ⇨ ㉡ ⇨ ㉠ ⇨ ㉤ ⇨ ㉣

제2편 원가 · 관리회계

제4장

10 ① 활동기준원가계산의 절차
1. 활동분석: 기업의 제조활동을 세분화된 개별활동으로 나누어 활동별로 분석한다.
2. 활동중심점의 설정 및 자원원가의 활동별 집계: 활동분석에서 결정된 활동별로 발생된 총원가를 집계한다.
3. 활동별로 원가동인(배부기준) 결정
   • 원가의 직접적인 변동원인이 무엇인지 파악한다.
   • 활동기준원가계산은 다양한 원가동인을 사용한다. 이 경우 원가동인은 활동별 원가와 상관관계가 많은 비재무적 측정치(예 주문건수 · 검사횟수 등)가 많이 사용된다.
4. 활동별 제조간접원가 배부율 결정
5. 활동원가의 제품별 배부(제조간접원가의 배부)

11 활동기준원가계산을 적용하는 (주)한국은 두 종류의 제품 A, B를 생산하고 있다. 활동 및 활동별 전환(가공)원가는 다음과 같다.

활동	원가동인	배부율
선반작업	기계회전수	회전수당 ₩300
연마작업	부품수	부품당 ₩400
조립작업	조립시간	시간당 ₩100

500단위의 제품 A를 생산하기 위한 직접재료원가는 ₩300,000, 재료의 가공을 위해 소요된 연마작업 부품수는 300단위, 조립작업 조립시간은 1,000시간이다. 이렇게 생산한 제품 A의 단위당 제조원가가 ₩1,520이라면, 제품 A를 생산하기 위한 선반작업의 기계회전수는?

① 300회 ② 500회
③ 800회 ④ 1,000회
⑤ 1,300회

12 (주)한국은 20×1년 모델 A가 5,000개, 모델 B가 40,000개가 생산·판매될 것으로 예상하며, 제조간접원가는 ₩750,000이 발생될 것으로 추정한다. 각 제품의 단위당 직접재료원가와 단위당 직접노무원가, 총제조간접원가에 대하여 다음과 같이 예상한다.

구분	모델 A	모델 B
직접재료원가	₩25	₩20
직접노무원가	₩17	₩17.5

활동	활동원가	원가동인	모델 A	모델 B	계
구매주문	₩300,000	주문횟수	50	100	150
제품검사	₩450,000	검사시간	400	600	1,000
총제조간접원가	₩750,000				

20×1년 중 모델 A의 단위당 제조원가는 얼마인가?

① ₩56 ② ₩98
③ ₩110 ④ ₩126
⑤ ₩132

11 ③ (1) 제품 A의 단위당 제조원가 ₩1,520 = 단위당 직접재료원가 + 단위당 가공원가
= 단위당 직접재료원가(₩300,000/500단위 = ₩600) + 단위당 가공원가
⇨ 단위당 가공원가 = ₩920

(2) 가공원가 = ₩920 × 500단위 = ₩460,000
가공원가 = (기계회전수 × ₩300) + (300단위 × ₩400) + (1,000시간 × ₩100) = ₩460,000
⇨ 기계회전수 = 800회

12 ② (1) 활동별 단위당 제조간접원가

활동	활동원가	원가동인	
구매주문	₩300,000	÷ 150	= ₩2,000/주문횟수
제품검사	₩450,000	÷ 1,000	= ₩450/검사시간
총제조간접원가	₩750,000		

(2) 모델 A의 활동별 제조간접원가 배부액

활동	
구매주문	2,000/주문횟수 × 50회 = ₩100,000
제품검사	450/검사시간 × 400시간 = ₩180,000
총제조간접원가	₩280,000

⇨ 단위당 제조간접원가 = ₩280,000/5,000개 = ₩56
∴ 단위당 제조원가 = 단위당 직접재료원가 + 단위당 직접노무원가 + 단위당 제조간접원가
= ₩25 + ₩17 + ₩56 = ₩98

제5장 종합원가계산 및 결합원가계산

완성품환산량 ★

(주)한국은 단일제품을 대량생산하고 있으며, 가중평균법을 적용하여 종합원가계산을 하고 있다. 직접재료는 공정 초에 전량 투입되고, 전환원가는 공정 전체에서 균등하게 발생한다. 당기 원가계산 자료는 다음과 같다.

• 기초재공품	3,000개(완성도 80%)
• 당기착수수량	14,000개
• 당기완성량	13,000개
• 기말재공품	2,500개(완성도 60%)

품질검사는 완성도 70%에서 이루어지며, 당기 중 검사를 통과한 합격품의 10%를 정상공손으로 간주한다. 직접재료원가와 전환원가의 완성품환산량 단위당 원가는 각각 ₩30과 ₩20이다. 완성품에 배부되는 정상공손원가는?

① ₩35,000
② ₩44,000
③ ₩55,400
④ ₩57,200
⑤ ₩66,000

해설 | (1) 정상공손원가 = 직접재료원가 ₩30,000 + 전환원가 ₩14,000 = ₩44,000
(2) 직접재료원가 = 정상공손품수량 1,000개 × ₩30 = ₩30,000
(3) 전환원가 = 정상공손품수량 1,000개 × 70% × ₩20 = ₩14,000
(4) 정상공손품수량 = 합격품 10,000개 × 10% = 1,000개
(5) 합격품

재공품					합격품	
기초재공품	3,000개(80%)	당기완성량	13,000개	⇒	기초재공품	3,000개
		정상공손	1,000개		당기착수량	10,000개
		비정상공손	500개			
당기착수량	14,000개	기말재공품	2,500개(60%)			
	17,000개		17,000개			

보충 | 완성품환산량 단위당 원가 계산

원가 투입	원가흐름	완성품환산량 단위당 원가
모든 원가 공정 중 균등 발생	평균법	$\dfrac{\text{기초재공품원가 + 당기투입원가}}{\text{완성품수량 + 기말재공품환산량}}$
	선입선출법	$\dfrac{\text{당기투입원가}}{\text{완성품수량 + 기말재공품환산량 − 기초재공품환산량}}$
직접재료 공정 초 전부 투입 & 가공원가 공정 중 균등 발생	평균법	$\dfrac{\text{기초재공품원가 + 당기투입원가}}{\text{완성품수량 + 기말재공품환산량}}$
		$\dfrac{\text{기초재공품원가 + 당기투입원가}}{\text{완성품수량 + 기말재공품환산량}}$
	선입선출법	$\dfrac{\text{당기투입원가}}{\text{완성품수량 + 기말재공품수량 − 기초재공품수량}}$
		$\dfrac{\text{당기투입원가}}{\text{완성품수량 + 기말재공품환산량 − 기초재공품환산량}}$

1. 원가의 투입(발생)시점

모든 원가 공정 중 균등하게 발생	직접재료원가와 가공원가의 합계액으로 완성품환산량 단위당 원가 계산
직접재료는 공정 초 전부 투입 가공원가는 공정 중 균등 발생	직접재료원가와 가공원가로 각각 완성품환산량 단위당 원가 계산

2. 원가흐름의 가정

평균법	기초재공품원가와 당기투입원가의 합계액으로 완성품환산량 단위당 원가 계산
선입선출법	당기투입원가만으로 완성품환산량 단위당 원가 계산

기본서 p.642, 647~648

정답 ②

01 다음은 종합원가계산제도를 채택하고 있는 (주)한국의 당기 제조활동에 관한 자료이다.

• 기초재공품	₩3,000(300단위, 완성도 60%)
• 당기투입원가	₩42,000
• 당기완성품수량	800단위
• 기말재공품	200단위(완성도 50%)

모든 원가는 공정 전체를 통하여 균등하게 발생한다. 평균법에 의한 완성품환산량과 선입선출법에 의한 완성품환산량은? (단, 공손 및 감손은 없다)

	평균법	선입선출법
①	720단위	720단위
②	900단위	900단위
③	720단위	920단위
④	900단위	720단위
⑤	1,000단위	700단위

02 다음은 종합원가계산을 적용하고 있는 (주)한국의 원가자료이다. 직접재료원가는 공정 초에 전부 투입하고, 가공원가는 공정 중에 평균적으로 발생한다. 평균법에 의한 완성품 원가는?

구분	수량	완성도	직접재료원가	가공원가
기초재공품	100개	30%	₩80,000	₩50,000
당기투입량	1,900개		₩420,000	₩330,000
기말재공품	200개	50%		

① ₩50,000   ② ₩55,000

③ ₩70,000   ④ ₩350,000

⑤ ₩355,000

03 다음은 종합원가계산을 적용하고 있는 (주)한국의 원가자료이다. 직접재료원가는 공정 초에 투입되고 가공원가는 공정 중에 평균적으로 발생한다.

구분	수량	완성도	직접재료원가	가공원가
기초재공품	100개	30%	₩800,000	₩330,000
당기투입량	1,900개		₩4,200,000	₩1,000,000
기말재공품	200개	50%		

가중평균법에 의한 가공원가의 완성품환산량과 선입선출법에 의한 가공원가 완성품환산량의 차이는?

① 25개   ② 30개   ③ 35개
④ 40개   ⑤ 45개

정답 및 해설

01 ④ (1) 평균법: 완성품수량 + 기말재공품환산량
= 800단위 + (200단위 × 0.5) = 900단위
(2) 선입선출법: 완성품수량 + 기말재공품환산량 − 기초재공품환산량
= 800단위 + (200단위 × 0.5) − (300단위 × 0.6) = 720단위

02 ⑤ (1) 자료 파악

기초재공품	100개	재료원가	₩80,000	완성품	1,800개	?
	(30%)	가공원가	₩50,000			
당기투입	1,900개	재료원가	₩420,000			
		가공원가	₩330,000	기말재공품	200개	?
					(50%)	
총원가			₩880,000	총원가		₩880,000

(2) 평균법 완성품환산량

재료원가	완성품수량 1,800개 + 기말재공품수량 200개 = 2,000개
가공원가	완성품수량 1,800개 + 기말재공품환산량 200개 × 0.5 = 1,900개

(3) 평균법 완성품환산량 단위당 원가

재료원가	총원가(₩80,000 + ₩420,000) ÷ 완성품환산량 2,000개 = ₩250
가공원가	총원가(₩50,000 + ₩330,000) ÷ 완성품환산량 1,900개 = ₩200

(4) 총원가 배분

기말재공품	재료원가 = 200개 × ₩250 = ₩50,000	₩70,000
	가공원가 = 200개 × 0.5 × ₩200 = ₩20,000	
완성품	총원가 ₩425,000 − 기말재공품원가 ₩70,000 = ₩355,000	

03 ② (1) 평균법 가공원가 완성품환산량: 완성품수량 + 기말재공품환산량 = 1,800개 + (200개 × 0.5) = 1,900개
(2) 선입선출법 가공원가 완성품환산량: 완성품수량 + 기말재공품환산량 − 기초재공품환산량
= 1,800개 + (200개 × 0.5) − (100개 × 0.3) = 1,870개
∴ 차이: 기초재공품환산량 = 100개 × 0.3 = 30개

04 (주)한국은 단일공정을 통해 단일제품을 생산하고 있으며, 선입선출법에 의한 종합원가 계산을 적용하고 있다. 직접재료는 공정 초에 전량 투입되고, 가공원가는 공정 전반에 걸쳐 균등하게 발생한다. (주)한국의 20×1년 기초재공품은 10,000단위(가공원가 완성도 40%), 당기착수량은 30,000단위, 기말재공품은 8,000단위(가공원가 완성도 50%)이다. 기초재공품의 직접재료원가는 ₩170,000이고, 가공원가는 ₩72,000이며, 당기투입된 직접재료원가와 가공원가는 각각 ₩450,000과 ₩576,000이다. 완성품원가는? (단, 공손 및 감손은 발생하지 않는다)

① ₩192,000

② ₩236,000

③ ₩390,000

④ ₩1,055,600

⑤ ₩1,076,000

05 (주)한국은 종합원가계산을 적용하고 있다. 직접재료원가는 공정 초에 전부 투입하고 가공원가는 공정 중에 균등하게 발생한다.

구분	수량	완성도	직접재료원가	가공원가
기초재공품	200개	30%	₩40,000	₩6,000
당기투입량	1,300개		₩260,000	₩119,000
기말재공품	500개	50%		

평균법과 선입선출법에 의한 완성품환산량에 관한 설명으로 옳지 않은 것은?

① 평균법에 의한 직접재료원가의 완성품환산량은 1,500개이다.

② 선입선출법에 의한 직접재료원가의 완성품환산량은 1,300개이다.

③ 평균법에 의한 가공원가의 완성품환산량은 1,250개이다.

④ 선입선출법에 의한 가공원가의 완성품환산량은 1,200개이다.

⑤ 평균법과 선입선출법에 의한 완성품환산량에 차이가 발생하는 것은 기초재공품 때문이다.

정답 및 해설

04 ⑤ (1) 자료 파악

기초재공품	10,000단위	재료원가	₩170,000	완성품	32,000단위	?
	(40%)	가공원가	₩72,000			
당기투입	30,000단위	재료원가	₩450,000	기말재공품	8,000단위	?
		가공원가	₩576,000		(50%)	
총원가			₩1,268,000	총원가		₩1,268,000

(2) 선입선출법 완성품환산량

재료원가	완성품수량 + 기말재공품수량 − 기초재공품수량 = 32,000단위 + 8,000단위 − 10,000단위 = 30,000단위
가공원가	완성품수량 + 기말재공품환산량 − 기초재공품환산량 = 32,000단위 + (8,000단위 × 0.5) − (10,000단위 × 0.4) = 32,000단위

(3) 선입선출법 완성품환산량 단위당 원가

재료원가	당기투입원가 ₩450,000 ÷ 완성품환산량 30,000단위 = ₩15
가공원가	당기투입원가 ₩576,000 ÷ 완성품환산량 32,000단위 = ₩18

(4) 총원가 배분

기말재공품	재료원가 = 8,000단위 × ₩15 = ₩120,000	₩192,000
	가공원가 = 8,000단위 × 0.5 × ₩18 = ₩72,000	
완성품	총원가 ₩1,268,000 − 기말재공품원가 ₩192,000 = ₩1,076,000	

05 ④ (1) 평균법 완성품환산량

재료원가	완성품수량 1,000개 + 기말재공품수량 500개 = 1,500개
가공원가	완성품수량 1,000개 + (기말재공품환산량 500개 × 0.5) = 1,250개

(2) 선입선출법 완성품환산량

재료원가	완성품수량 + 기말재공품수량 − 기초재공품수량 = 1,000개 + 500개 − 200개 = 1,300개
가공원가	완성품수량 + 기말재공품환산량 − 기초재공품환산량 = 1,000개 + (500개 × 0.5) − (200개 × 0.3) = 1,190개

06 (주)한국은 종합원가계산을 적용하고 있으며, 제품생산 관련 정보는 다음과 같다.

- 기초재공품수량   2,000단위(전환원가 완성도 60%)
- 당기착수량   18,000단위
- 당기완성품수량   14,000단위
- 기말재공품수량   3,000단위(전환원가 완성도 80%)

원재료는 공정 초에 전량 투입되고 전환원가는 공정 전반에 걸쳐 균등하게 발생하였다. (주)한국의 재고자산 평가방법으로 평균법을 사용하며, 공정의 종료시점에서 품질검사를 실시하였다. (주)한국이 당기 중 품질검사를 통과한 물량의 10%를 정상공손으로 간주할 경우, 비정상공손수량은?

① 1,300단위
② 1,400단위
③ 1,600단위
④ 1,700단위
⑤ 2,000단위

07 (주)한국은 단일제품을 대량생산하고 있으며, 가중평균법을 적용하여 종합원가계산을 하고 있다. 직접재료는 공정 초에 전량 투입되고, 전환원가는 공정 전체에서 균등하게 발생한다. 당기 원가계산 자료는 다음과 같다.

- 기초재공품   3,000개(완성도 80%)
- 당기착수수량   14,000개
- 당기완성량   13,000개
- 기말재공품   2,500개(완성도 60%)

품질검사는 완성도 70%에서 이루어지며, 당기 중 검사를 통과한 합격품의 10%를 정상공손으로 간주한다. 비정상공손수량은?

① 400개
② 500개
③ 1,000개
④ 1,200개
⑤ 1,500개

정답 및 해설

06 ③ (1) 비정상공손수량 = 공손수량 3,000단위 − 정상공손수량 1,400단위 = 1,600단위
(2) 공손수량

기초재공품(60%)	2,000단위	당기완성품	14,000단위
당기착수	18,000단위	공손품(100%)	(3,000단위)
		기말재공품(80%)	3,000단위
합계	20,000단위	합계	20,000단위

(3) 정상공손수량 = 합격품 14,000단위 × 10% = 1,400단위
(4) 합격품

	재공품				합격품	
기초재공품	2,000단위(60%)	완성품수량	14,000단위	➡	기초재공품	2,000단위
당기착수량	18,000단위	기말재공품	3,000단위(80%)		당기착수량	12,000단위

07 ② (1) 비정상공손수량 = 공손수량 1,500개 − 정상공손수량 1,000개 = 500개
(2) 공손수량

기초재공품(60%)	3,000개	당기완성품	13,000개
당기착수량	14,000개	공손품(100%)	(1,500개)
		기말재공품(80%)	2,500개
합계	17,000개	합계	17,000개

(3) 정상공손수량 = 합격품 10,000단위 × 10% = 1,000개
(4) 합격품

	재공품				합격품	
기초재공품	3,000개(60%)	당기완성량	13,000개	➡	기초재공품	3,000개
당기착수량	14,000개	기말재공품	2,500개(60%)		당기착수량	10,000개

(주)한국은 단일공정을 통해 제품을 생산하고 있으며, 평균법에 의한 종합원가계산을 채택하고 있다. 모든 원가는 공정 전반에 걸쳐 균등하게 발생한다. (주)한국의 당기 생산 및 원가자료는 다음과 같다. 기말재공품원가는?

구분	수량	완성도	직접재료원가	전환원가
기초재공품	400단위	75%	₩160,000	₩210,000
당기투입	1,100단위	–	₩340,000	₩460,000
완성품	1,000단위	100%	?	?
기말재공품	500단위	60%	?	?

① ₩240,000
② ₩270,000
③ ₩320,000
④ ₩340,000
⑤ ₩370,000

해설 | (1) 자료 파악

기초재공품	400단위	재료원가	₩160,000	완성품	1,000단위	?
	(75%)	전환원가	₩210,000			
당기투입	1,100단위	재료원가	₩340,000			
		전환원가	₩460,000	기말재공품	500단위	?
					(60%)	
총원가			₩1,170,000	총원가		₩1,170,000

(2) 평균법 완성품환산량

재료원가 + 전환원가	완성품수량 + 기말재공품환산량 = 1,000단위 + (500단위 × 0.6) = 1,300단위

(3) 평균법 완성품환산량 단위당 원가

재료원가 + 전환원가	총원가 ₩1,170,000 ÷ 완성품환산량 1,300단위 = ₩900

(4) 총원가 배분

기말재공품	500단위 × 0.6 × ₩900 = ₩270,000
완성품	총원가 ₩1,170,000 – 기말재공품원가 ₩270,000 = ₩900,000

보충 | 기말(기초)재공품의 완성품환산량 계산

원가의 투입(발생) 시점		기말(기초)재공품의 완성품환산량
직접재료	공정 초에 전부 투입	기말(기초)재공품수량 × 완성도(100%)
	공정 중에 균등하게 투입	기말(기초)재공품수량 × 완성도(0% ~ 100%)
가공원가	공정 중에 균등하게 발생	기말(기초)재공품수량 × 완성도(0% ~ 100%)

기본서 p.644~645

정답 ②

08 (주)한국은 단일공정을 통해 제품을 생산하고 있으며, 선입선출법에 의한 종합원가계산을 채택하고 있다. 모든 원가는 공정 전반에 걸쳐 균등하게 발생한다. (주)한국의 당기 생산 및 원가자료는 다음과 같다. 기말재공품원가는?

구분	수량	완성도	직접재료원가	전환원가
기초재공품	400단위	75%	₩160,000	₩210,000
당기투입	1,100단위	−	₩340,000	₩460,000
완성품	1,000단위	100%	?	?
기말재공품	500단위	60%	?	?

① ₩240,000 ② ₩270,000
③ ₩320,000 ④ ₩340,000
⑤ ₩370,000

정답 및 해설

08 ① (1) 자료 파악

기초재공품	400단위 (75%)	재료원가	₩160,000	완성품	1,000단위	?
		전환원가	₩210,000			
당기투입	1,100단위	재료원가	₩340,000			
		전환원가	₩460,000	기말재공품	500단위 (60%)	?
총원가			₩1,170,000	총원가		₩1,170,000

(2) 선입선출법 완성품환산량

재료원가 + 전환원가	완성품수량 + 기말재공품환산량 − 기초재공품환산량 = 1,000단위 + (500단위 × 0.6) − (400단위 × 0.75) = 1,000단위

(3) 선입선출법 완성품환산량 단위당 원가

재료원가 + 전환원가	당기투입원가(₩340,000 + ₩460,000) ÷ 완성품환산량 1,000단위 = ₩800

(4) 총원가 배분

기말재공품	500단위 × 0.6 × ₩800 = ₩240,000
완성품	총원가 ₩1,170,000 − 기말재공품원가 ₩240,000 = ₩930,000

09 (주)한국은 종합원가계산을 적용하고 있다. 직접재료원가는 공정 초에 전부 투입하고 가공원가는 공정 중에 균등하게 발생한다. 다음 자료에 의하여 평균법에 따라 계산된 기말재공품원가는?

구분	수량	완성도	직접재료원가	가공원가
기초재공품	200개	30%	₩40,000	₩6,000
당기투입량	1,300개		₩260,000	₩119,000
기말재공품	500개	50%		

① ₩125,000 　　　　② ₩150,000
③ ₩175,000 　　　　④ ₩200,000
⑤ ₩250,000

10 다음은 종합원가계산을 적용하고 있는 (주)한국의 원가자료이다. 직접재료원가는 공정 초에 전부 투입하고, 가공원가는 공정 중에 평균적으로 발생한다. 선입선출법에 의한 기말재공품원가는?

구분	수량	완성도	직접재료원가	가공원가
기초재공품	100개	30%	₩82,000	₩26,000
당기투입량	1,900개		₩418,000	₩374,000
기말재공품	200개	50%		

① ₩60,000 　　　　② ₩64,000
③ ₩65,000 　　　　④ ₩836,000
⑤ ₩870,000

09 ① (1) 자료 파악

기초재공품	200개	재료원가	₩40,000	완성품	1,000개	?
	(30%)	가공원가	₩6,000			
당기투입	1,300개	재료원가	₩260,000			
		가공원가	₩119,000	기말재공품	500개	?
					(50%)	
총원가			₩425,000	총원가		₩425,000

(2) 평균법 완성품환산량

재료원가	완성품수량 1,000개 + 기말재공품수량 500개 = 1,500개
가공원가	완성품수량 1,000개 + 기말재공품환산량 500개 × 0.5 = 1,250개

(3) 평균법 완성품환산량 단위당 원가

재료원가	총원가(₩40,000 + ₩260,000) ÷ 완성품환산량 1,500개 = ₩200
가공원가	총원가(₩6,000 + ₩119,000) ÷ 완성품환산량 1,250개 = ₩100

(4) 총원가 배분

기말재공품	재료원가 = 500개 × ₩200 = ₩100,000	₩125,000
	가공원가 = 500개 × 0.5 × ₩100 = ₩25,000	
완성품	총원가 ₩425,000 − 기말재공품원가 ₩125,000 = ₩300,000	

10 ② (1) 자료 파악

기초재공품	100개	재료원가	₩82,000	완성품	1,800개	?
	(30%)	가공원가	₩26,000			
당기투입	1,900개	재료원가	₩418,000			
		가공원가	₩374,000	기말재공품	200개	?
					(50%)	
총원가			₩900,000	총원가		₩900,000

(2) 선입선출법 완성품환산량

재료원가	완성품수량 + 기말재공품수량 − 기초재공품수량 = 1,800개 + 200개 − 100개 = 1,900개
가공원가	완성품수량 + 기말재공품환산량 − 기초재공품환산량 = 1,800개 + (200개 × 0.5) − (100개 × 0.3) = 1,870개

(3) 선입선출법 완성품환산량 단위당 원가

재료원가	당기투입원가 ₩418,000 ÷ 완성품환산량 1,900개 = ₩220
가공원가	당기투입원가 ₩374,000 ÷ 완성품환산량 1,870개 = ₩200

(4) 총원가 배분

기말재공품	재료원가 = 200개 × ₩220 = ₩44,000	₩64,000
	가공원가 = 200개 × 0.5 × ₩200 = ₩20,000	
완성품	총원가 ₩900,000 − 기말재공품원가 ₩64,000 = ₩836,000	

(주)한국은 결합공정을 통해 제품 A와 B를 생산하고 있으며, 결합원가를 순실현가치법에 의해 배분한다. 제품 A는 분리점에서 즉시 판매되고 있으나, 제품 B는 추가가공을 거쳐서 판매된다. (주)한국의 당기 영업활동 관련 자료는 다음과 같다.

구분	생산량	판매량	단위당 추가가공원가	단위당 판매가격
제품 A	4,000단위	3,000단위	−	₩250
제품 B	6,000단위	4,000단위	₩100	₩350

당기 결합원가 발생액이 ₩800,000일 경우, 제품 B에 배분된 결합원가는? (단, 기초 및 기말 재공품은 없다)

① ₩425,000   ② ₩430,000

③ ₩450,000   ④ ₩460,000

⑤ ₩480,000

해설 | (1) 순실현가치

제품 A	4,000단위 × ₩250 = ₩1,000,000
제품 B	6,000단위 × (₩350 − ₩100) = ₩1,500,000
계	₩2,500,000

(2) 결합원가 배분액

제품 A	₩800,000 × ₩1,000,000 / ₩2,500,000 = ₩320,000
제품 B	₩800,000 × ₩1,500,000 / ₩2,500,000 = ₩480,000

보충 | 결합원가의 배분방법

물리적 기준법	분리점에서의 각 연산품의 물량(중량, 부피 등)을 기준으로 결합원가를 배분하는 방법 ▶ 분리점: 개별제품으로 식별될 수 있는 시점
판매가치법	분리점에서의 개별제품의 판매가치를 기준으로 하여 결합원가를 배분하는 방법
순실현가치법	분리점 이후의 각 개별공정에서 추가가공을 할 경우에 순실현가치를 기준으로 결합원가를 배분하는 방법 순실현가치 = 최종판매가치 − 추가가공원가 − 판매비

기본서 p.650~653   정답 ⑤

11 (주)한국은 A제품과 B제품을 결합공정에서 생산하고 있다. A제품과 B제품의 생산량은 각각 60개와 40개이며 결합원가는 ₩30,000이다. A제품은 분리점에서 단위당 ₩100에 판매하고, B제품은 추가 가공하여 단위당 ₩200에 판매한다. B제품의 추가가 공비는 ₩2,000이고 판매비는 두 제품 모두 각각 ₩1,000씩 소요된다. 순실현가치법에 의해 결합원가를 배분할 때 B제품의 제조원가는?

① ₩10,000

② ₩15,000

③ ₩17,000

④ ₩19,000

⑤ ₩20,000

정답 및 해설

11 ③ (1) 순실현가치

제품	판매가격	추가가공비	판매비	순실현가치
A	60개 × ₩100 = ₩6,000	–	₩1,000	₩5,000
B	40개 × ₩200 = ₩8,000	₩2,000	₩1,000	₩5,000
계				₩10,000

(2) 결합원가 배분

A	₩30,000 × ₩5,000/₩10,000 = ₩15,000
B	₩30,000 × ₩5,000/₩10,000 = ₩15,000

(3) 제품제조원가

A	결합원가 배분액 ₩15,000
B	결합원가 배분액 ₩15,000 + 추가가공원가 ₩2,000 = ₩17,000

12 20×1년 초 설립한 (주)한국은 결합된 화학처리공정을 통해 두 가지 연산품 A제품과 B제품을 생산한다. A제품은 분리점에서 판매되고, B제품은 추가가공을 거쳐 판매된다. 연산품에 관한 생산 및 판매 관련 자료는 다음과 같다.

제품	생산량	기말재고량	kg당 판매가격
A	1,200kg	200kg	₩100
B	800kg	100kg	₩120

결합원가는 ₩40,000이고, B제품에 대한 추가가공원가가 ₩16,000이다. (주)한국이 결합원가를 순실현가치법으로 배부할 경우, B제품의 제조원가는? (단, 기말재공품은 없다)

① ₩24,000 ② ₩30,000
③ ₩32,000 ④ ₩38,000
⑤ ₩40,000

고난도

13 20×1년 초 설립한 (주)한국은 결합된 화학처리공정을 통해 두 가지 연산품 A제품과 B제품을 생산한다. A제품은 분리점에서 판매되고, B제품은 추가가공을 거쳐 판매된다. 연산품에 관한 생산 및 판매 관련 자료는 다음과 같다.

제품	생산량	기말재고량	kg당 판매가격
A	1,200kg	200kg	₩100
B	800kg	100kg	₩120

결합원가는 ₩40,000이고, B제품에 대한 추가가공원가가 ₩16,000이다. (주)한국이 결합원가를 순실현가치법으로 배부할 경우, 매출총이익은? (단, 기말재공품은 없다)

① ₩56,000 ② ₩80,000
③ ₩136,000 ④ ₩138,000
⑤ ₩140,000

12 ③ (1) 순실현가능가치

A	1,200kg × ₩100 = ₩120,000
B	800kg × ₩120 − ₩16,000 = ₩80,000
계	₩200,000

(2) 결합원가 배분

A	₩40,000 × ₩120,000/₩200,000 = ₩24,000
B	₩40,000 × ₩80,000/₩200,000 = ₩16,000

(3) 제품제조원가

A	결합원가 배분액 ₩24,000
B	결합원가 배분액 ₩16,000 + 추가가공원가 ₩16,000 = ₩32,000

13 ③ (1) 순실현가능가치

A	1,200kg × ₩100 = ₩120,000
B	800kg × ₩120 − ₩16,000 = ₩80,000
계	₩200,000

(2) 결합원가 배분

A	₩40,000 × ₩120,000/₩200,000 = ₩24,000
B	₩40,000 × ₩80,000/₩200,000 = ₩16,000

(3) 제품제조원가

A	결합원가 배분액 ₩24,000
B	결합원가 배분액 ₩16,000 + 추가가공원가 ₩16,000 = ₩32,000

(4) 단위당 제조원가

A	₩24,000 ÷ 1,200kg = ₩20
B	₩32,000 ÷ 800kg = ₩40

(5) 매출총이익

구분	A	B	합계
매출액	1,000kg × ₩100 = ₩100,000	700kg × ₩120 = ₩84,000	₩184,000
매출원가	1,000kg × ₩20 = ₩20,000	700kg × ₩40 = ₩28,000	₩48,000
매출총이익	₩80,000	₩56,000	₩136,000

14 다음은 연산품 A, B에 대한 자료이다. 관련 설명으로 옳지 않은 것은? (단, 결합원가 ₩70,000의 배분은 순실현가치기준법을 사용한다)

제품	생산량	각 연산품 추가가공비	단위당 판매가격
A	100kg	₩10,000	₩500
B	150kg	₩5,000	₩300

① 제품 A의 순실현가치는 ₩40,000이다.
② 제품 B의 결합원가배분액은 ₩35,000이다.
③ 제품 A의 단위당 제조원가는 ₩450이다.
④ 제품 B의 제품제조원가는 ₩40,000이다.
⑤ 제품 A를 모두 판매한 경우 당기순이익은 ₩10,000 증가한다.

15 (주)한국은 동일한 원재료를 결합공정에 투입하여 세 종류의 결합제품 A, B, C를 생산·판매하고 있다. 결합제품 A, B, C는 분리점에서 판매될 수 있으며, 추가가공을 거친 후 판매될 수도 있다. (주)한국의 20×1년 결합제품에 관한 자료는 다음과 같다.

제품	생산량	분리점에서의 단위당 판매가격	추가가공원가	추가가공 후 단위당 판매가격
A	400단위	₩120	₩150,000	₩450
B	450단위	₩150	₩80,000	₩380
C	250단위	₩380	₩70,000	₩640

결합제품 A, B, C의 추가가공 여부에 관한 설명으로 옳은 것은? (단, 기초 및 기말재고자산은 없으며, 생산된 제품은 모두 판매된다)

① 모든 제품을 추가가공해야 한다.
② 모든 제품을 분리시점에서 즉시 판매해야 한다.
③ 제품 A와 B는 추가가공해야 하고, 제품 C는 분리시점에서 즉시 판매해야 한다.
④ 제품 C는 추가가공해야 하고, 제품 A와 B는 분리시점에서 즉시 판매해야 한다.
⑤ 제품 B는 추가가공해야 하고, 제품 A와 C는 분리시점에서 즉시 판매해야 한다.

정답 및 해설

14 ⑤ (1) 순실현가능가치

A	100kg × ₩500 − ₩10,000 = ₩40,000
B	150kg × ₩300 − ₩5,000 = ₩40,000
계	₩80,000

(2) 결합원가 배분

A	₩70,000 × ₩40,000/₩80,000 = ₩35,000
B	₩70,000 × ₩40,000/₩80,000 = ₩35,000

(3) 제품제조원가

A	결합원가 배분액 ₩35,000 + 추가가공원가 ₩10,000 = ₩45,000
B	결합원가 배분액 ₩35,000 + 추가가공원가 ₩5,000 = ₩40,000

(4) 단위당 제조원가

A	₩45,000 ÷ 100kg = ₩450
B	₩40,000 ÷ 150kg ≒ ₩266.67

(5) 매출총이익

구분	A	B	합계
매출액	100kg × ₩500 = ₩50,000	150kg × ₩300 = ₩45,000	
매출원가	₩45,000	₩40,000	
매출총이익	₩5,000	₩5,000	₩10,000

15 ⑤

구분	A	B	C
증분수익	400단위 × ₩330 = ₩132,000	450단위 × ₩230 = ₩103,500	250단위 × ₩260 = ₩65,000
증분비용	₩150,000	₩80,000	₩70,000
증분손익	손실 ₩18,000	이익 ₩23,500	손실 ₩5,000
의사결정	분리점 즉시 판매	추가가공 후 판매	분리점 즉시 판매

16 (주)한국은 동일한 공정에서 A, B, C라는 3가지의 결합제품을 생산하고 있다. 결합원가 ₩3,200은 제품별 순실현가능가치에 비례하여 배부한다. 제품별 자료가 다음과 같을 때, 제품 A의 매출총이익은 얼마인가?

제품	생산량 및 판매량	단위당 판매가격	단위당 추가가공원가	단위당 판매비
A	200단위	₩26	₩6	₩2
B	600단위	₩20	₩4	₩2
C	1,000단위	₩30	—	₩10

① ₩1,250
② ₩2,200
③ ₩3,640
④ ₩4,100
⑤ ₩5,200

대표예제 57 | 원가 · 조업도 · 이익분석 ★★★

(주)한국의 20×1년 매출 및 원가자료는 다음과 같다.

• 매출액	?	• 변동원가	₩700,000
• 공헌이익	₩500,000	• 고정원가	₩300,000
• 영업이익	₩200,000		

20×2년에는 판매량이 20% 증가할 것으로 예상된다. (주)한국의 20×2년 예상영업이익은? (단, 판매량 이외의 다른 조건은 20×1년과 동일하다)

① ₩260,000
② ₩280,000
③ ₩300,000
④ ₩340,000
⑤ ₩380,000

해설 | (1) 20×2년 예상영업이익 = 20×1년 영업이익 ₩200,000 + 영업이익 증가 ₩100,000
= ₩300,000
(2) 영업이익 증가(= 공헌이익 증가) = ₩500,000 × 20% = ₩100,000

보충 | CVP 기본 산식

손익분기점 매출수량	$=\dfrac{고정원가}{단위당 공헌이익}$	손익분기점 매출액	$=\dfrac{고정원가}{공헌이익률}$
목표이익 달성 매출수량	$=\dfrac{고정원가 + 목표이익}{단위당 공헌이익}$	목표이익 달성 매출액	$=\dfrac{고정원가 + 목표이익}{공헌이익률}$
세후목표이익 달성 매출수량	$=\dfrac{고정원가 + [세후목표이익 \div (1 - 세율)]}{단위당 공헌이익}$		
세후목표이익 달성 매출액	$=\dfrac{고정원가 + [세후목표이익 \div (1 - 세율)]}{공헌이익률}$		
안전한계	= 매출액 − 손익분기점 매출액		
안전한계율 (M/S비율)	$=\dfrac{매출액 - 손익분기점 매출액}{매출액}$		

기본서 p.669~672

정답 ③

01 (주)한국의 20×1년 제품 A의 생산·판매와 관련된 자료는 다음과 같다.

• 단위당 판매가격	₩25
• 단위당 변동제조원가	₩10
• 단위당 변동판매관리비	₩5
• 연간 총고정제조간접원가	₩1,500
• 연간 총고정판매관리비	₩2,500

(주)한국의 손익분기점 판매량은?

① 100단위   ② 150단위
③ 250단위   ④ 350단위
⑤ 400단위

02 다음 자료를 이용하여 계산한 (주)한국의 20×1년 손익분기점 매출액은?

• 단위당 판매가격	₩2,000
• 단위당 변동제조원가	₩700
• 단위당 변동판매비와관리비	₩300
• 연간 고정제조간접원가	₩1,350,000
• 연간 고정판매비와관리비	₩1,250,000

① ₩2,500,000   ② ₩2,700,000
③ ₩4,000,000   ④ ₩5,200,000
⑤ ₩5,400,000

03 (주)한국의 매출액은 ₩5,000,000, 총원가는 ₩4,000,000으로서 이 중 총고정원가 ₩1,000,000인 경우에 손익분기점 매출액은?

① ₩1,500,000   ② ₩2,000,000
③ ₩2,200,000   ④ ₩2,400,000
⑤ ₩2,500,000

04 (주)한국은 신제품을 생산하여 판매할 계획인데, 신제품은 단위당 ₩30에 팔릴 것으로 예측되었다. 단위당 변동원가는 ₩20, 총고정원가가 ₩50,000이다. (주)한국이 ₩20,000의 이익을 달성하기 위해 몇 단위를 판매하여야 하는가?

① 4,000단위   ② 5,000단위

③ 6,000단위   ④ 7,000단위

⑤ 8,000단위

정답 및 해설

01 ⑤

$$손익분기점\ 판매량 = \frac{고정원가}{단위당\ 공헌이익}$$

(1) 손익분기점 판매량 = $\dfrac{₩4,000}{₩10}$ = 400단위

(2) 고정원가 = 총고정제조간접원가 ₩1,500 + 총고정판매관리비 ₩2,500 = ₩4,000

(3) 단위당 공헌이익 = 단위당 판매가격 ₩25 − 단위당 변동원가 ₩15 = ₩10

(4) 단위당 변동원가 = 변동제조원가 ₩10 + 변동판매관리비 ₩5 = ₩15

02 ④

$$손익분기점\ 매출액 = \frac{고정원가}{공헌이익률}$$

(1) 손익분기점 매출액 = $\dfrac{₩2,600,000}{0.5}$ = ₩5,200,000

(2) 고정원가 = 고정제조간접원가 ₩1,350,000 + 고정판매비와관리비 ₩1,250,000 = ₩2,600,000

(3) 공헌이익률 = 단위당 공헌이익 ₩1,000 ÷ 단위당 판매가격 ₩2,000 = 0.5

(4) 단위당 공헌이익 = 단위당 판매가격 ₩2,000 − 단위당 변동원가 ₩1,000 = ₩1,000

(5) 단위당 변동원가 = 단위당 변동제조원가 ₩700 + 단위당 변동판매비와관리비 ₩300 = ₩1,000

03 ⑤

$$손익분기점\ 매출액 = \frac{고정원가}{공헌이익률}$$

(1) 손익분기점 매출액 = $\dfrac{₩1,000,000}{0.4}$ = ₩2,500,000

(2) 공헌이익률 = 공헌이익 ₩2,000,000 ÷ 매출액 ₩5,000,000 = 0.4

(3) 공헌이익 = 매출액 ₩5,000,000 − 총변동원가 ₩3,000,000 = ₩2,000,000

(4) 총변동원가 = 총원가 ₩4,000,000 − 총고정원가 ₩1,000,000 = ₩3,000,000

04 ④

$$목표이익\ 달성\ 매출수량 = \frac{고정원가 + 목표이익}{단위당\ 공헌이익}$$

(1) 세후목표이익 ₩20,000 달성 판매량 = $\dfrac{₩50,000 + ₩20,000}{₩10}$ = 7,000단위

(2) 단위당 공헌이익 = 단위당 판매가격 ₩30 − 단위당 변동원가 ₩20 = ₩10

05 (주)한국은 신제품을 생산하여 판매할 계획인데, 신제품은 단위당 ₩50에 팔릴 것으로 예측되었다. 단위당 변동원가는 ₩30, 총고정원가가 ₩50,000이다. (주)한국이 ₩20,000의 이익을 달성하기 위한 매출액은?

① ₩165,000　　　　　　　　　　② ₩170,000
③ ₩175,000　　　　　　　　　　④ ₩180,000
⑤ ₩190,000

06 (주)한국은 제품 A를 제조·판매하는 회사이다. 제품 A의 고정원가는 ₩200,000이고 단위당 예산자료는 다음과 같다.

• 판매가격	₩200	• 직접재료원가	₩30
• 직접노무원가	₩20	• 변동제조간접원가	₩40
• 변동판매비	₩10		

법인세율이 20%일 때 (주)한국이 세후목표이익 ₩30,000을 달성하기 위한 매출수량은?

① 2,075단위　　　　　　　　　　② 2,175단위
③ 2,275단위　　　　　　　　　　④ 2,375단위
⑤ 2,475단위

07 (주)한국은 단일제품 A를 생산·판매하고 있다. 제품 A의 단위당 판매가격은 ₩2,000, 단위당 변동원가는 ₩1,400, 총고정원가는 ₩90,000이다. (주)한국의 세후목표이익 ₩42,000을 달성하기 위한 매출액은? (단, 법인세율은 30%이다)

① ₩100,000　　　　　　　　　　② ₩200,000
③ ₩300,000　　　　　　　　　　④ ₩400,000
⑤ ₩500,000

08 (주)한국의 손익분기점 매출액이 ₩500,000이고, 제품단위당 변동원가는 ₩300이며, 총고정원가는 ₩200,000이다. 단위당 판매가격은?

① ₩350   ② ₩400

③ ₩450   ④ ₩500

⑤ ₩600

정답 및 해설

05 ③

손익분기점 매출액 = $\dfrac{\text{고정원가 + 목표이익}}{\text{공헌이익률}}$

(1) 목표이익 ₩20,000 달성 매출액 = $\dfrac{\text{₩50,000 + ₩20,000}}{0.4}$ = ₩175,000

(2) 공헌이익률 = 단위당 공헌이익 ₩20 ÷ 단위당 판매가격 ₩50 = 0.4

(3) 단위당 공헌이익 = 단위당 판매가격 ₩50 - 단위당 변동원가 ₩30 = ₩20

06 ④

세후목표이익 달성 매출수량 = $\dfrac{\text{고정원가 + [세후목표이익 ÷ (1 - 세율)]}}{\text{단위당 공헌이익}}$

(1) 세후목표이익 ₩30,000 달성 판매량 = $\dfrac{\text{₩200,000 + [₩30,000 ÷ (1 - 0.2)]}}{\text{₩100}}$ = 2,375단위

(2) 단위당 공헌이익 = 단위당 판매가격 ₩200 - 단위당 변동원가 ₩100 = ₩100

(3) 단위당 변동원가 = 직접재료원가 ₩30 + 직접노무원가 ₩20 + 변동제조간접원가 ₩40 + 변동판매비 ₩10
    = ₩100

07 ⑤

세후목표이익 달성 매출액 = $\dfrac{\text{고정원가 + [세후목표이익 ÷ (1 - 세율)]}}{\text{공헌이익률}}$

(1) 세후목표이익 ₩42,000 달성 매출액 = $\dfrac{\text{₩90,000 + [₩42,000 ÷ (1 - 0.3)]}}{0.3}$ = ₩500,000

(2) 공헌이익률 = 단위당 공헌이익 ₩600 ÷ 단위당 판매가격 ₩2,000 = 0.3

(3) 단위당 공헌이익 = 단위당 판매가격 ₩2,000 - 단위당 변동원가 ₩1,400 = ₩600

08 ④ (1) 단위당 판매가격 = 단위당 변동원가 ₩300 ÷ 변동비율 0.6 = ₩500
    (2) 변동비율 = 1 - 공헌이익률 0.4 = 0.6
    (3) 공헌이익률 = 총고정원가 ₩200,000 ÷ 손익분기점 매출액 ₩500,000 = 0.4

09 (주)한국은 단일제품을 생산 및 판매하고 있으며, 20×1년 3월 제품에 관한 자료는 다음과 같다.

• 단위당 판매가격	₩100
• 단위당 변동원가	₩80
• 고정원가	₩18,000

(주)한국이 3월에 세후순이익 ₩12,000을 달성하기 위한 총매출액은? (단, 법인세율은 40%이다)

① ₩150,000   ② ₩160,000

③ ₩170,000   ④ ₩180,000

⑤ ₩190,000

□고난도
10 (주)한국의 20×1년 제품에 관한 자료가 다음과 같을 때 안전한계율은?

• 단위당 판매가격	₩5,000
• 공헌이익률	35%
• 총고정원가	₩140,000
• 법인세율	30%
• 세후이익	₩208,250

① 68%   ② 70%

③ 72%   ④ 74%

⑤ 76%

11 (주)한국은 20×1년 3월 제품 A(단위당 판매가격 ₩800) 1,000단위를 생산·판매하였다. 3월의 단위당 변동원가는 ₩500이고 총고정원가는 ₩250,000이 발생하였다. 4월에는 광고비 ₩15,000을 추가 지출하면 ₩50,000의 매출이 증가할 것으로 기대하고 있다. 이를 실행할 경우 (주)한국의 4월 영업이익에 미치는 영향은? (단, 단위당 판매가격, 단위당 변동원가, 광고비를 제외한 총고정원가는 3월과 동일하다)

① ₩3,750 감소　　　　　　　　　② ₩3,750 증가

③ ₩15,000 감소　　　　　　　　 ④ ₩15,000 증가

⑤ ₩35,000 증가

정답 및 해설

09 ⑤

세후목표이익 달성 매출액 = $\dfrac{\text{고정원가} + [\text{세후목표이익} \div (1 - \text{세율})]}{\text{공헌이익률}}$

(1) 세후목표이익 ₩42,000 달성 매출액 = $\dfrac{\text{₩}18,000 + [\text{₩}12,000 \div (1 - 0.4)]}{0.2}$ = ₩190,000

(2) 공헌이익률 = 단위당 공헌이익 ₩20 ÷ 단위당 판매가격 ₩100 = 0.2

(3) 단위당 공헌이익 = 단위당 판매가격 ₩100 − 단위당 변동원가 ₩80 = ₩20

10 ①

안전한계율 = $\dfrac{\text{매출액} - \text{손익분기점 매출액}}{\text{매출액}}$

(1) 안전한계율 = $\dfrac{\text{₩}1,250,000 - \text{₩}400,000}{\text{₩}1,250,000}$ = 0.68

(2) 손익분기점 매출액 = $\dfrac{\text{₩}140,000}{0.35}$ = ₩400,000

(3) 세후목표이익 달성 매출액 = $\dfrac{\text{₩}140,000 + [\text{₩}208,250 \div (1 - 0.3)]}{0.35}$ = ₩1,250,000

11 ②

(1) 영업이익 증가 = 매출액 증가 ₩50,000 × 공헌이익률 0.375 − 광고비 ₩15,000 = ₩3,750

(2) 공헌이익률 = (₩800 − ₩500) ÷ ₩800 = 0.375

(주)한국은 최근 신제품을 개발하여 최초 10단위의 제품을 생산하는 데 총 150시간의 노무시간을 소요하였으며, 직접노무시간당 ₩1,200의 직접노무원가가 발생하였다. (주)한국은 해당 신제품 생산의 경우, 90%의 누적평균시간 학습곡선모형이 적용될 것으로 예상하고 있다. 최초 10단위 생산 후 추가로 30단위를 생산하는 데 발생할 것으로 예상되는 직접노무원가는?

① ₩180,000　　　　　　　　　② ₩259,200
③ ₩324,000　　　　　　　　　④ ₩403,200
⑤ ₩583,200

해설

누적생산량	단위당 노무시간	총노무시간
10단위	15시간	150시간
20단위	13.5시간(15시간 × 90%)	270시간
40단위	12.15시간(13.5시간 × 90%)	486시간

추가 30단위 생산시 직접노무원가 = 추가 노무시간 336시간* × ₩1,200 = ₩403,200
* 추가 노무시간 = 486시간 − 150시간 = 336시간

보충 | 1. 고저점법

정의	조업도의 변화에 따라 원가가 어떻게 변동하는가를 파악하기 위해 최고조업도와 최저조업도의 원가를 직선으로 연결하여 원가함수를 추정하는 방법
원가함수 추정	원가함수: y = a + bx(a: 총고정원가, b: 단위당 변동원가) ① 단위당 변동원가(b) = $\dfrac{\text{최고조업도에서의 총원가} - \text{최저조업도에서의 총원가}}{\text{최고조업도} - \text{최저조업도}}$ ② 총고정원가(a) 　= 총원가 − 총변동원가 　= 최고조업도에서의 총원가 − 최고조업도 × 단위당 변동원가(b) 　= 최저조업도에서의 총원가 − 최저조업도 × 단위당 변동원가(b)

2. 학습곡선

정의	학습곡선이란 학습효과에 의하여 생산량이 증가하여 누적생산량이 2배가 될 때마다 단위당 누적평균노무시간이 일정한 비율(학습률)로 감소하는 것을 나타내는 비선형원가함수를 말한다.
예시	학습률이 90%이고 제품 1단위 생산하는 데 노무시간이 100시간인 경우 <table><tr><td>누적생산량</td><td>단위당 평균노무시간</td><td>총노무시간</td></tr><tr><td>1단위</td><td>100시간</td><td>100시간</td></tr><tr><td>2단위</td><td>90시간(= 100시간 × 90%)</td><td>180시간</td></tr><tr><td>4단위</td><td>81시간(= 90시간 × 90%)</td><td>324시간</td></tr></table>

기본서 p.667~668　　　　　　　　　　　　　　　　　　　　　　　　　정답 ④

12 (주)한국의 6개월간 기계가동시간과 기계수선비에 대한 자료는 다음과 같다. (주)한국이 고저점법을 사용하여 7월의 예상기계가동시간이 4,000시간일 때, 추정 기계수선비는?

월	기계가동시간	기계수선비
1	3,410	₩224,100
2	2,430	₩174,100
3	3,150	₩182,700
4	3,630	₩214,900
5	2,800	₩219,250
6	2,480	₩167,000

① ₩212,500   ② ₩216,350

③ ₩227,480   ④ ₩250,000

⑤ ₩280,230

정답 및 해설

12 ③

(1) 단위당 변동원가 $= \dfrac{\text{최고조업도 기계수선비 ₩214,900} - \text{최저조업도 기계수선비 ₩174,100}}{\text{최고조업도 3,630시간} - \text{최저조업도 2,430시간}} = ₩34$

(2) 총고정제조원가 = 총원가 ₩214,900 − 변동원가(₩34 × 3,630시간) = ₩91,480

(3) 7월 추정 기계수선비 = ₩91,480 + (₩34 × 4,000시간) = ₩227,480

13 (주)한국의 최근 6개월간 A제품 생산량 및 총원가 자료이다.

월	생산량(단위)	총원가
1	1,100	₩100,000
2	500	₩70,000
3	1,500	₩110,000
4	700	₩75,000
5	900	₩85,000
6	800	₩80,000

원가추정은 고저점법을 이용한다. 7월에 A제품 1,000단위를 생산하여 750단위를 단위당 ₩10에 판매할 경우, 7월의 전부원가계산에 의한 추정 영업이익은? (단, 7월에 A제품의 기말제품 이외에는 재고자산이 없다)

① ₩3,625 ② ₩4,160
③ ₩5,600 ④ ₩6,525
⑤ ₩7,500

14 다음은 A제품의 20×1년과 20×2년의 생산과 관련된 자료이며, 총고정원가와 단위당 변동원가는 일정하였다.

구분	생산량(개)	총제조원가
20×1년	1,000	₩500,000
20×2년	2,000	₩700,000

20×2년도에는 전년도에 비해 총고정원가는 20% 증가하고 단위당 변동원가는 30% 감소한다면, 생산량이 3,000개일 때 총제조원가는?

① ₩362,000 ② ₩416,000
③ ₩560,000 ④ ₩650,000
⑤ ₩780,000

정답 및 해설

13 ⑤

(1) 단위당 변동원가 = $\dfrac{\text{최고조업도 총원가 ₩110,000 − 최저조업도 총원가 ₩70,000}}{\text{최고조업도 1,500단위 − 최저조업도 500단위}}$ = ₩40

(2) 총고정원가 = 총원가 ₩70,000 − 변동원가(₩40 × 500단위) = ₩50,000

(3) 추정 영업이익

	I/S	
매출액	75,000	⇐ 750단위 × 단위당 판매가격 ₩100
− 매출원가	67,500	⇐ ┌ 750단위 × 단위당 변동원가 ₩40
		└ 총고정원가 ₩50,000 × 750단위/1,000단위
= 추정 영업이익	7,500	

14 ⑤

(1) 단위당 변동원가 = $\dfrac{\text{최고조업도 총제조원가 ₩700,000 − 최저조업도 총제조원가 ₩500,000}}{\text{최고조업도 2,000개 − 최저조업도 1,000개}}$ = ₩200

(2) 총고정제조원가 = 총원가 ₩500,000 − 변동원가(₩200 × 1,000개) = ₩300,000

(3) 20×2년도 총제조원가 = ₩300,000 × 1.2 + ₩200 × 0.7 × 3,000개 = ₩780,000

제7장 변동원가계산 및 전부원가계산

전부원가계산과 변동원가계산의 제품 단위당 원가 ★

(주)대한은 20×1년 초 영업을 개시하여 제품 A 5,000단위를 생산하고, 4,000단위를 단위당 ₩1,000에 판매하였다. 이와 관련된 자료는 다음과 같다.

구분	단위당 변동원가	연간 고정원가
직접재료원가	₩200	
직접노무원가	₩150	
제조간접원가	₩50	₩1,500,000
판매관리비	₩100	₩300,000

전부원가계산과 변동원가계산에 의한 20×1년 기말제품재고액은 각각 얼마인가?

	전부원가계산	변동원가계산
①	₩500,000	₩200,000
②	₩500,000	₩300,000
③	₩600,000	₩300,000
④	₩600,000	₩400,000
⑤	₩700,000	₩400,000

해설 | 변동원가계산 기말제품재고액 = 1,000단위 × (₩200 + ₩150 + ₩50) = ₩400,000
전부원가계산 기말제품재고액 = 1,000단위 × (₩200 + ₩150 + ₩50 + ₩300*)
= ₩700,000
* 단위당 고정제조간접원가 = 총고정제조간접원가 ₩1,500,000 ÷ 생산량 5,000단위 = ₩300

보충 | 전부원가계산의 경우는 고정제조간접원가가 재고가능원가인 제품원가로 계산되므로 당기에 발생한 고정제조간접원가의 일부가 기말재고자산으로 기록된다. 반면, 변동원가계산의 경우는 고정제조간접원가가 재고자산에 포함되지 않고 발생시점에서 전액 기간비용으로 처리된다. 이와 같이 고정제조간접원가에 대한 회계처리가 상이하기 때문에 매년 단위당 고정제조간접원가가 동일한 경우에 성립하고, 그렇지 않은 경우에는 성립하지 않을 수도 있다.

기본서 p.691

정답 ⑤

01 제조기업인 (주)한국이 변동원가계산방법에 의하여 제품원가를 계산할 때 제품원가에 포함되는 항목을 모두 고른 것은?

㉠ 직접재료원가	㉡ 직접노무원가
㉢ 본사건물 감가상각비	㉣ 월정액 공장임대료

① ㉠, ㉡   ② ㉠, ㉣   ③ ㉡, ㉢

④ ㉡, ㉣   ⑤ ㉠, ㉢, ㉣

02 (주)대한은 20×1년 초 영업을 개시하여 제품 A 5,000단위를 생산하고, 4,000단위를 단위당 ₩1,000에 판매하였다. 이와 관련된 자료는 다음과 같다.

구분	단위당 변동원가	연간 고정원가
직접재료원가	₩200	
직접노무원가	₩150	
제조간접원가	₩50	₩1,500,000
판매관리비	₩100	₩300,000

20×1년의 전부원가계산에 의한 영업이익은?

① ₩100,000   ② ₩200,000   ③ ₩300,000

④ ₩400,000   ⑤ ₩500,000

제2편 원가 · 관리회계

정답 및 해설

01 ①

구분	변동원가계산	전부원가계산
직접재료원가	제품원가	제품원가
직접노무원가	제품원가	제품원가
본사건물 감가상각비(고정판매관리비)	기간원가	기간원가
월정액 공장임대료(고정제조간접원가)	기간원가	제품원가

02 ⑤

```
                    I/S
    매출액              4,000,000   ⇐ 4,000단위 × 단위당 판매가격 ₩1,000
  - 매출원가            2,800,000   ⇐ ┌ 변동제조원가: 4,000단위 × (₩200 + ₩150 + ₩50)
                                      └ 고정제조간접원가: ₩1,500,000 × 4,000단위/5,000단위
  = 매출총이익          1,200,000
  - 판매관리비            700,000   ⇐ ┌ 변동판매관리비: 4,000단위 × ₩100 = ₩400,000
                                      └ 고정판매관리비: ₩300,000
  = 영업이익             500,000
```

제7장 변동원가계산 및 전부원가계산   **291**

(주)한국은 20×1년 1월 1일 영업을 개시하여 연간 총 1,000개의 제품을 생산하여 800개를 판매하였는데 기말재공품은 없고 원가에 관한 자료는 다음과 같다.

구분	단위당 변동원가	고정원가
직접재료원가	₩40	−
직접노무원가	₩35	−
제조간접원가	₩25	₩60,000
판매관리비	₩20	₩70,000

전부원가계산에 의한 영업이익이 ₩100,000이라면 변동원가계산에 의한 영업이익은?

① ₩85,000   ② ₩88,000
③ ₩90,000   ④ ₩110,000
⑤ ₩112,000

해설

전부원가계산 영업이익	(100,000)	변동원가계산 영업이익	88,000
기초재고에 포함된 고정제조간접원가	0	기말재고에 포함된 고정제조간접원가	12,000

기말재고에 포함된 고정제조간접원가 = 200개 × ₩60* = ₩12,000
* 단위당 고정제조간접원가 = ₩60,000 ÷ 1,000개 = ₩60

보충 | 전부원가계산과 변동원가계산의 이익차이
(1) 기초재고가 없는 경우 이익차이: 전부원가계산 이익 > 변동원가계산 이익
이익 차이 = 기말재고수량 × 단위당 고정제조간접원가*
= (생산량 − 판매량) × 단위당 고정제조간접원가*

$$* \text{ 단위당 고정제조간접원가} = \frac{\text{총고정제조간접원가}}{\text{생산량}}$$

(2) 기초재고가 있는 경우 이익차이(선입선출법 가정)

전부원가계산 이익	변동원가계산 이익
기초재고수량 × 전기 단위당 고정제조간접원가*[1]	기말재고수량 × 당기 단위당 고정제조간접원가*[2]

$$*1 \text{ 전기 단위당 고정제조간접원가} = \frac{\text{전기 총고정제조간접원가}}{\text{전기 생산량}}$$

$$*2 \text{ 당기 단위당 고정제조간접원가} = \frac{\text{당기 총고정제조간접원가}}{\text{당기 생산량}}$$

기본서 p.693   정답 ②

고난도

03 (주)한국이 20×2년 재무제표를 분석한 결과 전부원가계산보다 변동원가계산의 영업이익이 ₩30,000 더 많았다. 20×2년 기초재고수량은? (단, 20×1년과 20×2년의 생산·판매활동 자료는 동일하고, 선입선출법을 적용하며, 재공품은 없다)

• 당기 생산량	5,000개
• 기초재고수량	?
• 기말재고수량	500개
• 판매가격	₩1,500
• 변동제조간접원가(개당)	₩500
• 고정제조간접원가(총액)	₩750,000

① 580개
② 620개
③ 660개
④ 700개
⑤ 740개

정답 및 해설

03 ④

전부원가계산 영업이익	₩0	변동원가계산 영업이익	₩30,000
기초재고수량 700개 ④ × ₩150 ① = ₩105,000 ③		기말재고수량 500개 × ₩150 ① = ₩75,000 ②	
① 단위당 고정제조간접원가 = ₩750,000 ÷ 5,000개 = ₩150			

제2편 원가·관리회계 제7장

04 (주)한국은 20×1년 1월 1일 영업을 개시하여 연간 총 1,000개의 제품을 생산하여 800개를 판매하였는데 기말재공품은 없고 원가에 관한 자료는 다음과 같다.

구분	단위당 변동원가	고정원가
직접재료원가	₩40	–
직접노무원가	₩35	–
제조간접원가	₩25	₩60,000
판매관리비	₩20	₩70,000

전부원가계산에 의한 영업이익과 변동원가계산에 의한 영업이익의 차이는?

① ₩10,000　　　　　　　② ₩12,000

③ ₩14,000　　　　　　　④ ₩18,000

⑤ ₩20,000

05 (주)한국은 3,000단위를 생산하여 2,500단위를 판매하였으며, 영업활동 관련 자료는 다음과 같다.

구분	단위당 변동원가	고정원가
직접재료원가	₩250	–
직접노무원가	₩150	–
제조간접원가	₩100	?
판매관리비	₩200	₩150,000

변동원가계산에 의한 영업이익이 전부원가계산에 의한 영업이익에 비해 ₩62,500이 적을 경우, 당기에 발생한 고정제조간접원가는? (단, 기말재공품은 없다)

① ₩312,500　　　　　　　② ₩325,000

③ ₩355,000　　　　　　　④ ₩375,000

⑤ ₩437,500

06 20×1년 초 설립된 (주)한국의 20×1년과 20×2년의 생산 및 판매와 관련된 자료는 다음과 같다.

구분	20×1년	20×2년
당기생산량	2,000개	10,000개
당기판매량	1,500개	9,000개
고정제조간접원가	₩600,000	₩2,500,000

(주)한국의 20×2년도 변동원가계산에 의한 영업이익이 ₩1,000,000이라면, 전부원가계산에 의한 영업이익은 얼마인가? (단, 선입선출법을 적용하고 있으며, 재공품은 존재하지 않는다)

① ₩975,000
② ₩1,125,000
③ ₩1,200,000
④ ₩1,225,000
⑤ ₩1,255,000

정답 및 해설

04 ② 이익차이 = 기말재고에 포함된 고정제조간접원가 = (1,000개 − 800개) × ₩60* = ₩12,000
　　　　* 단위당 고정제조간접원가 = ₩60,000 ÷ 1,000개 = ₩60

05 ④ (1) 이익차이 ₩62,500 = 기말재고수량 500단위 × 단위당 고정제조간접원가(?)
　　　　(2) 단위당 고정제조간접원가 = ₩125
　　　　(3) 고정제조간접원가 = 생산량 3,000단위 × ₩125 = ₩375,000

06 ④

전부원가계산 영업이익	(1,225,000)	변동원가계산 영업이익	1,000,000
기초재고에 포함된 고정제조간접원가	150,000	기말재고에 포함된 고정제조간접원가	375,000

　　　　(1) 기초재고에 포함된 고정제조간접원가 = 기초재고수량 500개*¹ × 단위당 고정제조간접원가 ₩300*²
　　　　　　　　　　　　　　　　　　　　　= ₩150,000
　　　　　　*¹ 생산량 2,000개 − 판매량 1,500개 = 500개
　　　　　　*² ₩600,000 ÷ 2,000개 = ₩300
　　　　(2) 기말재고에 포함된 고정제조간접원가 = 기말재고수량 1,500개*¹ × 단위당 고정제조간접원가 ₩250*²
　　　　　　　　　　　　　　　　　　　　　= ₩375,000
　　　　　　*¹ 기초재고수량 500개 + 생산량 10,000개 − 판매량 9,000개 = 1,500개
　　　　　　*² ₩2,500,000 ÷ 10,000개 = ₩250

대표예제 61 | **표준원가 차이분석 ★★★**

(주)한국의 고정제조간접원가는 기계시간으로 배부한다. 기준조업도는 900시간이며 표준기계시간은 제품 단위당 3시간이다. 제품의 생산량은 320단위이고 고정제조간접원가 실제 발생액은 ₩110,000이다. 고정제조간접원가의 조업도차이가 ₩6,000(유리)일 경우, 소비(예산)차이는?

① ₩10,000(불리)
② ₩10,000(유리)
③ ₩20,000(불리)
④ ₩20,000(유리)
⑤ ₩22,000(불리)

해설 | 고정제조간접원가 차이분석

AQ × AP	L × SP 900시간 × 100 ②	SQ × SP 960시간 ① × 100 ②
₩110,000	₩90,000 ③	

소비(예산)차이 ₩20,000(불리) ④   조업도차이 ₩6,000(유리)

① SQ	= 320단위 × 3시간 = 960시간
② SP	조업도차이 = (900시간 − 960시간) × SP(?) = − ₩6,000(유리) ∴ SP = ₩100

보충

실제원가	AQ 예산 = AQ 배부액	SQ 예산 = SQ 배부액
AQ × AP	AQ × SP	SQ × SP

직접재료원가	① 가격차이	② 능률차이(수량차이)
직접노무원가	① 임률차이	② 능률차이(시간차이)
변동제조간접원가	① 소비차이	② 능률차이

기본서 p.708~711   정답 ③

---

01 (주)한국은 표준원가계산제도를 채택하고 있다. 20×1년 직접재료의 표준원가와 실제원가가 다음과 같을 때, 직접재료원가 능률(수량)차이는?

표준원가	제품 단위당 직접재료 표준투입량	5kg
	직접재료 표준가격	₩10/kg
실제원가	실제 생산량	100개
	직접재료원가	₩5,400
	직접재료 구입가격	₩9/kg

① ₩600 유리　　　　　　　　　② ₩600 불리
③ ₩1,000 유리　　　　　　　　④ ₩1,000 불리
⑤ 차이 없음

정답 및 해설

01 ④　직접재료원가 차이분석

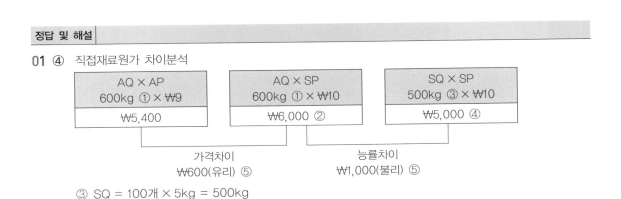

③ SQ = 100개 × 5kg = 500kg

02 (주)한국은 표준원가계산방법을 사용하고 있다. 직접재료원가의 제품 단위당 표준투입량은 2kg이고, 표준가격은 kg당 ₩100이다. 20×1년 6월에 제품 100개를 생산하기 위해 실제 투입된 재료량은 220kg이고, 실제구입가격은 kg당 ₩90이었다. 6월의 직접재료원가의 가격차이와 능률차이는 각각 얼마인가?

	가격차이	능률차이
①	₩2,200(유리)	₩2,000(불리)
②	₩2,200(불리)	₩2,000(유리)
③	₩2,200(유리)	₩2,000(유리)
④	₩2,200(불리)	₩2,000(불리)
⑤	₩2,000(불리)	₩2,200(유리)

03 (주)한국은 표준원가계산을 적용하고 있다. 20×1년 단위당 표준 직접재료원가는 다음과 같다.

> 제품 단위당 직접재료 표준원가: 6kg × ₩10/kg = ₩60

20×1년 (주)한국의 실제생산량은 1,000단위, 직접재료구입량은 7,500kg, 직접재료사용량은 6,500kg, kg당 실제 구입가격은 ₩12이다. (주)한국의 직접재료 가격차이와 수량차이는? (단, 직접재료 가격차이는 구입시점에서 분리한다)

	구입가격차이	수량차이
①	₩13,000(불리)	₩5,000(불리)
②	₩15,000(불리)	₩5,000(불리)
③	₩13,000(유리)	₩5,000(유리)
④	₩15,000(유리)	₩10,000(유리)
⑤	₩15,000(불리)	₩10,000(유리)

02 ① 직접재료원가 차이분석

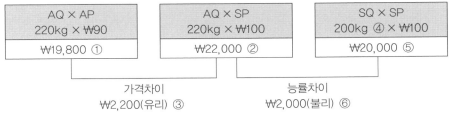

AQ × AP 220kg × ₩90	AQ × SP 220kg × ₩100	SQ × SP 200kg ④ × ₩100
₩19,800 ①	₩22,000 ②	₩20,000 ⑤

가격차이   능률차이
₩2,200(유리) ③   ₩2,000(불리) ⑥

④ SQ = 100개 × 2kg = 200kg

03 ② 직접재료원가 차이분석

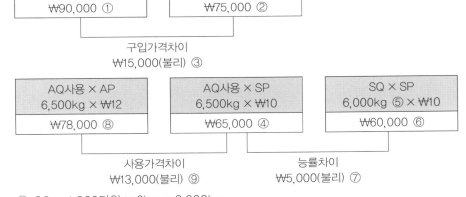

AQ구입 × AP 7,500kg × ₩12	AQ구입 × SP 7,500kg × ₩10
₩90,000 ①	₩75,000 ②

구입가격차이
₩15,000(불리) ③

AQ사용 × AP 6,500kg × ₩12	AQ사용 × SP 6,500kg × ₩10	SQ × SP 6,000kg ⑤ × ₩10
₩78,000 ⑧	₩65,000 ④	₩60,000 ⑥

사용가격차이   능률차이
₩13,000(불리) ⑨   ₩5,000(불리) ⑦

⑤ SQ = 1,000단위 × 6kg = 6,000kg

04 (주)한국은 표준원가계산제도를 채택하고 있다. 20×1년 직접노무원가 관련 자료가 다음과 같을 때, 직접노무원가 능률(시간)차이는?

표준원가	제품 단위당 표준투입시간	5시간
	직접노무시간당 표준임금(표준임률)	₩10/시간
실제원가	실제 생산량	100개
	직접노무원가	₩5,400
	직접노무시간당 실제임금(실제임률)	₩9/시간

① ₩600 유리   ② ₩600 불리
③ ₩1,000 유리   ④ ₩1,000 불리
⑤ 차이 없음

05 (주)한국은 표준원가계산제도를 채택하고 있으며, 단일제품을 생산·판매하고 있다. 2분기 직접노무원가 관련 자료는 다음과 같다. 2분기의 실제 생산량은?

- 제품 단위당 표준시간   2시간
- 직접노무원가 시간당 표준임금   ₩300
- 실제 발생한 직접노무원가   ₩15,000
- 직접노무원가 임률차이   ₩1,000(유리)
- 직접노무원가 능률차이   ₩2,000(유리)

① 10개   ② 20개
③ 30개   ④ 40개
⑤ 50개

06 (주)한국은 표준원가계산제도를 채택하고 있으며, 20×1년도 직접노무원가와 관련된 자료는 다음과 같다. 20×1년도 실제 총직접노무원가는?

• 실제 생산량	100단위
• 직접노무원가 실제임률	시간당 ₩8
• 직접노무원가 표준임률	시간당 ₩10
• 실제 생산량에 허용된 표준 직접작업시간	생산량 단위당 3시간
• 직접노무원가 임률차이	₩700(유리)
• 직접노무원가 능률차이	₩500(불리)

① ₩1,800 ② ₩2,500 ③ ₩2,800
④ ₩3,500 ⑤ ₩4,200

정답 및 해설

04 ④ 직접노무원가 차이분석

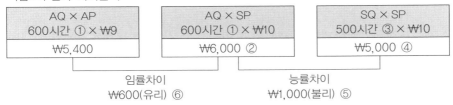

③ SQ = 100개 × 5시간 = 500시간

05 ③ (1) 직접노무원가 차이분석

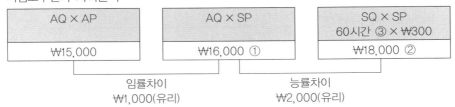

(2) 실제 생산량
실제 생산량에 허용된 표준투입시간(SQ) = 실제 생산량 × 제품 단위당 표준시간
SQ 60시간 = 실제 생산량(?) × 2시간
∴ 실제 생산량 = 30개

06 ③ 직접노무원가 차이분석

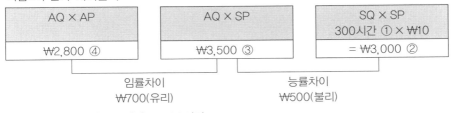

① SQ = 100단위 × 3시간 = 300시간

07 (주)한국은 표준원가계산제도를 채택하고 있다. 20×1년 직접노무원가와 관련된 자료가 다음과 같을 경우, 20×1년 실제 직접노무시간은?

• 실제 생산량	25,000단위
• 직접노무원가 실제임률	시간당 ₩10
• 직접노무원가 표준임률	시간당 ₩12
• 표준 직접노무시간	단위당 2시간
• 직접노무원가 임률차이	₩110,000(유리)
• 직접노무원가 능률차이	₩60,000(불리)

① 42,500시간   ② 45,000시간

③ 50,000시간   ④ 52,500시간

⑤ 55,000시간

08 (주)한국은 표준원가계산제도를 채택하고 있다. 20×1년 변동제조간접원가 관련 자료가 다음과 같을 때, 변동제조간접원가 능률차이는?

표준원가	제품 단위당 표준투입시간	5시간
	직접노무시간당 표준배부율	₩10/시간
실제원가	실제 생산량	100개
	변동제조간접원가	₩5,400
	직접노무시간당 실제배부율	₩9/시간

① ₩600 유리   ② ₩600 불리

③ ₩1,000 유리   ④ ₩1,000 불리

⑤ 차이 없음

09 (주)한국은 표준원가계산제도를 채택하고 있으며, 직접노무시간을 기준으로 제조간접원가를 배부한다. 당기 제조간접원가 관련 자료는 다음과 같다.

- 고정제조간접원가 표준배부율 ₩200/시간
- 변동제조간접원가 표준배부율 ₩600/시간
- 기준조업도(직접노무시간) 5,000시간
- 실제직접노무시간 4,850시간
- 실제생산량에 허용된 표준 직접노무시간 4,800시간
- 제조간접원가 배부차이 ₩40,000 과소배부

(주)한국의 당기 제조간접원가 실제 발생액은?

① ₩3,800,000　　　　　② ₩3,840,000
③ ₩3,880,000　　　　　④ ₩3,920,000
⑤ ₩3,960,000

정답 및 해설

07 ⑤ (1) 직접노무원가 차이분석

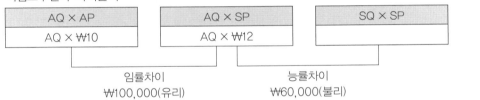

AQ × AP	AQ × SP	SQ × SP
AQ × ₩10	AQ × ₩12	

　　　　　　임률차이　　　　　　　　　능률차이
　　　　₩100,000(유리)　　　　　₩60,000(불리)

(2) 실제 직접노무시간(AQ)
　　임률차이 = (실제임률 AP − 표준임률 SP) × 실제 직접노무시간 AQ
　　임률차이 = (₩10 − ₩12) × AQ(?) = − ₩110,000(유리)
∴ 실제 직접노무시간(AQ) = 55,000시간

08 ④ 변동제조간접원가 차이분석

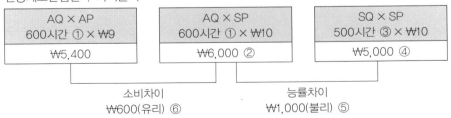

AQ × AP	AQ × SP	SQ × SP
600시간 ① × ₩9	600시간 ① × ₩10	500시간 ③ × ₩10
₩5,400	₩6,000 ②	₩5,000 ④

　　　　　　소비차이　　　　　　　　능률차이
　　　₩600(유리) ⑥　　　　₩1,000(불리) ⑤

③ SQ = 100개 × 5시간 = 500시간

09 ③ 실제 발생액(x) − 표준배부[4,800시간 × (₩200 + ₩600)] = ₩40,000 과소배부
∴ 실제 발생액 = ₩3,880,000

10 (주)한국은 표준원가계산을 채택하고 있으며, 직접노무시간을 기준으로 제조간접원가를 배부한다. 20×1년의 생산 및 원가자료가 다음과 같을 때, 변동제조간접원가 소비차이는?

• 변동제조간접원가 실제발생액	₩13,000
• 실제총직접노무시간	800시간
• 당기제품생산량	360단위
• 제품당 표준직접노무시간	2시간
• 변동제조간접원가 능률차이	₩800(불리)

① ₩2,500(유리) ② ₩2,500(불리) ③ ₩5,000(유리)

④ ₩5,000(불리) ⑤ ₩7,500(불리)

11 (주)한국은 표준원가계산제도를 적용하며, 당기 변동제조간접원가 예산은 ₩3,000,000, 고정제조간접원가 예산은 ₩4,000,000이다. (주)한국의 제조간접원가 배부율을 구하기 위한 기준조업도는 1,000기계시간이며, 당기 실제 기계시간은 900시간이었다. 변동제조간접원가 능률차이가 ₩150,000 불리한 것으로 나타났다면, 고정제조간접원가 조업도차이는?

① ₩250,000 유리한 차이 ② ₩250,000 불리한 차이

③ ₩600,000 유리한 차이 ④ ₩600,000 불리한 차이

⑤ ₩700,000 유리한 차이

정답 및 해설

10 ④ 변동제조간접원가 차이분석

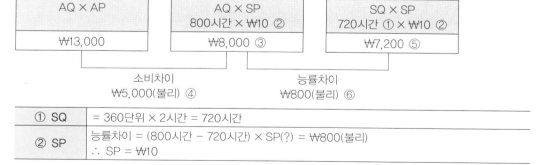

① SQ	= 360단위 × 2시간 = 720시간
② SP	능률차이 = (800시간 − 720시간) × SP(?) = ₩800(불리) ∴ SP = ₩10

11 ④ (1) 변동제조간접원가 표준배부율 = ₩3,000,000 ÷ 1,000시간 = ₩3,000
  (2) 고정제조간접원가 표준배부율 = ₩4,000,000 ÷ 1,000시간 = ₩4,000
  (3) 변동제조간접원가 능률차이 = (900시간 − 표준조업도) × ₩3,000 = ₩150,000 불리
    ⇨ 표준조업도 = 850시간
  ∴ 고정제조간접원가 조업도차이 = (1,000시간 − 850시간) × ₩4,000 = ₩600,000 불리

제9장 기타 관리회계

특별주문 수락 ★★

(주)한국의 최대 제품생산능력은 연 1,000개이고, 정규시장에서 연간 판매량은 900개이다. 단위당 판매가격은 ₩1,000이고, 단위당 변동원가는 ₩400이다. (주)한국은 (주)대한으로부터 제품 300개를 단위당 ₩900의 가격으로 구입하겠다는 특별주문을 받았다. (주)한국이 동 주문을 수락하면 단위당 변동판매관리비 ₩20이 절감되며, 생산능력의 제약으로 기존 판매의 일부를 포기해야 한다. (주)한국이 동 주문을 수락한다면 증분손익은? (단, 기초 · 기말재고는 없다)

① 이익 ₩36,000
② 손실 ₩36,000
③ 이익 ₩40,000
④ 손실 ₩40,000
⑤ 이익 ₩42,000

해설

특별주문 수락시 증분수익(= 판매금액: 300개 × ₩900)	₩270,000
- 특별주문 수락시 증분비용 ① 변동원가: 300개 × ₩380 = ₩114,000	₩234,000
② 기존 판매 감소에 따른 기회비용(공헌이익): 200개 × (₩1,000 - ₩400) = ₩120,000	
= 특별주문 수락시 증분손익	+ ₩36,000

보충 | (1) 특별주문 수락시 증분수익: 특별주문 판매금액
(2) 특별부문 수락시 증분비용
  • 변동제조원가
  • 변동판매관리비(절감 고려)
  • 기존 판매 포기에 따른 기회비용
  • 기타 증분비용
(3) 특별주문 수락시 증분손익[= (1) - (2)]
(4) 의사결정

증분이익(증분수익 > 증분비용)	특별주문 수락
증분손실(증분수익 < 증분비용)	특별주문 거절

(5) 최소 판매금액 = 특별주문 수락시 증분비용

기본서 p.723~724

정답 ①

01 (주)한국은 A제품을 생산·판매하고 있다. 20×1년에는 기존 고객에게 9,000단위를 판매할 것으로 예상되며, A제품 관련 자료는 다음과 같다.

• 연간 최대생산량	10,000단위
• 단위당 판매가격	₩2,000
• 단위당 변동제조원가	₩1,000
• 단위당 변동판매비	₩200
• 연간 총고정제조원가	₩2,500,000

20×1년 중에 (주)한국은 새로운 고객인 (주)민국으로부터 A제품 2,000단위를 구매하 겠다는 특별주문을 제안받았다. 특별주문을 수락하면 기존 고객에 대한 판매량 중 1,000 단위를 감소시켜야 하며, 특별주문에 대해서는 단위당 변동판매비 ₩200이 발생하지 않 는다. (주)한국이 특별주문으로부터 받아야 할 최소판매가격은?

① ₩1,300
② ₩1,350
③ ₩1,400
④ ₩1,450
⑤ ₩1,500

02 (주)한국의 최대 제품생산능력은 연 1,000개이고, 정규시장에서 연간 판매량은 900개 이다. 단위당 판매가격은 ₩1,000이고, 단위당 변동원가는 ₩400이다. (주)한국은 (주)대한으로부터 제품 300개를 단위당 ₩900의 가격으로 구입하겠다는 특별주문을 받았다. (주)한국이 동 주문을 수락하면 단위당 변동판매관리비 ₩20이 절감되나, 단위 당 포장비가 ₩30이 추가로 발생하며, 생산능력의 제약으로 기존 판매의 일부를 포기해 야 한다. (주)한국이 동 주문을 수락할 경우 영업이익의 증감은? (단, 기초 및 기말재고자 산은 없다)

① ₩24,000 증가
② ₩24,000 감소
③ ₩27,000 증가
④ ₩27,000 감소
⑤ 증감 없음

03 (주)한국은 제품 A 100단위를 생산·판매하고 있으며, 제조원가와 판매관리비는 각각 50%가 고정비이다. 신규 고객으로부터 단위당 ₩1,800에 50단위를 공급해 달라는 특별주문을 받았다. 특별주문 수량에 대해 단위당 변동판매관리비 중 20%는 발생하지 않는다. 특별주문을 수락할 경우 (주)한국의 영업이익에 미치는 영향은? (단, 특별주문 수량을 생산하는 데 필요한 여유생산설비를 충분히 확보하고 있다)

• 매출액	₩400,000
• 제조원가	₩240,000
• 판매관리비	₩60,000

① ₩38,000 감소　　　　　　　② ₩18,000 감소

③ ₩12,000 증가　　　　　　　④ ₩18,000 증가

⑤ ₩3,500 증가

정답 및 해설

01 ③

특별주문 수락시 증분수익(= 판매금액: 2,000단위 × 단위당 최소판매가격*)			₩2,800,000
− 특별주문 수락시 증분비용	① 변동원가: 2,000단위 × ₩1,000 = ₩2,000,000		₩2,800,000
	② 기존 판매 감소에 따른 기회비용(공헌이익):		
	1,000단위 × (₩2,000 − ₩1,200) = ₩800,000		
= 특별주문 수락시 증분손익			₩0

* 단위당 최소판매가격 = ₩2,800,000 ÷ 2,000단위 = ₩1,400

02 ③

특별주문 수락시 증분수익(= 판매금액: 300개 × ₩900)			₩270,000
− 특별주문 수락시 증분비용	① 변동원가: 300개 × ₩380 = ₩114,000		₩243,000
	② 포장비: 300개 × ₩30 = ₩9,000		
	③ 기존 판매 감소에 따른 기회비용(공헌이익):		
	200개 × (₩1,000 − ₩400) = ₩120,000		
= 특별주문 수락시 증분손익			+ ₩27,000

03 ④

특별주문 수락시 증분수익(= 판매금액 50단위 × ₩1,800)		₩90,000
− 특별주문 수락시 증분비용	① 변동제조원가:	₩72,000
	₩240,000 × 50단위/100단위 × 50% = ₩60,000	
	② 변동판매관리비:	
	₩60,000 × 50단위/100단위 × 50% × 80% = ₩12,000	
= 특별주문 수락시 증분손익		+ ₩18,000

(주)한국은 부품 A를 자가제조하고 있다. 부품 A 100개를 자가제조하는 경우 단위당 제조원가는 다음과 같다.

• 직접재료원가	₩40
• 직접노무원가	₩30
• 변동제조간접원가	₩20
• 고정제조간접원가	₩10

(주)민국이 (주)한국에게 부품 A 100개를 단위당 ₩90에 공급하겠다고 제안하였다. (주)한국이 이 제안을 수락할 경우 고정제조간접원가의 40%를 절감할 수 있고, 유휴설비를 임대하여 ₩500의 임대수익을 얻을 수 있다. (주)한국이 이 제안을 수락할 경우 증분손익은?

① 손실 ₩800

② 이익 ₩800

③ 손실 ₩900

④ 이익 ₩900

⑤ 손실 ₩1,000

해설 |

외부구입시 증분수익	① 변동원가 감소: 100개 × ₩90 = ₩9,000	₩9,900
	② 고정원가 감소: 100개 × ₩10 × 40% = ₩400	
	③ 임대수익: ₩500	
− 외부구입시 증분비용	외부구입원가: 100개 × ₩90	₩9,000
= 외부구입시 증분손익		+ ₩900

보충 | (1) 외부구입시 증분수익
- 변동제조원가 감소
- 고정제조원가 감소
- 임대수익
- 기타 증분수익

(2) 외부구입시 증분비용: 외부구입원가

(3) 외부구입시 증분손익

(4) 의사결정

증분이익(= 증분수익 > 증분비용)	외부구입
증분손실(= 증분수익 < 증분손실)	자가제조

(5) 최대 구입가격 = 외부구입시 증분수익

기본서 p.725

정답 ④

04 레저용 요트를 전문적으로 생산 · 판매하고 있는 (주)한국은 매년 해당 요트의 주요 부품인 자동제어센서 2,000단위를 자가제조하고 있으며, 관련 원가자료는 다음과 같다.

구분	총원가	단위당 원가
직접재료원가	₩700,000	₩350
직접노무원가	₩500,000	₩250
변동제조간접원가	₩300,000	₩150
고정제조간접원가	₩800,000	₩400
합계	₩2,300,000	₩1,150

(주)한국은 최근 외부업체로부터 자동제어센서 2,000단위 전량을 단위당 ₩900에 공급하겠다는 제안을 받았다. (주)한국이 동 제안을 수락할 경우, 기존 설비를 임대하여 연간 ₩200,000의 수익을 창출할 수 있으며, 고정제조간접원가의 20%를 회피할 수 있다. (주)한국이 외부업체로부터 해당 부품을 공급받을 경우, 연간 영업이익에 미치는 영향은?

① ₩0
② ₩60,000 감소
③ ₩60,000 증가
④ ₩140,000 감소
⑤ ₩140,000 증가

정답 및 해설

04 ③	외부구입시 증분수익	① 변동원가 감소: ₩1,500,000	₩1,860,000
		② 고정원가 감소: ₩800,000 × 20% = ₩160,000	
		③ 임대수익: ₩200,000	
	− 외부구입시 증분비용	외부구입원가: 2,000단위 × ₩900	₩1,800,000
	= 외부구입시 증분손익		+ ₩60,000

05 (주)한국은 완제품 생산에 필요한 A부품을 매월 500단위씩 자가제조하고 있다. 그런데 타 회사에서 매월 A부품 500단위를 단위당 ₩100에 납품하겠다고 제의하였다. A부품을 자가제조할 경우 변동제조원가는 단위당 ₩70이고 월간 고정제조간접원가 총액은 ₩50,000이다. 만약 A부품을 외부구입하면 변동제조원가는 발생하지 않으며, 월간 고정제조간접원가의 40%를 절감할 수 있다. A부품을 외부 구입함으로써 매월 ₩10,000의 이익을 얻고자 한다면, 여유설비의 월 임대료를 얼마로 책정해야 하는가?

① ₩5,000
② ₩6,000
③ ₩7,000
④ ₩8,000
⑤ ₩10,000

대표예제 64 \ 예산 ★★

(주)한국의 20×1년 분기별 판매예산은 다음과 같다.

구분	1분기	2분기	3분기	4분기
예상판매량	12,000단위	16,000단위	9,000단위	11,000단위

20×1년의 기말제품재고는 3,600단위이었다. 각 분기말의 제품재고량은 다음 분기 판매예산의 30% 수준으로 유지할 계획이다. (주)한국의 20×1년 2분기 생산수량예산은?

① 12,800단위
② 13,900단위
③ 15,200단위
④ 16,800단위
⑤ 17,000단위

해설 |

2분기 제품			
기초	4,800단위*1	판매량	16,000단위
당기생산량	(13,900단위)	기말	2,700단위*2

*1 2분기 초 재고량 = 2분기 예상판매량 16,000단위 × 30% = 4,800단위
*2 2분기 말 재고량 = 3분기 예상판매량 9,000단위 × 30% = 2,700단위

보충 | ① 제조예산(목표생산량) = 계획판매량 + 기말목표재고량 − 기초실제재고량
② 원재료 구입예산 = 원재료 구입량 × 단위당 원재료 예상구입가격

기본서 p.729~731

정답 ②

06 (주)한국은 단일 종류의 상품을 구입하여 판매하고 있다. 20×1년 4월과 5월의 매출액은 각각 ₩6,000과 ₩8,000으로 생산된다. 20×1년 중 매출원가의 70%이다. 매월 말의 적정재고금액은 다음 달 매출원가의 10%이다. 4월 중 예상되는 상품구입액은?

① ₩4,340

② ₩4,760

③ ₩4,920

④ ₩5,240

⑤ ₩5,600

07 (주)한국의 20×1년도 3분기 직접재료 예산 관련 자료이다. 8월의 직접재료 구입예산은? (단, 매월 말 재공품재고는 무시한다)

- 제품 예산생산량은 7월 2,000단위, 8월 2,400단위, 9월 3,000단위이다.
- 월말 직접재료의 목표재고량은 다음 달 생산량에 필요한 직접재료량의 5%이다.
- 제품 1단위를 생산하는 데 직접재료 3kg이 투입되며, 직접재료의 구입단가는 kg당 ₩10이다.

① ₩44,600   ② ₩53,700
③ ₩64,300   ④ ₩72,900
⑤ ₩75,600

08 (주)한국의 3월과 4월의 매출은 다음과 같다.

구분	매출액
3월	₩800,000
4월	₩700,000

매출은 모두 외상으로 이루어지며, 매출채권은 판매한 달에 80%, 그 다음 달에 20%가 현금으로 회수된다. (주)한국의 4월 현금유입액은?

① ₩450,000   ② ₩540,000
③ ₩600,000   ④ ₩720,000
⑤ ₩800,000

09 (주)한국의 20×1년 1분기 월별 매출액 예산은 다음과 같다.

구분	1월	2월	3월
매출액	₩100,000	₩200,000	₩300,000

(주)한국의 매월 상품매출 중 70%는 현금매출이며, 30%는 외상매출이다. 외상매출대금은 매출한 달에 60%를 회수하고 나머지는 다음 달에 전액 회수한다. 상품매출과 관련하여 (주)한국의 20×1년 3월 예상되는 현금유입액은?

① ₩88,000　　　　　　② ₩188,000
③ ₩288,000　　　　　　④ ₩316,000
⑤ ₩320,000

정답 및 해설

07 ④

직접재료(8월)

기초	2,400 × 3kg × 5% = 360	사용	2,400 × 3kg = 7,200
구입(x)	7,290		
		기말	3,000 × 3kg × 5% = 450
	7,650		7,650

∴ 직접재료 구입재산 = 7,290kg × ₩10 = ₩72,900

08 ④

구분	3월 현금유입액	4월 현금유입액
3월 매출액 ₩800,000	₩640,000(= ₩800,000 × 80%)	₩160,000(= ₩800,000 × 20%)
4월 매출액 ₩700,000	–	₩560,000(= ₩700,000 × 80%)
합계	₩640,000	₩720,000

09 ③

구분	1월 현금유입액	2월 현금유입액	3월 현금유입액
1월 매출액 ₩100,000	₩88,000 (= ₩100,000 × 70% + ₩100,000 × 30% × 60%)	₩12,000 (= ₩100,000 × 30% × 40%)	₩0
2월 매출액 ₩200,000	–	₩176,000 (= ₩200,000 × 70% + ₩200,000 × 30% × 60%)	₩24,000 (= ₩200,000 × 30% × 40%)
3월 매출액 ₩300,000	–	–	₩264,000 (= ₩300,000 × 70% + ₩300,000 × 30% × 60%)

10 (주)한국의 3월과 4월의 매입은 다음과 같다.

구분	매출액
3월	₩800,000
4월	₩700,000

매입은 모두 외상으로 이루어지며, 매입채무는 매입한 달에 80%, 그 다음 달에 20%가 현금으로 지급된다. (주)한국의 4월 현금유출액은?

① ₩450,000   ② ₩540,000   ③ ₩600,000
④ ₩720,000   ⑤ ₩800,000

11 (주)한국의 20×1년 1분기 월별 매입액 예산은 다음과 같다.

구분	1월	2월	3월
매입액	₩100,000	₩200,000	₩300,000

(주)한국의 매월 상품매입 중 70%는 현금매입이며, 30%는 외상매입이다. 외상매입대금은 매입한 달에 60%를 지급하고 나머지는 다음 달에 전액 지급한다. 상품매입과 관련하여 (주)한국의 20×1년 3월 예상되는 현금유출액은?

① ₩88,000   ② ₩188,000   ③ ₩288,000
④ ₩316,000   ⑤ ₩320,000

정답 및 해설

10 ④

구분	3월 현금유출액	4월 현금유출액
3월 매입액 ₩800,000	₩640,000(= ₩800,000 × 80%)	₩160,000(= ₩800,000 × 20%)
4월 매입액 ₩700,000	–	₩560,000(= ₩700,000 × 80%)
합계	₩640,000	₩720,000

11 ③

구분	1월 현금유출액	2월 현금유출액	3월 현금유출액
1월 매입액 ₩100,000	₩88,000 (= ₩100,000 × 70% + ₩100,000 × 30% × 60%)	₩12,000 (= ₩100,000 × 30% × 40%)	₩0
2월 매입액 ₩200,000	–	₩176,000 (= ₩200,000 × 70% + ₩200,000 × 30% × 60%)	₩24,000 (= ₩200,000 × 30% × 40%)
3월 매입액 ₩300,000	–	–	₩264,000 (= ₩300,000 × 70% + ₩300,000 × 30% × 60%)
합계	₩88,000	₩188,000	₩288,000

해커스 주택관리사

주택관리사 **1위 해커스**
한경비즈니스 선정 2020 한국품질만족도 교육(온·오프라인 주택관리사) 부문 1위 해커스

해커스 합격 선배들의
생생한 합격 후기!

전국 최고 점수로 8개월 초단기합격
해커스 커리큘럼을 똑같이 따라가면 자동으로 반복학습을 하게 되는데요. 그러면서 **자신의 부족함을 캐치하고 보완**할 수 있었습니다. 또한 해커스 무료 **모의고사로 실전 경험을 쌓는** 것이 많은 도움이 되었습니다.

전국 수석합격생
최*석 님

해커스는 교재가 **단원별로 핵심 요약정리**가 참 잘되어 있습니다. 또한 커리큘럼도 매우 좋았고, 교수님들의 강의가 제가 생각할 때는 **국보급 강의**였습니다. 교수님들이 시키는 대로, 강의가 진행되는 대로만 공부했더니 고득점이 나왔습니다. 한 2~3개월 정도만 들어보면, 여러분들도 충분히 고득점을 맞을 수 있는 실력을 갖추게 될 거라고 판단됩니다.

해커스 합격생
권*섭 님

해커스는 주택관리사 커리큘럼이 되게 잘 되어있습니다. 저같이 처음 공부하시는 분들도 입문과정, 기본과정, 심화과정, 모의고사, 마무리 특강까지 이렇게 최소 5회독 반복하시면 처음에 몰랐던 것도 알 수 있을 것입니다. 모의고사와 기출문제 풀이가 도움이 많이 되었는데, **실전 모의고사를 실제 시험 보듯이 시간을 맞춰 연습하니 실전에서 도움이 많이 되었습니다.**

해커스 합격생
전*미 님

해커스 주택관리사가 **기본 강의와 교재가 매우 잘되어 있다고** 생각했습니다. 가장 좋았던 점은 가장 기본인 기본서를 뽑고 싶습니다. 다른 학원의 기본서는 너무 어렵고 복잡했는데, 그런 부분을 다 빼고 **엑기스만 들어있어 좋았고** 교수님의 강의를 충실히 따라가니 공부하는 데 큰 어려움이 없었습니다.

해커스 합격생
김*수 님